〈持ち場〉の希望学

釜石と震災、もう一つの記憶

東大社研＋中村尚史＋玄田有史 編

東京大学出版会

Social Sciences of Hope, People in Charge:
Kamaishi, Earthquake Disaster, and Another Memory
Institute of Social Science-University of Tokyo,
Naofumi NAKAMURA, and Yuji GENDA, Editors
University of Tokyo Press, 2014
ISBN 978-4-13-033072-5

「大輪の希望」末廣昭（2010 年 9 月）

洞泉のこすもす公園にある「希望の壁画」
写真提供：原田麻里子（Think the Earth）
2014 年 4 月撮影

〈持ち場〉の希望学／目次

釜石の地図……vi

序　釜石の希望学——震災前、そして震災後　玄田有史……1

I 記憶を記録する

II 希望学の視点

III

当事者の視点

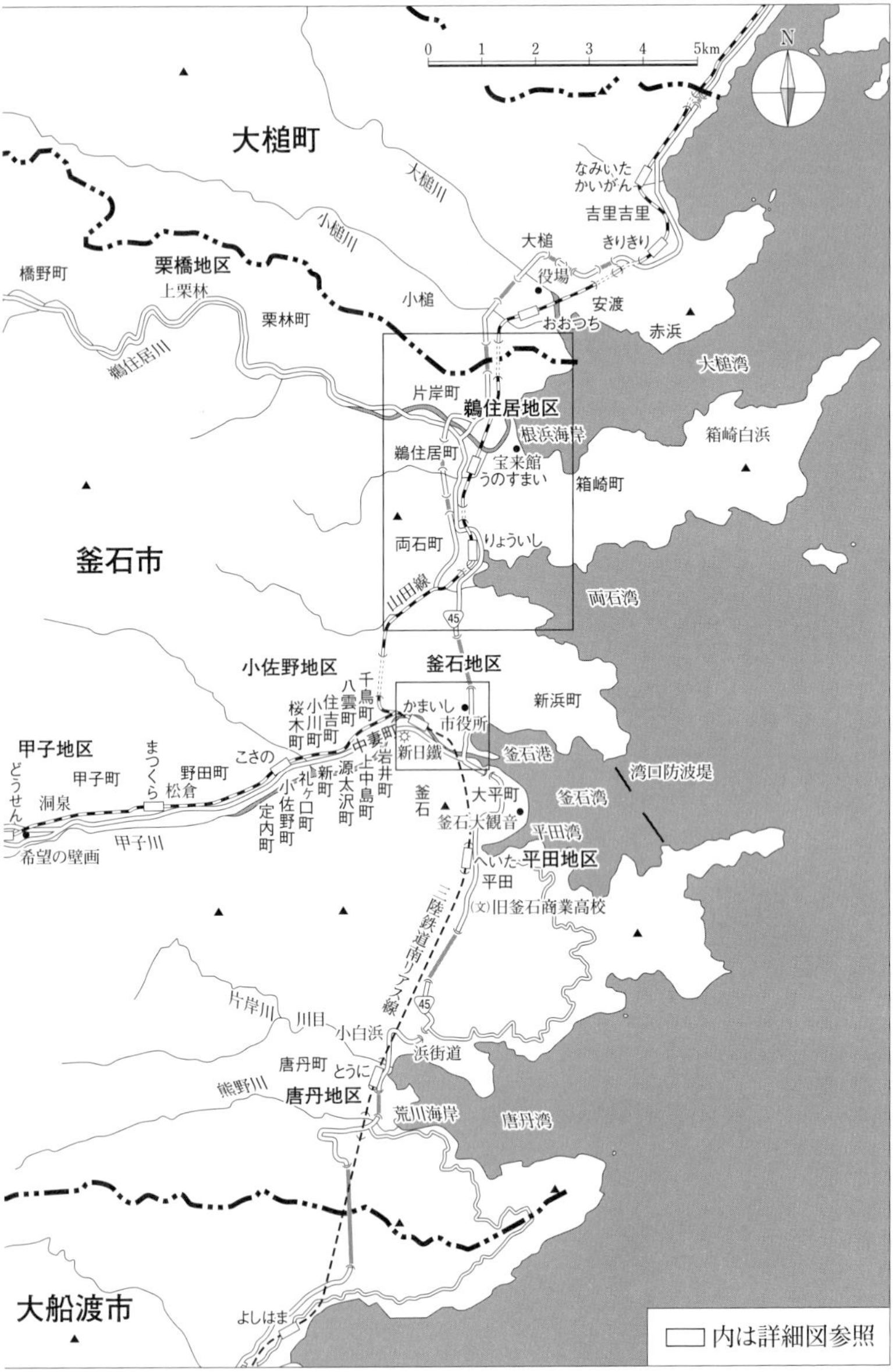

沿岸部（2011 年 3 月時点）

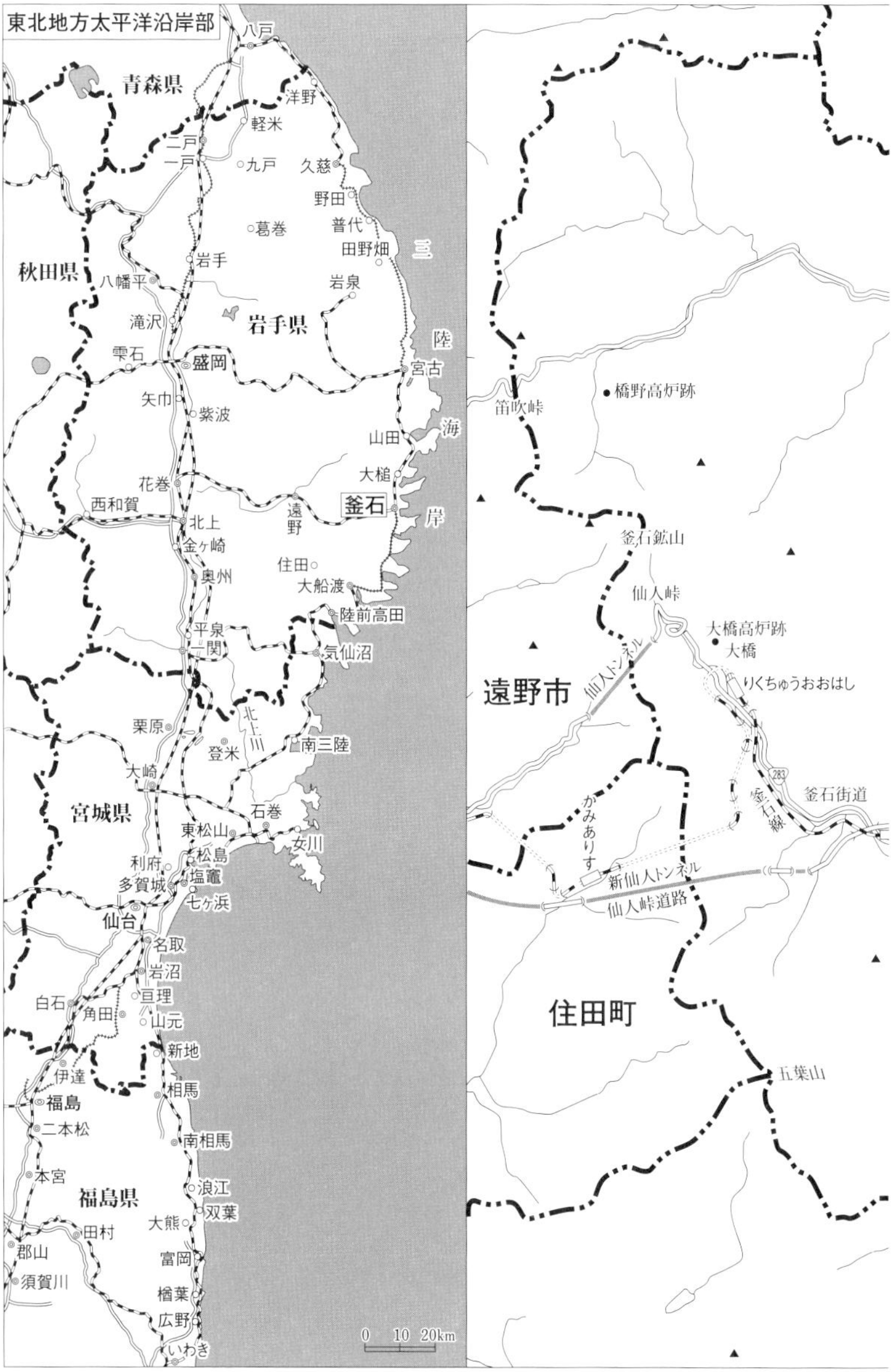

釜石市全図と東北地方太平洋

鳥谷坂トンネル
天神町
大只越町
仙寿院
文釜石小
旧釜石第一中
天神トンネル
石応禅寺
宝樹寺
釜石市役所
郵便局
市民文化会館
浜町
国道45号
只越町
青葉通り
ホテルサンルート釜石
魚河岸
大町
釜石ベイシティホテル
東前町
呑ん兵衛横町
エヌエスオカムラ
北桟橋
釜石バイパス
(イオンタウン釜石店建設地)
南桟橋
中番庫
釜石港
南防波堤
港町
公共ふ頭
矢の浦橋
松原町
釜石警察署
嬉石町

(2011 年 3 月時点)

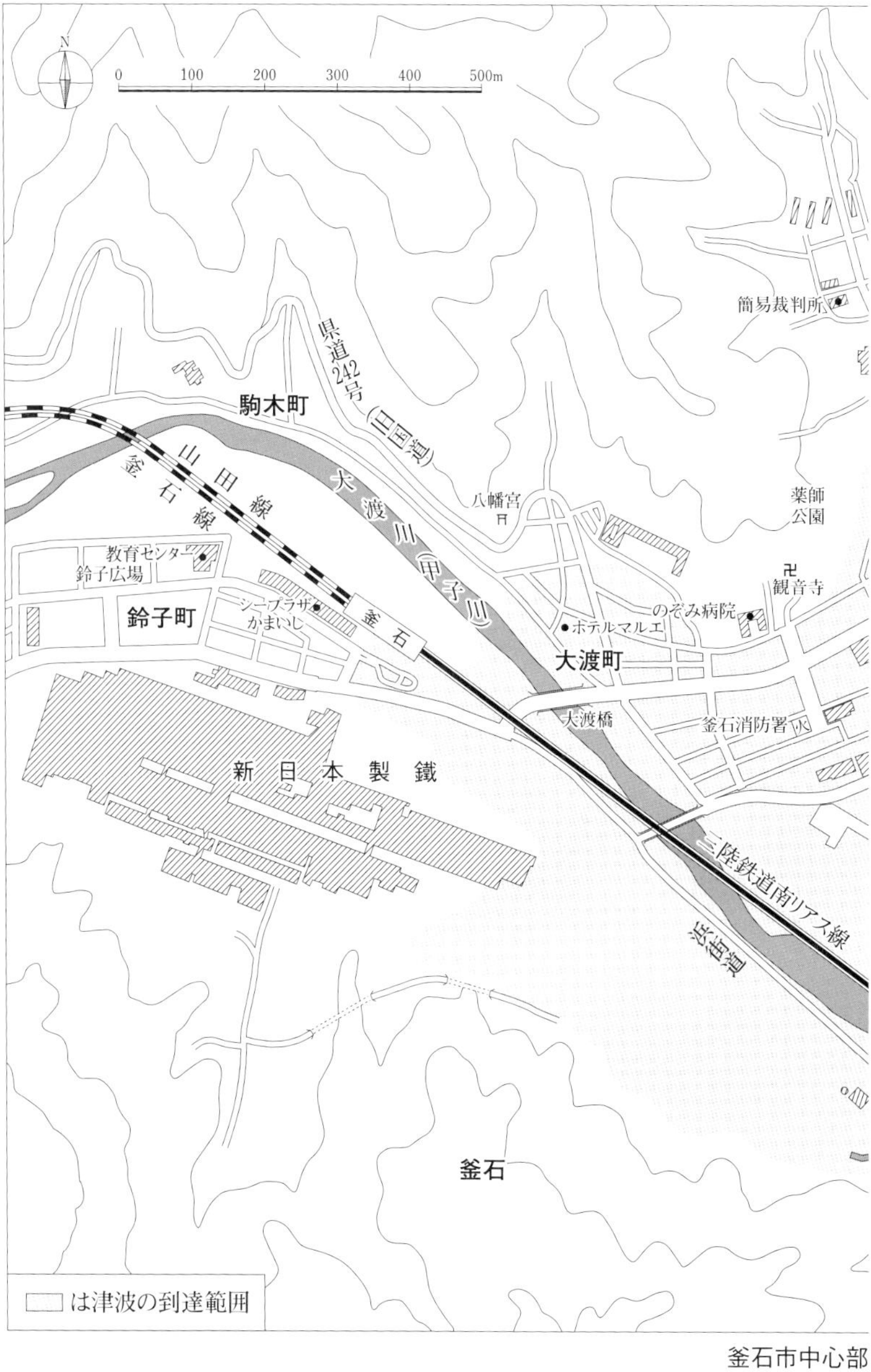
N
0
100
200
300
400
500m
県道242号（旧国道）
簡易裁判所
駒木町
山田線
釜石線
大渡川（甲子川）
八幡宮
薬師公園
教育センター
鈴子広場
観音寺
シープラザかまいし
鈴子町
釜石
のぞみ病院
ホテルマルエ
大渡町
大渡橋
釜石消防署
新日本製鐵
三陸鉄道南リアス線
浜街道
釜石
は津波の到達範囲

釜石市中心部

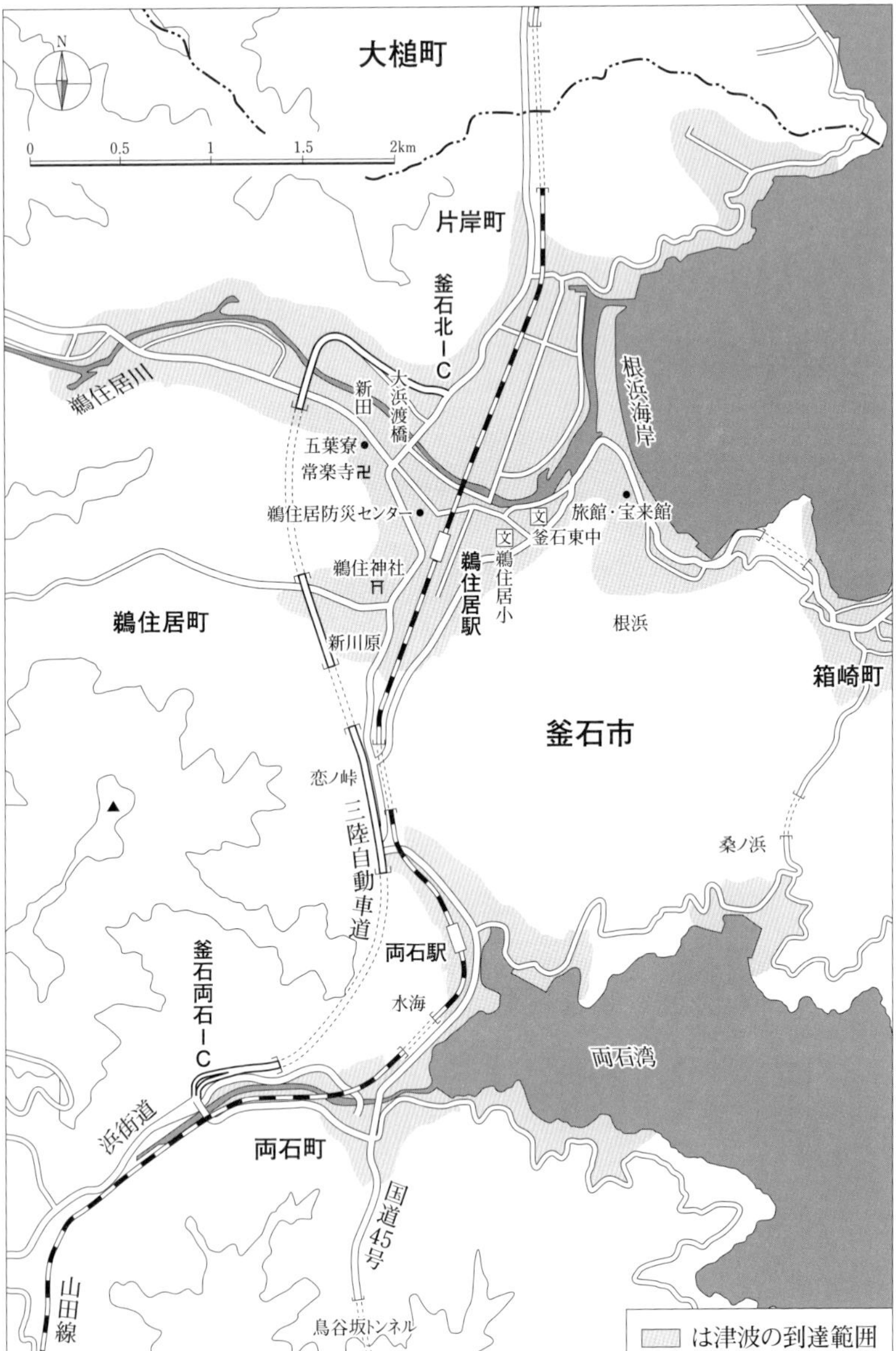

釜石市鵜住居地区（2011 年 3 月時点）

序

釜石の希望学
震災前、そして震災後

玄田 有史

2006年1月

岩手県釜石市《かまいしし》と希望学との出会いは、2006年1月に始まる。1月11日午後1時半すぎ。宇野重規《うのしげき》、中村尚史《なかむらなおふみ》、そして私の三人は、小雪が降るなか、はじめて釜石駅のホームに足を踏み入れた。

希望学とは、希望と社会の関係を考えるために始めた新しい学問である。「希望がない」と思ったり、感じたりする人が、日本社会のなかで増えている。だとすれば、その理由は何なのか。希望など所詮《しょせん》、個人の心の持ちようの問題だという人もいたが、けっしてそうではない。個人の内面を超えた社会のあり方や、個人と社会の関係こそが、きっと希望を左右している。その仕組みを明らかにしようと、希望学は2005年4月、東京大学社会科学研究所（通称・東大社研）で生まれた。希望学の正式名称は「希望の社会科学」だ。

希望学では、まず希望を持っている人とそうでない人の違いを調べようと、インターネットを通じたアンケート調査を2005年5月に行った。全国の20歳以上49歳以下男女875名のうち、およそ4人に1人が「希望はない」と答えた。反対に「希望がある」と答えた人に、その中身をたずねると、多くが仕事に希望があるといい、次いで家族に希望を感じていた（玄田有史編著『希望学』中公新書ラクレ、2006年）。

希望を持つ人の特徴を調べてみると、「若さ」が希望と関連していた。若者は高齢者よりも時間という希少な資源を豊富に持つ。チャレンジする時間があることは、若者ほど希望を持ちやすいことにつながっていた。さらに年齢に加え、学歴や健康も、個人の希望に影響を与えていた。若者が減って健康不安も多い高齢社会や、教育を受けたくても受けられない人が増える社会では、希望を持つ割合が自然と低くなる。

だが、希望を左右するのは、年齢や学歴などの個人の属性だけではない。子どもの頃に「家族から信頼されていた」という記憶のある人々も、成人後、希望を持って生活していることが多かった。「自分は友人が多い」という人も希望を持ちやすかった。家族や友人など、人とのつながりが、希望を生んでいた。

そんな希望学がみつけた事実のなかで、最も重要な発見は、別のところにあった。それは挫折《ざせつ》と希望の関係だ。過去に挫折を経験した人ほど、未来に希望を持つ傾向があったのだ。詳しく調べてみると、挫折を経験し、それをくぐり抜けてきたという自負を持つ人ほど、現在希望をもって行動していた。

挫折と希望の関連は、希望学を始める前には予想していなかった発見だった。挫折経験は現在の幸福感を弱める一方で、希望はむしろ強まる方向に働いていた。なぜ挫折は希望へと結びつくのか。答えはアンケート調査を探してもみつけることはできなかった。みつかるとすれば、おそらくそれは挫折を希望へとつなげてきた人々に直接会って、話を聞くしかないのではないか。

私たちは、挫折を希望へとつなげてきた人たちが多くいる地域を探した。

挫折を希望に

「挫折を乗り越えてきた地域って、どこだと思う?」

ある日、私の質問に友人が言った。「釜石とか」。彼は、たまたま直前に仕事で釜石をたずねていた。知り合いもいるという。

島根県出身で、東北に縁のなかった私でも「釜石」の名前は中学・高校の頃から耳にしていた。昭和53年（1978年）から昭和59年（1984年）にわたり、新日鐵《しんにってつ》釜石ラグビー部は日本選手権で史上初の7連覇を達成した。当時は1月15日だった成人の日に、大学関係者で埋め尽くされた国立競技場で、大学日本一チームの挑戦をことごとく跳ね返し続けてきた釜石ラグビー部の強さは衝撃的だった。

近代製鉄発祥の地としても有名な釜石は、連覇を終えると、その名前を聞く機会も徐々に減っていく。久々に耳にしたのは、皮肉にも平成元年（1989年）に、釜石から遂に最後の高炉の火が消えたという知らせだった。釜石は、挫折を乗り越えるどころか、正直「終わった町」だと思っていた。「釜石に『希望』は、あるの？」。友人は答えた。「自分の目で見て確かめてくれればいいよ」。

そのひとことから、希望学開始以来の仲間である中村尚史と宇野重規と、2006年1月に釜石を最初に訪れたのだった。駅には友人の知り合いの知り合いだった釜石市役所の佐々隆裕《ささたかひろ》さん、佐々木亨《ささきとおる》さん、奥村謙治《おくむらけんじ》さんが待っていた。

三人は、私たちを見つけて、笑った。冬の東北ということで、私たちはずいぶんと着込んでいて、その姿はまるで雪山登山に初挑戦するかのようだったからだ。「ここはそんなに雪は降りませんよ」と、佐々木さんはやさしく笑った。

案内されて市内を回ると、私たちは、本当に知らないことだらけだった。釜石には燦然《さんぜん》と輝く近代製鉄発祥やラグビーの歴史があるが、一方で明治28年（1895年）、昭和8年（1933年）の津波で多くの命を失ってきた。製鉄が武器につながるということで太平洋戦争の終結直前に艦砲射撃で、文字通り、壊滅《かいめつ》した歴史も持っていた。

そんな多くの試練や挫折を経験してきた釜石の人々は、当時の小沢和夫《おざわかずお》市長から呑み屋でたまたま出会った人まで、大らかで実に気持ちの良い人たちばかりだった。佐々さんたちと車で市内を移動中は、なぜかわからないが、ずっと笑ってばかりいた気がする。何でもすぐ質問する私たちに「わからない」ことは「わからない」と答える姿に、一種の潔《いさぎよ》さを感じた。

1泊2日の短い訪問だったが、帰りの釜石線の汽車のなかで、私たち三人は、次いつ来ようかと早速、話を始めていた。そのときには、まさかこれだけ釜石と希望学の関係が続くとは思ってもいなかった。5年後の3月11日に途轍《とてつ》もない試練がふたたび襲ってくることなど、微塵《みじん》も予想しなかった。

希望はある

　初訪問から希望学の釜石調査に関する2冊の本が刊行される２００９年までの間、希望学の面々は、およそ40名が何度となく釜石を訪れてきた。

　調査は、最初から順調に進んだわけではなかった。最初は「東大さん」といわれ、不審がられたりした。「希望学なんて、自分たちの町に希望がないと馬鹿にしているのか」と言われたこともある。それが会う回数を重ねるごとに少しずつ打ち解け、それまでは話してくれなかった話を、次第に聞かせてもらえるようにもなってきた。釜石の人々は、地域の未来について、楽観こそしていなかったものの、それでも明るい声で語ることも珍しくなかった。

　岩手県の内陸部から釜石に至るための障壁となっていたのは、遠野《とおの》市と釜石市の間に立ちふさがる、標高８８７メートルの険しい仙人峠《せんにんとうげ》だった。ただそれも峠を貫通する仙人峠道路が２００７年3月18日に完成し、交通の便は見違えるほどよくなっていた。その道路がなければ、釜石をはじめとする三陸の震災被災地にとって、復旧・復興はもっと立ち遅れていただろう。

　沿岸には三陸縦貫道路の整備が進み、釜石山田道路のうち、震災直前の２０１１年3月

5日には釜石両石《かまいしりょういし》ICから釜石北IC間の4・7キロが先行開通していた。津波発生後は、この道路を通って市内の中心部まで多くの人が避難し、まさに「命の道路」となる。

釜石湾に目を向けると、2009年3月には水深63メートルと「世界最大水深の防波堤」としてギネスブックに登録された湾口防波堤が完成した。最大5・6メートルの津波を想定した防波堤の完成には、1978年の着工以来、30年以上を要したことになる。震災によって破損した防波堤だが、津波の襲来を遅らせることで避難の時間をつくり、多くの命を救ったともいわれている。

道路や港湾のみならず、産業面でも希望の芽は育ちつつあった。釜石といえば製鉄の町という印象が強いが、高炉の休止後、平成以降は事業の多角化が進んでいた。従来の鉄鋼に加え、一般機械や食料品が成長してきたことで、製造品出荷額は1990年以降、持ち直しを見せていた。地道な企業誘致に取り組んできたことや、グリーンツーリズムなどの市民活動が外部から注目を集めつつあった。釜石は震災前から確実に変わろうとしていた。

1960年代には9万人以上の人口を抱え、盛岡に次ぐ岩手第二の都市だった釜石は、2000年代後半には人口4万人台前半まで縮小していた。しかし希望学のメンバーである橘川武郎《きっかわたけお》は市内での勉強会で述べた。「釜石は縮小しているが、衰退はしていない。釜石に希望はある。だが、もっとあるはずだ」。

事実、釜石の多くの人々は、希望を持っていたし、それに満足することなく、さらなる希望を追い求めていた。人口が減っても持続可能な町づくりの取り組みも進めてきた。

その一つが、在宅医療システムについての釜石モデルの構築だった。2003年に釜石市民病院の統廃合が決まり、かわりに在宅のまま適切な治療が受けられる体制づくりが急がれた。その際、決め手となったのが、地域内の医療、薬剤、介護、福祉など、あらゆる関係者の綿密な連携だった。釜石モデルは、今や在宅医療の先進事例の一つだ。この震災前からの取り組みもまた、震災による被害の拡大を食い止める重要な役割を果たすことになる。

希望とは何か

釜石市とのつき合いが深まるうち、2008年度から2009年度の2年にわたり、釜石市役所の毎月の広報誌である『広報かまいし』に、希望学の連載企画が掲載された（2010年度には、希望学のメンバーである末廣昭《すえひろあきら》が釜石市を描いたイラストを1年間掲載した。その一部が本書の口絵と部扉にある震災前の釜石を描いたイラストである）。

連載は何人かのリレー形式で行ったが、なかでも印象的だったのが、メンバーの中村圭《なかむらけい》介《すけ》が平成20年（2008年）9月1日号に書いた記事だった。

釜石で頑張っている地元企業、誘致企業はまだまだある。そのすべてを紹介できないのは残念だ。釜石の市民は、こうした企業の存在をあまり詳しく知らないのではないか。リスクをおそれず、積極的にチャレンジしている人がいる。こういう人々がいて、初めて地域経済の再生を語ることができる。よそから設計図を借りてきたって、実際に頑張る人々がいなければ、彼らのニーズや方向にあわなければ、まったくムダである。必要なことは身近に存在する事例から何かを学びとることだ。若者たち、まだ社会に出ていない子どもたちにも、その大切さを伝えていくべきではないか。

創業直後に7億円の損失を計上し、12年かけてその解消を果たしたエヌエスオカムラの副社長は次のように言う。「棚ぼたというのはないですから、動いて、もがいているうちに何かに突き当たる」。

中村は釜石調査の研究会で「（釜石には）ニーズ（需要）もシーズ（種）もある。ただもっとリスクを取ろうとする人が増えないと」とも言った。「希望に棚《たな》からぼたもちはない」。「与えられた希望は、本当の希望ではない」。「動いてもがいて、そこで突き当たったなかに、希望がある」。それらは、挫折を乗り越えて希望を紡《つむ》いできた釜石の人々の、共通のメッセージだった。

釜石での経験を踏まえ、希望学では「希望とは何か」という問いに、次のように答えてきた。

Hope is a Wish for Something to Come True by Action.

希望（Hope）には四つの柱がある。一つはウィッシュ（wish）、「気持ち」とか「思い」「情熱」と呼ばれるものだ。決戦を前にしたスポーツ選手は「こうなったら、もう技術がどうのこうのということじゃない。最後は気持ちの問題。気持ちで勝つか、負けるかです」という。まずは「気持ち」が、希望には必要だ。

二つ目の柱は、サムシング（something）としての大切な「何か」を思い定めることにある。その上で三つ目の柱は、カム・トゥルー（come true）、「実現」だ。どうすれば、実現する方向に近づいていくのか、その道すじや、踏むべき段取りの発見が希望を生む。

そして最後の四つ目の柱が、アクション（action）、つまりは「行動」だ。行動を起こすことは、ときに勇気が必要だったり、不安もある。しかし行動を起こさない限り、状況は変わらない。つかみとるための行動を起こさず、与えられるのを待っているだけでは、希望は生まれない。

そもそも、挫折は行動のないところには生まれない。挫折経験から「何か」を修正することを学んだり、「実現」の道筋をつかみとることもある。挫折の悔しさや乗り越えてきた自尊の念が、強い「気持ち」も生む。

試練や挫折のなかで、動いてもがいて突き当たるはずの希望を、東日本大震災を経て、ふたたび釜石の人々は求め、探し続けることになる。

2011年3月

その瞬間、私は大学の研究室にいた。

本棚から本が崩れ落ち、部屋の扉は地震による歪みで開きにくくなった。築40年以上の建物は倒れこそしなかったものの、壁には亀裂が刻まれた。研究室の秘書の小学生の息子は、そろばん塾に向かうために家を出るという連絡をしてきたばかりだった。秘書は半泣きで自宅に急いだ（少年は震災時に自転車を走らせていたが、無事だったことが後に判明）。

研究室にはテレビがあり、地震後すぐに電源を入れた。東北地方で大きな被害が出ているようだという報道だったが、現地の被災映像は、すぐには目にしなかったように思う。

釜石市内を津波が襲う映像を私がはじめて目にしたのは、震災翌日のNHK夜7時の全国ニュースだった。撮影したのは、釜石での勉強会や報告会などで顔なじみだった、地元の契約カメラマンの柳田慎也《やなぎだしんや》さんだった。釜石には全国放送の支局がなく、柳田君はテレビ局の依頼に応じて映像を配信していた。市内の高台から彼が撮影した映像は、それまで想像の域でしかなかった被災の現実を全国の人たちに、まざまざと見せつけた。柳田君は、津波でお母さんを亡くしていた。

震災直後、釜石が心配だった希望学の面々ではあったが、連絡手段も交通手段もなく、どうしようもない状況だった。それがあるとき、思いがけず接点が生まれることになる。

2009年の夏、希望学はひょんなことからNHK番組『クローズアップ現代』に取り上げられることになった。滅多にテレビなど出ることもない私も、いきがかり上、出演することになった。番組のメインは、希望学釜石調査で出会った人たちの取材で、そこには釜石をはじめて訪問したときに世話になった市役所の佐々さんもいた。きびしい経済状況のなかで、企業誘致に奔走する佐々さんたちの姿が、そこにあった。

NHKのクローズアップ現代（クロ現）の撮影チームは、震災後、さまざまなルートを駆使していち早く被災地に入り、取材を続けていた。一方で、震災前の状況を知らない限り、被害の本当のところを知ることはできない。クロ現には、希望学を通じて震災前の記録が残されていた。

そんなことから、震災前の状況を踏まえた上で被災の現状を伝える番組が、クロ現で3月23日に放送される。番組の目玉は、衛星回線を使った釜石からの生中継により、釜石の人々の生の声を全国に伝えることだった。釜石からは佐々さんと、釜石の小野食品の小野《おの》昭男《あきお》社長が出演することになった。小野食品は、水産加工食品で釜石を引っ張るリーダー的な存在で、震災のわずか数日前に大槌町《おおつちちょう》にコールセンターを開設し、全国展開を本格化させる直前だった。

東京のスタジオでは、国谷裕子《くにやひろこ》キャスター、NHKの山崎登《やまざきのぼる》解説委員（災害・防災担当）に加え、釜石と親交があるということで、私が再び出演することになった。

いよいよ番組で震災後、はじめて佐々さんと言葉を交わす瞬間が来た。事前の打ち合わせは一切ない。髭《ひげ》が伸び、疲れ切って見える佐々さんに、何と声をかければいいのだろう。気楽に「希望を持ちましょう」とは、決して口にしてはいけないと思った。

私が番組中、何度も口にした言葉は「残念」だった。佐々さんにしろ、小野さんにしろ、平成の苦しい時代に、希望を捨てずに釜石を引っ張ってきた人たちだ。実際、道路や港のインフラ整備や地元への企業誘致のほか、環境に配慮した新エネルギー事業や全国への販路拡大など、釜石に希望の芽は確実に育ちつつあったのだ。それも震災によってすべて無に帰してしまった。残念という以外、言葉がみつからなかった。最後、佐々さんに「いつか落ち着いたら呑《の》ん兵《べ》衛《え》横《よこ》丁《ちょう》で呑みましょう」と話しかけた。呑ん兵衛横丁は、釜石を訪れるたび必ず顔を出す、もっとも気の置けない場所だったのだ。佐々さんや釜石の人たちとは、そこで何度も話をし、何度も笑った。

　佐々さんは、私の言葉に少し戸惑いながら言った。「先生、呑ん兵衛横丁もなくなったんです」。海からすぐ近くにあった呑ん兵衛横丁が津波で流されたことは、実は私も知っていた。いきつけの「お恵《けい》」のお恵さんの安否も不明のままだった（お恵さんこと菊池《きくち》悠《ゆう》子《こ》さんの無事は、その後判明する）。それでも私は、呑ん兵衛横丁で、ふたたびみんなでとりとめのない馬鹿な話をしながら笑い合う日が来ることを心から願っていたのだ。

　横丁は、関係者の並々ならぬ意欲や行動力に加え、東京渋谷の「のんべえ横丁」など全国からの支援もあり、２０１１年12月23日には場所を内陸側の鈴《すず》子《こ》広場《ひろば》に移し、営業を再開している。

指揮と連携

2011年3月に釜石に希望があったとすれば、それは「残された命を守ること」、そして「死に向き合うこと」だった。前者は、被害に遭いながら命を存えたすべての人々に、暖かくてひとときでも落ち着ける衣食住の環境をできるだけ早く整えることを意味した。後者とは、不幸にも命を落とした方々全員を見つけ出し、一刻も早く家族のもとに帰れるようにすることだった。

そのいずれの希望にも、震災直後から深くかかわってきた人たちがいる。釜石の医療関係の人々だ。釜石では震災直後の3月16日に、釜石市医療災害本部（正式名称は「釜石市医師会災害対策本部」）を立ち上げる。医療災害本部は、釜石医師会はもちろんのこと、釜石保健所、釜石歯科医師会、釜石薬剤師会、釜石市役所がすべて結集し、小泉嘉明《こいずみよしあき》医師会会長（小泉医院医院長）のリーダーシップのもと、未曽有の難局に立ち向かうことになる。

震災から1年近く経ったある日、小泉会長にどうやって危機を乗り切ろうとしたのかをうかがったことがある。小泉先生は、第一に「全国からすさまじい人が釜石に入っていますので、そのコントロールを寺田君に任せて、そこがうまく回りだした」ことを挙げた。寺田君とは災害対策本部長となり、すべての陣頭指揮に当たった寺田尚弘《てらだなおひろ》医師（釜石ファミリークリニック医院長）のことだ。寺田医師によれば、医療災害本部の役割は、全国から参集した医療チームを取りまとめる指揮系と、支援医療チームの活動をバックアップするための連携系の確立と運用にあったという。

災害直後から全国の医療チームが多数釜石に入ったが、入釜《にゅうふ》の際には必ず医療災害本部を経由することが徹底されていた。そこで寺田医師を中心とする本部から、医療を求めている地域への具体的な指示が出され、そこに託されたチームが駆けつけることで適切な治療が施された。医療チームが入ることが不可能だったり、危険な地域の支援は、自衛隊が買って出た。帰る際にも、撤退の情報がすべて本部に集められた。その結果、被災地での懸念の一つであった「医療のミスマッチ」が、釜石ではほとんど発生しなかったことを、小泉会長は寺田医師たちの手柄だと褒めた。

もう一つの役割だった、支援医療チームをバックアップするための連携系の確立と運用には、震災前からの地域の医療連携の取り組みが大きな効果を発揮した。医療支援チームのバックアップとして、被災を免れた医療機関、介護関係機関、行政、保健所などとの連携に、医療災害本部は力を尽くした。寺田医師は、日本医師会『日医ニュース』第1206号（平成23年12月5日）への寄稿の中で、圏外との連携や、県医師会や内陸基幹病院、岩手県災害医療ネットワークとの連携も固めたことなどを振り返り語っている。

まさに内外にネットワークを構築することで釜石の命の希望をつないだのが、医療災害本部だったといえる。医療災害本部が使命を終え、心のケアチームを除いて解散した同年6月19日は、震災後の釜石の一つの区切りだった。

「ふつう」ということ

危機に直面して奔走してきたのは、医療災害本部を担ってきた人たちだけではない。何より小泉医師自身が震災に対して敢然と立ち向かったからこそ、多くの人がその姿に共鳴し、大きな動きにつながった。

小泉嘉明氏の父は、釜石が太平洋戦争の末期に艦砲射撃を受けたときに、やはり医師として治療や救命の最前線に立った人物だった。親の代から釜石にとってなくてはならない存在だった小泉医院を開業する小泉医師は、医師会会長のほか、新日鐵釜石ラグビー部が廃部となった後に市民チームとなった釜石シーウェイブスの理事長も現在つとめている。震災後は釜石市復興まちづくり委員会の委員長をつとめ、市策定の釜石市復興まちづくり計画について審議、附帯意見をつけて了承するなど、市民代表としての重責を担ってきた。

震災直後の小泉氏にとって、医師としての大きな仕事に、遺体の検案があった。顔見知りも多い亡骸《なきがら》に黙々と検案を続けた小泉医師の姿は、震災直後の釜石が死といかに向き合ってきたかを記録した石井光太《いしいこうた》著『遺体』（新潮社、２０１１年）にも描かれている。『遺体』を原作とした映画は２０１３年２月に公開され、俳優の佐藤浩市《さとうこういち》が小泉氏をモデルにした医師を演じた。

そんな小泉先生に、震災を通して釜石市の医療関係者に変化があったと感じるかをたずねると、その答えはあっけないほどシンプルだった。「あまり感じませんね」。

「ふつう」にやるということを常々言っていますから。そういう方向づけと、そういう意識を持ってやらないと、医療人らしくないじゃないかということです。それは私の口癖で常々言っていました。だからみんな頑張れたところもあるんです。そこから外れたら、私は認めません。

かつて経験したことのない状況だからといって、特別なことを考えたり、やるべきではない。日頃から、どんなときでも同じように行動できるように、努力していなければならない。その努力には、医師個人としてはもちろんのこと、医療関係者同士が日頃から連携を密にし、何が起こってもふつうどおり助け合える関係を築いておくことも含まれた。事実、医療災害本部は、ふつうの連携の成果が発揮された場だった。

震災後の1か月間で一番悩ましかったことをたずねると、小泉医師はやはり迷うことなくご遺体の処置のことを挙げた。遺体の多くは、廃校になった市内の中学校などに運ばれ、身元確認が行われた。市としても避難所から安置所を回る臨時バスを用意し、家族が行方不明者を発見できるよう、手を尽くした。

それでも身元が確認できない遺体は少なくなかった。4月も迫り、寒かった市内の気温が上がってくると、遺体はどうしても変化する。身元が判明した家族は、火葬を望んだが、火葬設備そのものが罹災《りさい》していた。小泉医師は感染症の蔓延《まんえん》を防ぐために、土葬もやむなしとの決断を野田武則《のだたけのり》市長に迫った。決断の直前、市内外での火葬がやっと本格的に動き出し、ギリギリのところで釜石では土葬が回避されることとなった。

これから東京で夏の暑い時期に大地震が襲ったときに、どうなるのか。到底近隣の火葬だけでは間に合わないことも起こり得る。そのときに感染症が蔓延すれば、本当にパニックになる。死ということから目を背けようとせず、日頃よりもっと向かい合って生きていかないといけない。

いつも飄々《ひょうひょう》と語る小泉先生だが、その言葉は本当に重い。

1か月後の希望

震災後、はじめて釜石を訪れたのは、4月2日のことだった。

通常は新幹線で東京から新花巻まで行き、そこから釜石線を乗り継いで釜石に向かっていたのだが、まだ新幹線は復旧していなかった。東京から向かう道路も混雑が続き、着いたとしても宿泊先を確保することは困難な状態が続いていた。

残されたルートは、羽田空港から花巻空港への臨時便だった。しかし臨時便のチケットの発行は不定期で、予約が開始されるとすぐに満席になった。それが幸運なことに4月2日のチケットを入手することができたのだ。希望学からは釜石への訪問が最も多い大堀研《おおほりけん》と私が行くことになった。花巻空港には、知り合いの岩手県庁の若手職員である森英介《もりえいすけ》君と小野《おの》善明《よしあき》君が盛岡から車で迎えに来てくれていた。釜石勤務経験もあった二人は、既に何度か釜石の支援に入っている。宿も友人の好意で泊めていただくメドが立っていた。

釜石に行けるとなると、やはり何か支援物資を持っていきたい。ただそれまでの情報から、すでに現地には衣料品や食料品などの物資は全国から多数届いていることを伝え聞いていた。お見舞いの金銭も、いかにもそぐわないように思い、気がひけた。悩んでいると、知り合いから「これ持っていってみたら」と言われ、あるモノを大量に渡される。半信半疑ながら紙袋にとりあえず詰め込んで、羽田へ向かった。

花巻空港から遠野に向かうルートに被災地は一切ない。途中でたくさんの大阪ナンバーの車を見かけた。関西広域連合が被災地の支援に入っていたのだ。自衛隊の車にもたくさん遭遇し、緊張が募った。

釜石に入り、最初に向かったのが、シープラザ釜石だった。シープラザは元々、地元特産品を扱う店などが入っている商業施設だが、震災後は釜石市役所から釜石市災害対策本部がシープラザの2階に移転し、災害対策拠点となっていた。釜石市役所のあった東部地区は津波被害で壊滅状態にあり、電源の確保すら困難な状態だったからだ。

シープラザに入ると、1階では多数の掲示板や案内版が壁に貼られ、市民の連絡先などが載せられた名簿も机にならび、多くの市民がのぞきこんでいた。対応をしている市役所職員のなかには、知っている顔があった。お互い気づいたとき、ただただ黙って固く握手をしたことを覚えている。ときには市民から激しく詰め寄られながら、「わからない」状況が多々あるなかで、できるかぎりの対応をしているようにみえた。

被災した市内に入り、惨状に茫然《ぼうぜん》としながらも、避難所となっていた釜石小学校に向かう。そこには最初に釜石に迎えに来てくれていた佐々木亨さんや、呑ん兵衛横丁仲間の澤《さわ》田由佳子《だゆかこ》さんが、市役所職員として持ち場を担っていた。

二人をはじめ、避難所では誰もが自分の持ち場に奔走しており、迷惑をかけてはいけないと思い、少しだけ話をして早々にその場を退散することにした。別れ際、澤田さんに「必要な方がいたら差し上げて」と、持参した紙袋をそのまま渡した。

それからしばらく経ち、東京に戻っていた私に、その後も釜石を訪れていた大堀研を通じ、澤田さんからの伝言が届く。「あのときにもらったものを、避難されている方に差し上げたら、ものすごくよろこばれたの。時計とこれが、特に欲しかったんだって」。

渡したのは、大量のカレンダーだった。

出発する直前に文房具屋に行けば、カレンダーがいくつかあった。なかには4月スタートのものもあったが、震災前に使っていたような1月から始まって、予定を書き込んでいたようなカレンダーでなければいけない気がした。渡してくれた知り合いは後日そう語った。

なぜそれほどよろこんでいただけたのか、詳細はわからない。聞くと、それまで多くがカレンダーを手づくりしていたという。避難所で苦しい生活をされている方は、忘れてはいけないことや、やらなければならないことを一つひとつ、そこに書き入れていたのだ。やるべきことができなければ、別の日付の下に新たな希望を書き入れていく。4月のカレンダーにまだ希望という言葉は見られなかったとしても、希望をかたちづくる「気持ち」「(大切な)何か」「実現」「行動」が刻まれていったのだ。余白一杯に書き込まれたカレンダーは、まぎれもなく震災1か月後の希望のカレンダーだった。

希望学にできること

震災後しばらくして、希望学のメンバーはそれぞれ釜石に足を運ぶようになる。特に震災前からお世話になった方々などをたずね、お話をしたりするようになった。

その際「研究しに来た」「勉強になる」といった言葉は、禁句だ。研究だったら何でも許されるわけではない。毎日を懸命に生きている人たちは、研究の標本ではない。研究の対象としてではなく、あくまで友人として話をしてくれることがあれば、素直にその言葉に耳を傾ける。それが希望学のスタンスといえば、スタンスだった。

そのなかで、ある日、気づいたことがあった。以前に訪問したときに聞いた話と、直近で聞いた話では、同じ事柄のはずなのに、ちょっとずつ内容が違うのだ。嘘をついていたわけではない。震災後の混乱のなかでは、記録を取る余裕もない。直後にはおぼえていたことも、状況が落ち着くにつれて、自然と忘れる。忘れてしまいたい記憶もある。

希望学は決めた。私たちにできることは、震災による困難や試練、挫折に直面しながら、それを乗り越えようとしている人たちの言葉を後世のために記録することだ。２００６年以来、釜石が過去の挫折をどうくぐり抜け、希望を紡いできたかを学んできた。２０１１年以降やるべきは、釜石が現在の試練にどう向かい合い、前に進もうとしているかをひたすら記録すること。それが本書の原点となるオーラル・ヒストリーの始まりだった。

震災の記憶オーラル・ヒストリーの経緯については、第１章で中村尚史が記しているので、詳細はそちらに譲る。震災後、釜石全体の状況や奮闘する市民、外部からの支援者の活動は、メディアなどでたびたび紹介されていた。それに対し、公務員や消防団など、ときに自身や家族が被災しながらも、居合わせた「公（おおやけ）」の仕事を自分の持ち場として全《まっと》うしようとした人たちの声は、なかなか伝わっていないようにみえた。彼ら・彼女らは、非難の声が浴びせられることこそあっても、自分たちから声を挙げることは自制しているようにも感じられた。私たちは、市民に加え、公の仕事をしていた人に重点を置いて話を聞くことにした。

公式な記録にはほとんど残らないであろう、それぞれの持ち場を懸命に担った人々の声を記録に残すこと。それは、震災前から釜石にかかわってきた希望学だからこそ、できることだし、やらなければならないことだった。

奇跡ではない

震災後、釜石について報道されるとき、「釜石の奇跡」という言葉が使われることが多かった。具体的には、津波に地域全体が覆われた鵜住居《うのすまい》地区にありながら、震災当時学校にいた子どもたち全員が避難し、一人の命も落とさずにすんだ釜石東中学校と鵜住居小学校の在校生や関係者の一連の行動を指す。実際、震災後にはじめて中学校を訪れ、3階建て校舎の窓という窓に、自動車が突き刺さっている状況を目の当たりにしたとき、奇跡という言葉に一定のリアリティを感じた。

しかし、この「釜石の奇跡」という表現を、多くの釜石関係者は正直心よく思っていない。奇跡と報道されるときには、きまって多くの子どもの命が失われた石巻市《いしのまきし》の大川《おおかわ》小学校と対比されたりしたが、そのデリカシーのなさが信じられなかった。それになんといっても、釜石でも1000名を超える命が失われたり、行方不明のまま、今も家族のもとに帰れないでいるのだ。けっして釜石に奇跡が起こり、すべての命が救われたわけではなかった。特に同じ鵜住居地区では、本来避難場所ではなかった防災センターに逃げ込んだことで、多くの命が失われたことを市民は悲しみ、市役所職員はずっと悔いている。

ただ釜石市の防災の取り組みが、学校にいた子どもたちの命を救ったことは、まぎれもない事実だ。どうして子どものたちの命を守れたのか。そのあたりは、震災後に鵜住居の子どもたちの声に何度も耳を傾け、その行動を絵本にした指田和《さしだかず》さんの『つなみてんでんこ　はしれ、上へ』（ポプラ社、絵・伊藤秀男《いとうひでお》）に描かれている。将来、津波が襲うかもしれない地域で暮らす子どもたちやその保護者に、ぜひ読んでほしい絵本だ。

絵本にも描かれた子どもたちの行動は、命を守るための三つの約束事（防災三原則）を実行したものだった。「想定にとらわれない」「つねに最善をつくす」「率先して行動する」。想定の避難場所だった学校の屋上は、津波にのみ込まれた。想定にとらわれず「ございしょの里」（デイセンター）まで逃げたが、裏山が崩れかけて危険だと感じると、最善を尽くしてさらに上へと走った。「恋の峠」まで走る途中、率先して保育園の子をおんぶしたり、手押し車を引いた。そして子どもたちは、助かった。

実は、防災三原則とならんで、大事にしていた教育があったんです。

震災時に釜石市教育長をつとめていらした河東真澄《かとうますみ》先生にお話しをうかがっていたとき、先生はそんな言葉をふと漏らした。

「それはなんだったんですか」。

歴史と地域の教育です。

釜石は津波で壊滅した歴史を持ち、その困難から立ち上がってきた地域だ。その事実をことあるごとに先生たちは子どもたちに伝え続けてきた。教室の授業だけでなく、中学校では過去の釜石の奮闘を自分たちで演劇にして上演したこともあった。奮闘から感じたことを一人ひとりが詩にして、それを学校全体の詩につくりあげたこともあった。頭で理解するだけでは命は守れない。命の大切さを身体全体で感じ、五感をフルに働かせることで、危機から「逃げのびる」ことは、知識から行動へと変わるのだ。

河東先生は、

「(歴史や地域を考える上で、希望学は)いいことをやってくれた」とおっしゃった。希望学では「歴史を蔑《ないがし》ろにして希望は語れない」「過去の歴史に向かいあうことで未来の希望は見えてくる」といったことを、釜石の中学校などで語ってきたからだ。

釜石東中学校でも、震災前に講演をしたことがある。「夢」をテーマに学習をしていた生徒に、希望学を研究する私と、地域で夢を追いかけてきた八幡登志男《やはたとしお》さんが招かれて話をした。昭和5年（一九三〇年）生まれの八幡さんは、構造的な鉄鋼不況で縮小していく釜石をなんとか元気にしようと、さまざまな活動をしてきた人だ。85歳になろうとする今も「山華《さんか》の雫《しずく》」という天然水の生産・販売で、地域の産業や雇用に貢献し続けている。

講演の際、ふるさとを元気にするという夢に向かって走り続ける八幡さんの話に、生徒たちは驚きを隠さなかった。地元に今もそんなに頑張っている人がいるなんて、知らなかったからだ。最後に、ひとりの男子生徒が質問した。

「八幡さんには、今も夢とか、あるんですか」。

八幡さんは、照れくさそうにしながらも、はっきりと答えた。

あるよ。「夢をもったまま、死んでいくのが夢」。みんなも夢を持って。

命を自分たちの手で守った子どもたち。それを影でささえた多くの大人たち。生き残った子どもたちに、これからの釜石の希望や夢が託されている。

津波てんでんこ

その言葉は、震災後、たまに耳にすることがある。しかし全国でその言葉を知っているかをたずねても、「知らない」「初めて聞いた」といわれることも少なくない。地元では有名だといっても、震災前には「聞いたことがない」という若者もいたはずだ。

「津波てんでんこ」。てんでんこの「てんでん」は、「てんでんバラバラ」の使い方と同じ。「手に手に」から変化したもので「めいめいで」を意味している。

釜石復興まちづくり基本計画の巻末にある用語説明にも「津波てんでんこ」が出てくる。そこには「津波のときには、自分の命は自分で守るという意識で家族がばらばらになってでも逃げることを優先する教え」とある。

市役所の防災課長だった佐々木守《ささきまもる》さんは震災後、全国で防災に関する講演を依頼されることが多くなった。震災で多くの地域からいただいた支援への感謝に加え、当時の防災課長として多くの命を守ることができなかった自責と悔いを、佐々木さんは率直に話してきた。

そして最も伝えたいこととして「とにかく逃げるしかない」ことを繰り返し訴えた。

どんなに高い防潮堤《ぼうちょうてい》を築いても、想定外のことは起こる。かえって安心してしまうことや、海が見えなくなるのが怖い。大事なことは、津波が来ると思ったら、とにかく逃げること。それしかないんです。

南海トラフ地震や首都圏直下型地震で津波被害が想定される地域で講演をするたび、佐々木さんはそのことを何度も語りかける。

津波てんでんこの話を聞けば、津波のときにはとにかく他人を顧みず、自分を最優先して逃げることが大事だと、多くの人が理解する。しかし同時に、たびたびの津波の経験は、その「てんでんこ」がいかに難しいことかを物語る。

学校が終わる直前の午後3時ごろ。両親は勤務中だ。地震に次いで、大きな津波がやってきそうだという警報が職場に流れる。夫は妻に電話をする。海沿いの家にいて、足が悪くて動けない親のことが夫は心配だ。妻には子どもがまだ学校にいるはずだから迎えに行ってくれと頼む。夫婦は実家と学校にそれぞれ車を急がせる。

三陸地域は、どこも道路が細く、抜け道も限られる。海沿いの区域も学校周辺も迎えを急ぐ車が渋滞し、どうにも動けない。そこに大津波が一気に押し寄せ、すべての車をのみ込んでいく。運転手は流されまいと、必死にブレーキを踏み続ける。そして赤いテールランプを空《むな》しく光らせたまま、多くの車が海の中へ消えていった。

てんでんこ、なんて、簡単にはできないのだ。危険が迫れば、誰もが何をさておき家族を心配する。自分を最優先することなど、考えられない。簡単にはできないからこそ、あえて「津波てんでんこ」という言葉に祈りを込めてきたのだ。

どうすれば、家族のことを案じながらも、誰もが自分の命をまずは守るという決心や行動ができるのだろうか。キーワードはただ一つ、日ごろからの「信頼づくり」である。

保護者と学校は、PTA活動などを通じて、日頃から地震や津波が来たときの避難や防災について、よく話し合う。危険が迫ったときには、お互いがどうすればよいかを、とことん確認しておく。子どもも親に自分の命は自分で守るから「迎えに来ないで。来たら危ない」と伝える。

そのなかで親は「学校の先生を信頼して大丈夫だ。だからまず自分は自分の命を守るんだ。自分が迎えにいって津波に巻き込まれたら、何より子どもが悲しむ。先生や子どもを信頼しよう」と決意する。そんな信頼づくりがない限り、すべての命は守れない。反対に学校など信頼できない、PTAなんて面倒くさいからやりたくないと、知らぬ存ぜぬを決め込む親では、いざというときに自分も子どもも守れない。

同じことは自分たちが住んでいる地域にも及ぶ。地域活動を通じて、どこに足の悪い年寄りがいるかは、地域全員がわかっている。何かあったときには、誰がどこにその年寄りを連れて逃げるかも決めてある。平日であれば家にいる高齢者同士が支え合う。休日であれば仕事休みの中高年が近所の年寄りを支える体制もできている。「津波が来ても助け合って逃げる体制が町内会にはある。町内の仲間を信頼しよう。だから今は自分の命を守るんだ。その後は生き残った自分が地域のために何でもやる」。多くが信頼意識を共有する地域では、被害を最小限に食い止められる。一方で、地域の中で相互の信頼を育《はぐく》んでこなかった地域に、希望がおとずれることはない。

誰もが自分の命を守ることを決断し、地域の希望をつなぐには、日ごろからの信頼関係を創る地道な取り組みが欠かせない。次の大きな地震や津波が襲う前に、日本中の地域がどれだけ信頼を共有できているだろうか。

遊び場がない

2011年5月に「釜石市復興まちづくり委員会」が立ち上がると、希望学からは橘川武郎と私がアドバイザーを仰せつかった。橘川さんは専門のエネルギー関係について助言が求められ、私には希望学を代表して「希望」の観点から意見が求められた。

復興まちづくりの計画を立てるために大切なことはなにか。それは何より市内の多くの人の声に耳を澄ますことだった。その声には、釜石の老若男女、被災した人とそうでない人など、すべてが含まれた。そのなかで、小中学生の何人かが「遊び場がなくなった」ことを自分たちの意見として述べていた。

平地が乏しい釜石では、震災後、元々少なかった公園や空き地のほとんどが避難者向けの仮設住宅の用地となった。それまで幼稚園児や保育園児が遊んでいた場所は住宅に覆いつくされた。自分たちは我慢するから、弟や妹たちの遊び場のことは考えてほしい。そんな小中学生の声は、少なからず市役所にも届いていた。

無論、自分たちのための遊び場を求める声も、中高生にはあった。高度成長期の人口が9万人を超えていた頃の釜石は、及新《おいしん》デパート、カワミデパート、丸光《まるみつ》デパートなど、複数の百貨店が立ち並び、沿岸や内陸から多くの人を惹きつける一大繁華街だった。それが製鉄所の度重なる合理化に比例して町も活気を失っていく。子どもたちはかつての釜石の繁栄を知る由もないが、何が欲しいとたずねれば「大型ショッピングセンター」という声が多数あったのも事実だった。

子どもたちの期待に応えるとすれば、どんな遊び場がいいのか、悩んでいたとき、ひょんなことから、私が東京の遊び場づくりの専門家にアドバイスを求めることになった。そこで知人の紹介を通じ、千葉大学教授の福川裕一《ふくかわゆういち》先生にお目にかかる。福川さんは、都市計画の専門家で、歴史環境の保全や住民主体のまちづくりに尽力されている。

どんな遊び場をつくればいいんでしょうと尋ねると、やさしく笑いながら福川さんはおっしゃった。

玄田さん、子どもは大人がつくった遊び場では、遊びませんよ。

大人に隠れて秘密基地を勝手につくったり、なんでもない路地裏の一角をたまり場にしたり。遊び場は子どもたちが自分たちで決めてつくるからこそ、遊び場なのだ。「与えられるのを待っているだけでは、けっして希望は生まれない」ことを希望学で学んだはずだったのに。私は福川さんにガツンと一発やられた気がした。

福川さんは、こうも言った。

今の大人が、子どもの頃に楽しかった場所は、どんなところだったのか、よく思い出してみるといいですよ。そこには必ず何かがある。今の子どもにも、きっと楽しいはずです。

釜石のイメージとすれば「鉄」「海」「ラグビー」だが、実際には山に囲まれた緑豊かな地域だ。子どもの頃、野山を走り回った釜石の大人は多い。

JR釜石線で釜石市内に入って2番目の、洞泉《どうせん》駅の近くには創作農家・レストラン「こすもす」がある。レストランを経営する藤井《ふじい》了《さとる》さん・サエ子さんご夫妻は震災後、自身所有の休閑農地を開放し、手作りで「こすもす公園」をつくった。公園といっても、公設の公園につきものの、ジャングルジム、雲梯《うんてい》、鉄棒などは何もない。あるのは、木に登って降りる高さ6メートルの木製滑り台だったり、丘に木を編んでつくった展望台だったり。巨大なアリの巣のような穴もある。子どもが思いきり走って転んでも大丈夫なよう、木のチップが敷き詰められている。レストランの軒下は、子どもたちの秘密基地だ。

こすもす公園は、地域の大人たちが自分たちの子どもの頃を思い出しながら、楽しんでつくった公園であることが、ひと目でわかる。それに震災後釜石にボランティアでやってきた若者たちがつくった「クライミングウォール」なども加わり、その場にいるだけでなんだか不思議に元気が出る。

その公園に2014年4月、一つの作品が加わった。タイ在住の画家、阿部《あべ》恭子《きょうこ》さんの力添えを得て、公園隣の工場の巨大な外壁にみんなで描いた「希望の壁画」だ（口絵参照）。同じ4月から釜石線に走り始めたSL銀河の車窓からは、希望の壁画がよく見て取れる。これから釜石を出ていく若者たちは、帰省の汽車の窓からその壁画を見つけるたびに、ふるさとに戻ってきたと感じることだろう。

中番庫の開放

釜石を含む三陸地域の被災地の復興にとって、最大のハードルは何か。それはひとえに「土地」問題である。

三陸特有の地形の問題から、住宅や工場などが建てられる土地がきわめて限られている。津波による死亡・行方不明に加えて、人口の流出などもあり、用地取得の交渉を始めようにも、地権者がどこにいるのか、わからないことすら多い。狭い土地をどう利用すべきか、住民によって異なる意見の溝を埋めるには、時間もかかる。行政が勝手に進めることもできないまま、その間に建設資材の高騰などもあって、復興は遅れていく。

用地の問題がむずかしいのは、釜石も例外ではない。そのなかで２０１４年3月14日に象徴的な建物が登場する。津波被害で壊滅状態にあった市内中心部に、大型ショッピングセンター「イオンタウン釜石」がオープンしたのだ。３階建ての巨大建物には、イオンスーパーセンターのほか、県内の会社を含む多くの専門店が立ち並ぶ。オープン記念のチラシには「新規雇用約６２０名のうち、地元雇用約４３０名！」「屋上を、災害時に約１６００名のみなさまが一時避難可能な「災害時一時避難者収容場所」といたしました」などといった文言が謳《うた》われた。

震災前から地元中高生の多くが熱望していた大型店舗が、皮肉なことに、震災をきっかけとして釜石に登場したのだ。

オープンに至るまでの詳しい経緯は知らない。おそらくは少なからず葛藤もあっただろう。地元の商店がワリを食うのではないか。人口減が続いて大型店舗もすぐに撤退とならないか。震災直後、多くの高校生が要望をきかれて「ショッピングセンター」で盛り上がるなか、

今はそういう自分たちの望みを言うべきときではない。

と静かに反論した釜石高校の生徒がいた。その女子高生は大槌町出身で、釜石市内に避難していた。

いろいろな思いがあるなか、釜石の関係者は大型店舗の誘致を決断する。そしてそれが何より意味を持つのは、その店舗が「中番庫《なかばんこ》」という土地に立ったことにある。

中番庫は釜石港公共ふ頭に隣接した約15へクタールに及ぶ製鉄所の所有地だ。貯炭場、貯鉱場としてかつては使われてきた。津波への防御地域でもあり、今回も被害は最小限に食い止められた。釜石市復興の起爆剤であり、にぎわい創出のカギを握る地域と目されて

きた場所でもある（「釜石市復興まちづくり計画」［用語の説明］より引用）。

その意味で今回の巨大ショッピングセンターの出現は、イオンという全国企業の誘致にとどまらない大きなインパクトを釜石に与えている。高炉休止後もずっと製鉄所が所有したまま眠れる存在であった釜石一等地の中番庫が、釜石市民に開放されたのだ。

かつて釜石の子どもたちは、百貨店に家族と繰り出し、友人と遊んだ記憶を刻んだ。今度はその記憶を、釜石の子どもたちが新たに開かれた中番庫に立つ遊び場に刻んでいく。大人が設《しつら》えた「にぎわいの場所」を、どうやって若者が自分たちの「遊びと創造の場所」として、みずから工夫を続けていくか。かつての百貨店のように、ふたたび記憶の彼方に消えていくのか。それとも土地有効利用の新しい共生モデルとして、地域を元気づける存在となるのか。

中番庫とその周辺のこれからの姿が、釜石の希望再生の重要な試金石となる。

「忘れ去られない」ために

震災後、釜石駅で知り合いの河北新報《かほくしんぽう》社の記者に出会ったことがある。『河北新報』は東北地方で広く読まれている新聞で、その記者は被災地の取材を重ねていた。別れ際、

「被災地の人たちが、一番心配しているのは何ですか」とたずねてみた。すると彼は、

忘れ去られることだと思います。

と答えた。震災後まだ半年も経たない頃だった。

今、釜石で希望をたずねれば、やはり同じように「忘れないでほしい」という声も少なくない。実際、2014年に新しくなった呑ん兵衛横丁で呑んでいたときも、隣りの地元客は、はっきりそう言った。

だが現実には多くの人が震災の記憶を失っていく。震災で大事な人を失った人、行方不明者の帰宅を待っている人、避難生活を余儀なくされている人は、かたときも震災のことを忘れることはない。しかしそうでない人々は被災地の人々のことを忘れていく。

誰もが自分の日常のことで手一杯で、つねに被災地のことに思いをはせる余裕を持っているわけではない。ショックな記憶であればあるほど、忘れていかないと、生きていくことすら、むずかしい。忘れられるならば、忘れてしまいたい過去もある。

さらにいえば、東日本大震災の衝撃で、1993年の北海道南西沖地震、1995年の阪神《はんしん》・淡路《あわじ》大震災、2004年の新潟県中越《ちゅうえつ》地震、2007年の新潟県中越沖地震、

2008年の岩手・宮城内陸地震などの記憶は、かき消されていったのだ。限られた記憶力のもとでは、過去は新しい衝撃によって上書きされていく。広範囲な南海トラフ沖地震や、人口が密集する首都圏直下型地震が、明日にでも襲ってくれば、東北の記憶は一瞬にして過去のものとなるだろう。

どうすれば、過去や現在の人々の努力や営みを忘れることなく、未来の世代に教訓を含めて継承していくことができるのか。

一つだけいえるとすれば、それが学問の責任であり、学問の力だということだ。学者とは学問を志した者であり、自分が決めた学問を一生賭けて追いかけ続ける者を言う。追いかけたもののほとんどが結局見つからなかったとしても、どこまでがわかり、どこから先は未知であるかを示し、次の世代へバトンを渡す。それが学者の面目《めんもく》である。事実、過去の災害やその後の取り組みについても、世間の関心の移り変わりにかまうことなく、ずっと見守り続けてきた学者たちがいた。

希望学には、東日本大震災が起こる前から、釜石の友人たちとずっと約束してきたことがある。それは「一生釜石を見続けていく」ということだ。これから釜石にどのような希望が生まれ、かりに挫折をふたたび経験したとしても、困難からどのように新たな希望を紡いでいこうとしてきたかの証人となる。そんな約束をした。だからもし時代が震災を忘れ去ることがあったとしても、希望学はいつまでも釜石を追いかけ続ける。

震災の試練を未来の希望につなげようとする営みを、学問の力を信じて見守り続けること。それが今の、そしてこれからも、希望学の全うすべき〈持ち場〉だと思っている。

I 記憶を記録する

「希望　一日の始まり」末廣昭（2010 年 7 月）

第1章

釜石における震災の記憶

中村 尚史

1 震災の記憶オーラル・ヒストリー

2011年3月11日に発生した東日本大震災によって、岩手県釜石市の沿岸地域は壊滅的な打撃をうけた。震災直後、釜石との通信は途絶し、現地で何が起きているのか、希望学・釜石調査で私たちがお世話になった方々は大丈夫なのか、皆目わからなかった。希望学のメンバーは必死で現地の情報を収集し、それぞれ支援活動をはじめた。しかし、震災直後の時点において、社会科学分野の研究者が行うことのできる支援活動は、残念ながら限られていた。現地に出向いて、人々の話を聞き、その内容を記録にとどめること。被災地の実情を広く社会に発信していくこと。それが、私たちができたことのすべてである。

震災から半年がたった2011年9月、私たちは釜石地域で震災を経験された方々に、その体験をオーラル・ヒストリーとして語っていただき、記録に残していくというプロジェクトをはじめた。きっかけは、同年7月頃、釜石市防災課長（当時、以下同じ）の佐々木守《ささきまもる》氏から聞いた「震災直後のことがどうしても思い出せないし、記録もない」という一言だった。震災後の危機的な状況のなかから、いかに釜石の人々が立ちあがろうとしてきたのかは、未来に伝えるべき大切な教訓ではないか。その記憶を、風化する前に何とか記録したい。こうした問題意識を共有するメンバーが集まり、震災の記憶オーラル・ヒストリーがはじまった。この試みは、震災の記憶を末永く後世に伝える意味でも、また震災直後における「希望」のあり方を考える上でも、重要な仕事になると考えている。

プロジェクトの発足にあたり、私たちは釜石市で被災された方々、さらには釜石と縁のある方々に、震災直後から半年間にわたる行動と思考について、時系列で語っていただくことにした。実際のインタビューは、①震災後1か月間の行動、②復興に向けて、一区切りついたなと思われる時期や出来事、③震災前、震災直後、現在にいたる考え方や行動の変化という3点を中心に、一人あたり、1～2回、1回につき2時間程度、実施した（巻末資料「『震災の記憶』インタビューへのご協力のお願い」を参照）。ヒアリング実施の時期は、2011年10～12月に4名、2012年1～3月に27名、同7～10月に27名、2013年3月に1名となっている。本来、同時期に、一斉にヒアリングを行うことが望ましいが、聞き手側の人的能力・稼働時間の限定性に加え、先方との関係もあり、結果的に大学の休業期間中を中心とする断続的な聞き取りになった。

オーラル・ヒストリーの対象者は、希望学・釜石調査（2006～09年）で私たちがお世話になった方々を中心に、行政、市民・NPO、企業・経済団体、政治・報道、教育の各分野で、合計59名にのぼった（図1－1）。このうち最も多いのは、釜石市役所を中心とする行政機関関係者（24名）である。震災発生直後から災害対応に奔走した、縁の下の力持ちの声を、ありのままに伝えたい。それが私たちのオーラル・ヒストリーの原動力になった。ただし市民・NPO関係者も17名、企業・経済団体関係者も9名に上っており、決して行政機関に偏ったオーラル・ヒストリーではない。表1－1から対象者の属性をみると、年齢的には働き盛りの40代、50代を中心にしており、男女の比率では8対2で、男性が多くなっている。このうち年齢については若年層を、性別については女性を、それぞれもう少し増やしたかったものの、これも私たちの力不足で、理想通りにはならなかった。

このように、震災の記憶オーラル・ヒストリーは、決して釜石市民全体を見渡した、網羅的な聞き取り調査ではない。私たちは希望学・釜石調査のなかで見出した、震災直前の

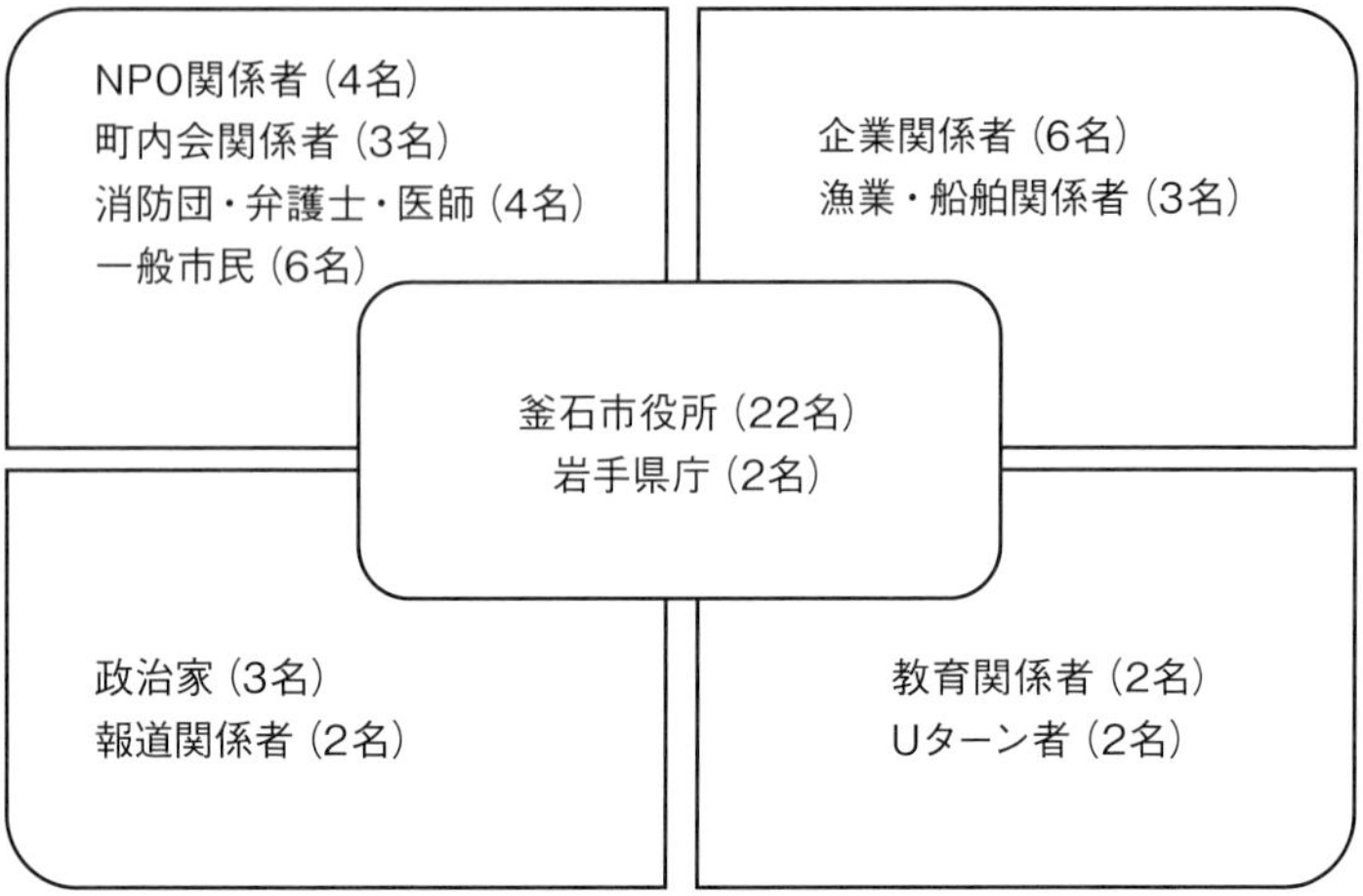

［図1－1］ヒアリング対象者の属性
出所：東京大学社会科学研究所希望学プロジェクト編（2014）より作成.

［表1－1］ヒアリング対象者の性別・年齢別構成

	男　性	女　性	合　計
60歳以上	11	4	15
40～59歳	28	5	33
40歳未満	8	3	11
合　計	47	12	59

出所：東京大学社会科学研究所希望学プロジェクト編（2014）より作成.

釜石におけるキーパーソンたちが、震災直後に何を思い、どのように行動したのかを記録したかった。そしてこの記録こそが、将来における釜石の地域再生に役立つのではないかと考えたのである。「記憶を記録にする」という意味でも、それは純粋なオーラル・ヒストリーであった（中村　２０１３、１－21頁）。

以上の点をふまえ、本章ではまず釜石地域における津波の被害と対策を歴史的に考察する。その上で、震災後の状況を、①地震発生から10時間（3月11日）、②2日目からの4日間（3月12～15日）、③6日目からの40日間（3月16日～4月30日）、④5月からの1年間という4つのフェーズに分けて記述する。その際、オーラル・ヒストリーの最大の特徴である当事者の視点を大切にし、「語り」を活かした記述を心がける。なお本章に登場する多くの人々の所属、職名等は、基本的にすべて震災当時のものである。

2　釜石と津波(1)

リアス式海岸がつづく三陸沿岸地域には、沖合に世界有数の海底地震多発地帯がひかえていることもあり、古来、数多くの津波が襲来してきた。なかでも１８９６年（明治29年）６月15日午後8時過ぎに襲来した大津波は岩手県下だけでも2万人前後の死者を出し、

[表1-2] 大津波と釜石地域

	地区名	釜　石	平　田	鵜住居	唐　丹	合　計
明治三陸大津波 1896年6月15日	現住人口	5,274	1,255	3,153	2,807	12,489
	死亡者数	3,323	718	1,061	1,585	6,687
	死亡率	63.0%	57.2%	33.7%	56.5%	53.5%
	戸数	956	149	474	430	2,009
	流失戸数	791	107	227	332	1,457
	罹災率	82.7%	71.8%	47.9%	77.2%	72.5%
昭和三陸大津波 1933年3月3日	現住人口	24,300	846	2,797	3,694	31,637
	死亡・行方不明者数	37	—	7	359	403
	死亡率	0.2%	—	0.3%	9.7%	1.3%
	戸数	4,633	109	402	550	5,694
	流失戸数	173	15	141	245	574
	焼失戸数	198	0	0	0	198
	罹災率	8.0%	13.8%	35.1%	44.5%	13.6%
チリ地震津波 1960年5月24日	流失戸数					11
	全壊戸数					17
	半壊戸数					111
	浸水家屋					1,298
	被害総額（億円）					6.3

出所：釜石市誌編纂委員会編（1977），291-294頁，301-305頁および釜石市誌編纂委員会編（1965）．

釜石地域の沿岸部に致命的な打撃を与えた。その波高は平均10～15メートルといわれている。この津波による釜石市域の被害状況を表1-2からみると、釜石市域で6687人が亡くなり、1457戸の家屋が流失している。とくに釜石地区での被害は大きく、現住人口の実に63パーセントが死亡し、家屋の82・7パーセントが失われるという凄まじさであった。

1933年3月3日午前3時すぎ、三陸沿岸は再び大津波に襲われた。昭和の大津波は釜石地域では平均8・3メートル（満潮換算）であり、平均10メートルを超えていた明治（1896年）の大津波に比べると小型であった（釜石市誌編纂委員会 1977、306頁）。加えて明治大津波の経験から住居の高地移転がすすめられ、また避難への意識が高まっていたこともあり、前回50パーセントを超えていた釜石地域の死亡率を、1パーセント程度に抑えることができた。しかしそれでも表1-2が示すように、400人を超える人々が死亡もしくは行方不明になっている（釜石市誌編纂委員会 1977、301-302頁）。さらに釜石地区では、津波の襲来直後に火災が発生したため家屋の被害が拡大し、全4633戸のうち371戸（流失173戸、焼失198戸）が失われた。これに船舶・漁具流失などを勘案すれば、やはりその被害は甚大であった（釜石市誌編纂委員会 1977、302-305頁）。

三陸沿岸ではその後も、十勝沖《とかちおき》地震津波（1952年、1968年）やチリ地震津波（1960年）[2]といった大津波が襲来したが、釜石地域は幸いに人的被害から免れてきた。しかしチリ地震津波では、表1－2が示すように139戸の住家が流失・損壊し、6億円を超える被害が出ている。この津波を契機として施行された津波対策特別措置法（1960年8月）によって、被害が大きかった両石《りょういし》、嬉石《うれいし》、平田《へいた》、小白浜《こじらはま》、箱崎《はこざき》、箱崎《はこざき》白浜《しらはま》といった地区に10メートル以上の防潮堤《ぼうちょうてい》が建設された。それと並行して他地域でも、6メートル前後の防潮堤が築かれ、釜石地域の沿岸部は、すべてコンクリートの施設によって覆われることになった。このように1970年代には、防潮堤で津波を防ぎ止める方法が、ハード面での防災対策の基本になっていった。そしてその延長線上で、全長1960メートル、水深63メートルという、世界最大水深の釜石湾口防波堤が建設されることになる（1978年着工、2008年竣工）。

ところが、チリ地震津波から51年目の2011年3月11日に発生した東日本大震災の大津波によって、これらの防潮堤や湾口防波堤は大破し、釜石市の沿岸地域は再び壊滅的な打撃をうけた。今回の津波の高さは両石湾（両石漁港）で遡上高《そじょうこう》19・3メートル、大槌《おおつち》湾《わん》（釜石東中学校付近）で浸水高15・4メートル、釜石湾（平田漁港）で同じく9・2メートルに達した。[3]明治大津波の両石湾での最大遡上高は14・6メートルと言われており、

[表1－3] 東日本大震災における釜石市域の被害状況

人的被害（人）

現住人口		39,996	2011年2月末住民基本台帳
死亡者数	直接死	888	2014年1月末現在
	関連死	98	同上
行方不明者数		152	同上
計		1,138	同上
罹災率		2.8%	
避難者数	市内避難所	9,883	2011年3月17日最大
	内陸避難	633	2011年5月9日最大

家屋被害（戸）

住家数		16,182	2010年1月1日現在
津波被災住家数	全壊	2,957	2012年2月1日現在
（専用・併用住宅）	大規模半壊	395	同上
	半壊	303	同上
	一部損壊	1,049	同上
計		4,704	同上
罹災率		29.1%	

事業所被害

釜石商工会議所会員数	1,040	2011年度
同上被災事業者数	565	2013年9月1日現在
罹災率	54.3%	

産業・公共土木被害（億円）

漁港・海岸施設	105	2011年12月現在
水産関係	126	同上
農林関係	59	同上
道路・橋梁	17	同上
計	307	同上

出所：岩手県総務部総合防災室「東北地方太平洋沖地震に係る人的被害・建物被害状況一覧」（2014年3月31日現在）および釜石市災害対策本部「平成23年（2011年）東日本大震災被害状況等について」（2012年4月10日），釜石市『復旧・復興の歩み』（2014年1月）より作成.

[表１－４］釜石市域における地区別被災状況

地区名	人　口	死亡・行方不明者数	死亡率	住家数	津波被災住家数	罹災率
釜石	6,971	229	3.3%	3,291	1,383	42.0%
平田	3,848	24	0.6%	1,251	272	21.7%
中妻	4,856	26	0.5%	1,888	0	0.0%
小佐野	8,308	27	0.3%	3,386	0	0.0%
甲子	6,014	13	0.2%	2,255	0	0.0%
鵜住居	6,630	579	8.7%	2,517	1,691	67.2%
栗橋	1,263	7	0.6%	638	0	0.0%
唐丹	2,106	21	1.0%	956	347	36.3%
計	39,996	926	2.3%	16,182	3,693	22.8%

注：人的被害は2012年3月末時点，家屋被害（住家のみ）は2012年2月1日時点の数値．死亡・行方不明者数は住所地が判明する方のみのため市域全体の数値とは整合しない．
出所：釜石市災害対策本部「平成23年（2011年）東日本大震災被害状況等について」（2012年4月10日）より作成．

それを大きく上回る規模であったことがわかる（釜石市誌編纂委員会　１９６５、１０１頁）。
表１－３からその被害状況をみると、死者・行方不明者が合わせて１１３８人（関連死98人を含む）、被災住家数４７０４戸（罹災率29・１パーセント）、事務所・店舗等の被災５６５か所（罹災率54・３パーセント）という大きさであった。表１－４から地区ごとの被災状況をみると、被害が最も大きかった鵜住居《うのすまい》地区で死亡率が８・７パーセント、住家罹災率が67・２パーセントという数値になっている。これを表１－２と比較すると、死亡率は昭和大津波を超え、住家の罹災率は明治大津波をも上回る、深刻な被害状況であることがわかる。また

産業・公共土木関連の被害総額は307億円と推定されており、とくに水産関係の被害が深刻であった。漁港では、津波によって漁船や漁具、施設が流されただけでなく、地盤沈下によって岸壁が機能不全に陥るところが続出した。(4) 水産加工業では沿岸地域に立地していた冷蔵庫や工場が被災し、壊滅的な打撃をうけた。

1000年に一度といわれる未曾有《みぞう》の震災に見舞われた時、釜石の人々は、何を感じ、考え、どのように行動したのか。以下、『震災の記憶オーラル・ヒストリー 第二次稿』（東京大学社会科学研究所希望学プロジェクト編 2014）を素材としながら、震災直後における彼ら／彼女らの思考と行動を跡づけていきたい。

3 最初の5日間

［1］震災発生（3月11日）

2011年3月11日14時46分、宮城県沖を震源とするマグニチュード9・0の巨大地震が発生した。地震発生時、釜石地域は、震度6弱の「長い、気持ち悪い、大きな揺れ」に見舞われた。その時の情景を、市庁舎3階で釜石市議会に出席していた釜石市副市長（当時、以下同じ）・佐々木重雄《ささきしげお》氏は次のように語っている。

佐々木（**重**）　3月11日のあの時間は市議会の3月定例会を開会中でした。本会議で我々は3階の議場でまさに議会開会中でした。議会に集中しているときに突然地震がきて、正直言って、全く経験したことのないような大きさと、全く経験したことのない長さでした。……もう柱にしがみついていました。これは間違いなく天井が落ちるなと思いました。まず身の危険を感じましたね。揺れは止まらないし。終わったかなと思ったら、またガーンとくる。ふつうの地震であれば、20秒か30秒ぐらいで、長くても1分ぐらいで終わると思うでしょ。「ああ、やっと終わったな」と自分の中で勝手に解釈すると、またくるというね。（東京大学社会科学研究所希望学プロジェクト編　2014、284頁）

大きな揺れが収まった時点で、市議会議長が休会を宣言したため、議場にいた全員が議場の外に飛び出した。佐々木副市長ら市の幹部は、野田武則《のだたけのり》市長とともに、直ちに市庁舎2階の市長室に集まり、今後の対応を協議した。

同じく市議会に陪席していた防災課長の佐々木守氏は、地震発生直後に市庁舎2階の防災課に戻り、防災行政無線による避難放送をはじめた。

佐々木（守）（前略）これは、ものすごい巨大な津波が来るに違いないと直感的に思いました。地震は、まだまだ続いていたんですね。続いていたか間をおいて来ていたか、ちょっと記憶ないんですが、いま考えれば2〜3分は続いた地震だといっていますから、かなり経験したことのない揺れで、自分のところの高いところにテレビがあるんですが、落ちそうになって押さえたり、もうグラグラで、書類等もガンガン倒れて来た状況でした。私は部下に、「すぐ避難の放送しろ」ということで、3分たって大津波警報が気象庁から発令されたので、普通であれば「大きい地震がありました。今後の情報に注意してください」というのをやるんですけど、その暇もないぐらい長くて巨大な地震でした。気象庁から得た情報で、「大津波警報です。3メートルの津波が予想されます。避難を指示します」ということで、何回も放送をしろということでさせました。自分は2階に残って、海のほうを見ていたんですが、いかんせんあそこから海は見えませんので状況がわからない。また停電になっているので、テレビの情報はない、県からもファックスが来ない、ラジオしかない状況でした。いつもであれば、地震があっても「どうせ津波は来ないんだろう」という人が多いんですけど、皆さんやっぱりあの地震で感じたらしく、避難したんですね。市役所の中の人や近所の人は屋上に避難しました。そこには議会中ですから議員もいました。（東京大学社会科学研究所希望学プロジェクト編

２０１４、２頁）

津波到達6分前の15時14分、大津波警報が3メートルから6メートルに変更される。そこで防災無線の表現を、「高い津波が来ますから、高台に避難してください」と変え、立て続けに8回連呼した。

15時21分、津波襲来。その瞬間について、市庁舎2階の防災課にいた佐々木副市長は、次のように語っている。

佐々木（重）（津波が）見えたんですよ。最初に見たときには、「ちょっと待てよ」と。「夢なら覚めてくれ」という感じでした。２階の防災課の窓からは、左側に海やバイパスが見えるのですが、波よりも先に、まず煙が上がりました。「なんだ、この土煙は」と思ったら、その土煙が車や家を巻き込んで波に変わってきたんです。「ええ！ これは本当に現実かよ」と思いましたね。「こんな現実ってあるのかな」と。（東京大学社会科学研究所希望学プロジェクト編 ２０１４、３３３頁）

市庁舎にいた人々は、津波を見ながら階段を駆け上がり、まず3階へ、そして屋上へと避難した。
市議会議場から、いったん、職場のある青葉ビルに戻った生田久美子《いくたくみこ》氏（少子化対策・男女共同参画推進室長、市議会陪席中）は、市街地の中心である青葉通り付近で津波に遭遇した。

生田（前略）結構、津波が来るまでにも時間があったと思うんですけど、建物からはみんな出て、青葉通りに結構人がいました。「こっちに来てください」と呼んでも、なかなかみんなウロウロしていたのでウロウロはしているけど、なかなか来ないんですね。その後も余震があったりしていたのでウロウロはしているけど、なかなか来ないんですね。そうやっているうちに、役所のほうから煙が見えたんですよ。それが黄色い煙で、いま思えば家が壊れた土埃《つちぼこり》だったんですけど、火事だなと思って。やっぱり地震だから、地震の後の火事かなと思って見ていたんですけど、ふっと後ろを振り向いたときに、サンルートの脇の信号のランプの高さに、波の上に家が1軒、本当に家の形をして乗っかっていて、その前に車が2台、ハの字になったのがズズズッと来るのが見えて。「あれって波なんだよな」って。みんなで「逃げようッ」と言って、もうちょっと高いところに逃げたんです。（東京大学社会科学研究所希望学プロジェクト編 2014、87頁）

生田氏らは津波に追われて、青葉通りを石応寺《せきおうじ》方面に駆け上がり、さらにその上の簡易裁判所まで避難した。

釜石港では、地震直後、津波を避けるため、船が一斉に出航した。震災時、港に接岸中であった岩手県水産技術センターの漁業指導調査船・岩手丸は、地震が収まってすぐ、津波に備えて船を沖に出すことにした。また、航海士が到着していなかった同漁業指導調査船・北上丸も、岩手丸から航海士の派遣を受け、急遽《きゅうきょ》、船を出すことにした。北上丸機関長の三浦雅幸《みうらまさゆき》氏は、湾口部を通り抜ける際の様子を次のように語っている。

三浦（雅）（船を）離してしまったらもう出るしかないから、（岩手丸の）後をついて行きました。凄い勢いで津波が入ってきて、湾口防波堤の開口部が川の様になっていた。湾口防から外に脱出しようとしても流され、巡視船、岩手丸そして本船も出られなかった。仕方なく、湾内の南側に避難したんです。本船は岸よりでグルグル回ってチャンスをねらっていた。……舵は利いていいました。巡視船や岩手丸がいるので、ぶつからないように岸による、岸に寄れば養殖筏《ようしょくいかだ》がある。それでグルグル回っていた。何回かずうっとやっているうちに、ピタッと潮が収まったんです。そのときにいちばん湾口に近い巡視船が出て行く、岩手丸が行く、今だなと思ったけど、俺たちはその時の位置が悪くて、それらの船より出足が遅れたわけです。陸上から撮影されていた映像で見ても、うちらはすごくあとだったんです。巡視船がいちばんいい状態のときに出て行ったなあと見ていた。岩手丸のときは沖から次の津波が来ているのが見えていたけれども、海面はまだたいしたことない状況だった。俺らが湾口部に向かったときは引き波がはじまっていて、さらに前から新たな津波が迫ってきていた。ブリッジに4名いたが、もう突っ込んでいくしかないと覚悟を決めた。とにかく来る津波に直角にぶつかれと。湾口防波堤に大きな壁ができた。岩手丸の船長は20メーターぐらいと言っていた。もう終わりだなと思ったけどね。でも、俺はとにかく操船に夢中だったので、不思議なことに怖いとかぜんぜん思わなかった。スクリューのピッチをゼロ（推進力がない状態）にしてもスピードが出るわけです。でも、ゼロにすると舵が利かないわけ。ピッチを7度ぐらいに上げる。上げたからスピードが出るわけです。とにかく航海士には「直角にぶつかれよ」ということでぶつかっていった、ちょっとでも曲げたらもう転覆していた。湾口防波堤の入り口で、船首が津波にスポッと入って見えなくなって、「船首上がれ、浮上しろ」と祈った。その時、船首が浮上してそのまままっすぐ近くまで立った。その直後、今度は船首が下がるとともに右に45度まで傾いた。45度傾いたときには防波堤の南側がすぐ近くだったです。今度こそ終わったと思ったけど、戻った。それで助かった。……そのときに左側にいた非常勤職員は湾口防波堤が倒れるのを見ている。航海士と俺は目の前だけを見て（波に）刺さっていった。（東京大学社会科学研究所希望学プロジェクト編 2014、575-576頁）

岩手丸、北上丸とも、危機一髪で湾口を脱し、沖合に逃れることが出来た。その後、9日間、両船は釜石湾沖合で待機することになる。

今回の津波で最も大きな被害を受けた片岸《かたぎし》・鵜住居地区では、柏崎《かしわざき》龍《りゅう》太郎《たろう》氏が、津波襲来の一部始終を、標高22メートルの一次避難所から目撃している。

柏崎　（前略）みんなそこ（第一避難所）に集まって湾口を見ている状況でしたが、今度は白波が湾口の先端の岩礁《がんしょう》に舞い上がったんですね。その高さも相当なものでしたから、相当な津波だなという認識を持っていました。それで、私たちの集落の前面は根浜《ねばま》の砂浜で、既存の堤防が6・4メートルですから、6・4メートルでどれくらい支えられるのかと思っていました。そうしましたら、第1波で堤防のいちばんの北側のところが一部決壊という状況で、どんどん水が流れて入ってきました。北側というのは、山際の水門があった場所ですから、水門の周りというのはどこも弱いですよね。だから、「ここはやられても正面は」というふうに思ったんですね。そうしましたら、第1波の遡上高でやっぱり正面を越えてきました。堤防は大体、８００メートルくらいの距離がありまして、あとは川のほうの堤防ですね。それを若干越えて1波は終わりまして、2波が、これは湾の形状によってかなり違うと思いますが、思ったよりも2波が小さめでした。それで、上手くいったら我が家も助かるかなと、そんな期待もありました。そうしましたら、……第3波が見事に６・４の堤防を越えていきました。それは決壊ではなくて、簡単に越えてきたんです。それが今度、引くときにどうなるのか、それを見届けようという感じで見ておりましたら、第4波が重ねて来ました。だから、ものすごく4波の高さが大きく見えたんですね。……そのときは、海岸線全部が底からあらわれたという状況でしょうから、真っ黒な波になっていましたね。それで堤防は決壊したんですね。後の結果では、堤防決壊箇所が４１０メートル。……しかし、あれは我々の考えた規模ではなかったですね。だから、3波、4波が重ねてきたときには、もう集落の大部分はやられていました。……3波か4波は、鵜住《うのすま》居《い》川《がわ》をものすごい速さで遡上しましたね。この速さはね、専門家が常に言っている速さだなと思いました。１００メートルを10秒くらいの速さでバーッとのぼるわけですよ。そして、どんどん、どんどんのぼっていく。私たちが昔の記録でわかっているのでは、国道45号線に大浜《おおはま》渡橋《わたりばし》という大きな橋がありますが、あの橋の付近まで昭和8年のときに津波が来ているということなんです。ところが、僕らが見ている眼下で、その大浜渡橋の辺りなんかは、すごい速さでさらに越えていくわけですよ。結果的には、次の橋まで遡ったわけです。そして、今度はそれが戻って来ようとして、両側の堤防を越えるわけです。そうするとまた次の津波がやって来るということですから、片岸の津波の高さと、川を遡上した津波と、完全にフラットになってしまったんですね。だから、堤防そのものの設計の海面から6・4というのは、ずっと上流までそういう設計になっているわけですが、私たちがその場で見た感じでは、川のほうでは10メートルをはるかに越えているなと。私どもの周辺で14メートルくらい。これは、遡上高なしにフラットの面で14メートルを越えたなと。それを目測していましたが、その水が鵜住居のほうにドーッと移動していったわけです。

私は、鵜住居があんなに破壊されるとは夢々考えていませんでした。結局、川からオーバーフローした水が堤防を越えてプール状になったんですね。だから、割と住宅は流れなくても、プール状態で長い時間、水に浸かっていた関係で、死亡者が多くなったということなんでしょうね。気がついたときにはもう堤防を越えて津波が押し寄せてきたということで、逃げ場がなかったんでしょうね。（東京大学社会科学研究所希望学プロジェクト編 2014、971-973頁）

「もうたくさんだ。これ以上、痛めつけてどうする」。津波を第7波まで確認した柏崎氏は、こう呟きつつ、小雪の舞うなか、野営の支度をはじめた。

海岸では、一度、津波にさらわれながら、奇跡的に助かった人たちもいる。釜石東部漁協の小林利久《こばやしとしひさ》氏は桑《くわ》ノ浜《はま》漁港で津波に遭遇した。

小林　総務課長や理事の人たちも見ていて、「水が引いているな」と言っていたんです。参事は津波は怖いというのがわかっているから警戒していた。俺は、「どれぐらいの高さで来るのかな、3メートル、5メートルというから防波堤は越えないべな」と思って、波を見ようと思ってトラックの上に立っていたんです。そうしたら、あっと言う間に防波堤を越えた。「壊れた！」と思ったときにはもういねえんだから。……近くの家に行ったらそこの家族がいて、「怖いから逃げろ、逃げろ」と逃がして、俺は10メートルぐらいのところに車を置いていたから、車のほうが速いだろうと思って乗ったけれど、乗ったとたんに両脇から水がきた。事務所があって、駐車場があって、両脇から水がバーンと来て、あとはにっちもさっちもいかなかった。とりあえずエンジンをかけて、いつでも壊せるように窓を半分開けて、あとは運任せです。他の車に2～3回当たったのかな。グルグル回って、どこをどう流されたかわからないんだけれど、気がついたときに箱崎の真ん中に漁村センターがあるんですが、その角にゴミが溜まったんです。壊れた屋根が二つ繋がって、そこにちょうど車が流れて止まったんです。非常口の手すりが見えたので、車にいるよりもあそこにいたほうがいいなと思って、ガラスを割って屋根を伝って、そこにつかまった途端に、第二波だか三波かわからないけれども、それがモコモコと来たわけだ。水位がモコモコと上がってくるような波がちょうど屋根までいって、「あぁ、よかった」と。それで今度は屋根に上ったんです。……あと1回来たらここもだめだと思って、何かいい方法はないかなと。引き波で流れてきた発泡の大樽をつかまえて浮きにした。カーテンレールが屋根にあったからそれを剥がして、体に巻けばうつ伏せになるからダメだと。だから腕に通すようにした。そのままそこで（波がひくのを待った）。（東京大学社会科学研究所希望学プロジェクト編 2014、558‐559頁）

昭和大津波やチリ地震津波を体験したことがない世代の人々にとって、6メートルの防潮堤を超える津波の到来は想像できなかった。そのため、津波を一目見ようと、海岸沿いの駐車場で海を眺めていたのである。高い防潮堤の存在が、人々を安心させ、避難を遅らせた事例は、オーラル・ヒストリーのなかでも数多く聞くことが出来た。釜石の人々は、今回、コンクリートのみで津波を防ぐことの限界を、強く思い知らされたのである。

津波がおさまると、人々は避難所への移動を開始した。しかし道路には瓦礫《がれき》が積み重なり、浸水域での移動は不可能であった。震災の記憶オーラル・ヒストリーに応じてくださった方々の発災から24時までの動きをみると、釜石にいた52名中42名が津波遭遇時に避難した場所で、そのまま夜を明かしていることがわかる。例えば佐々《さ さ》隆裕《たかひろ》氏（釜石市産業振興部次長）は、避難所立ち上げの様子を次のように語っている。

佐々　私は市役所にほど近い、旧釜石第一中学校の校庭に避難していました。その後は、津波が来たということですから、避難所の開設をその場でしたわけです。……そこに逃げて来る人たちを収容したんですけど、すごい人でした。というのは、一中は釜石市の北の外れですから、もっと北のほうの鵜住居だとか両石のほうからも、釜石市内に入ればなんとか生き延びられるだろうということで、どんどん人が歩いて入ってきたんです。……そこが避難所に指定されているので、大体わかるわけですよ。それと、校庭に人が集まっているということで、みんなそこにどんどん集まってきたんです。でも、避難所といったって体育館ですから２００人くらいしか収容できないのに、11日は１０００人を越えていましたね。それでもうどうしようもなくて、老人とか子供さんだけ中に入れて、親は外に出てほしいと。雪が舞っている日でしたからすごく寒かったので、避難者

の皆さんと瓦礫を集めて火を燃やしました。（東京大学社会科学研究所希望学プロジェクト編　2014、別冊）

旧釜石一中には市役所職員も20名ほど避難していたため、1000人を超える避難者を誘導しつつ、そのまま野営することになった。11日の夜は、水も、食料も不足する状態であったため、彼らは飲まず食わずで避難者対応に従事することになる。

一方、避難所によっては最初から、自主管理体制を構築できたところもあった。例えば600人以上の人が避難してきた釜石小学校では、津波到来直後に、市役所職員（佐々木《ささき》亨《とおる》氏）と地元・大渡《おおわたり》の町内会長（荻《おぎ》野《の》哲郎《てつろう》氏）、小学校長が、避難所の運営について話し合っている。

佐々木（亨）（津波が）学校の下まで来たんですよ。で、車がプカプカ浮くんです。これは大変だ、これは帰れないし長くなるなと思って、じゃあ次を考えなきゃならないと。あとは荻野さんと校長先生に声を掛けて、「これはちょっと長くなるから話しましょう」って、会議室に。……水の話をして、「水が大事だから飲み水をまず貯めましょう」といって、学校のやかんとか鍋とか全部出してもらって、それは先生が対応した。あとは上に貯水タンクがあるんですよ。副校長先生が残量を見に行くと言って、見に行ってくださって。あとトイレの話をしました。「トイレは流しちゃ駄目だ。大はしようがないけれど、紙は流さないように徹底しましょう」と、言いましたね。……あとは居場所です。時間的にはわからないですが、「やっぱり班体制を作らなきゃならない」という話をしました。（東京大学社会科学研究所希望学プロジェクト編 2014、45-47頁）

釜石小学校避難所では、翌12日には町内会長の荻野氏を中心に、大渡町内会の自主防災組織を活かした、教室を単位とする班体制を構築した。そして各班の班長、副班長を通した、秩序だった支援物資分配などを行うことになる（東京大学社会科学研究所希望学プロジェクト編 2014、694-696頁）。

一方、発災直後に立ち上がった釜石市災害対策本部は、地震と津波による通信網の寸断で情報が途絶し、身動きが取れなかった。その状況について山崎秀樹《やまざきひでき》氏（総務企画部長）は次のように述べている。

山崎　（前略）災害対策本部は市長室なんですが、情報が全然入ってこない状態です。……情報待ちの状態で、時間ばかりがたっていったということでした。そのときに、これから何をすべきなのかという災害対策本部としての考え方をまとめようとしましたが、まず、はっきり言って思いつかないんです。情報がないために思いつかない。……まずは安否確認だと。このくらい人が来ているんだから、避難所を開設しなければならないわけです。今晩と明日の食べるものをどうやって確保するのかということです。それから、住民に情報をどう提供するか。これは行政無線も停電状態ですから、バッテリーもいつまでもつかという話でした。次は道路をどうやって確保するか。そういった話がいっぱい出ました。順番とすれば、安否、避難所開設、食料、情報伝達、最後は道路だと。どこまでできるかという話です。いま考えられる避難所、つまり応援センターがあるし、それらの関わりについては、無線も効かないので動ける人間が歩いてでもいいから連絡を取りましょうということになって、連絡に行かせるとこは行かせました。(東京大学社会科学研究所希望学プロジェクト編 2014、337-338頁)

市の職員たちは、瓦礫の山を越えて市庁舎を脱し、指定避難所の情報収集を行い、けが人や在宅酸素利用者の救護にあたった(東京大学社会科学研究所希望学プロジェクト編 2014、3-4頁)。夜に入って、野田市長も山崎氏らと近隣避難所を巡回し、避難者を励ました。しかし、その対応は場当たり的にならざるをえず、すべての業務が集中した防災課は大変混乱した状態になった。「災害対策本部はあったけれども、十分に機能していなかった」のである（東京大学社会科学研究所希望学プロジェクト編 2014、342頁）。

最初の夜は、混乱の中で更けていった。

［2］直後の4日間（3月12〜15日）

災害対策本部

夜が明けると、直ちに避難所の設営がはじまった。

山崎（前略）その晩というか朝方になって水が引いたとき、駒木《こまぎ》の道路が被災が軽く通れたのです。大渡川《おおわたりがわ》があって、大渡橋《おおわたりばし》があって、駒木の北側です。ホテルマルエ別館の通り、そっちのほうが通れたんです。町中を通らないで、こちらのほうから北に行って、鳥谷坂《とやさか》トンネルを通って、新しい道路から水海《みずうみ》というところの山を越えて、大渡まで出る古い道路があるんです。それを通って行けるということがわかって、避難所をそこから順次開設していったのです。昼ごろからバスをチャーターして、釜石市役所にいる方々には「何時にバスが来ますからそっちの避難所に移ってください」という案内をしながら、それの説明に幹部連中が歩きました。……避難所はこうなったから、そっちに行ってくださいと。そこはある程度物資なども確保できますからね。次の日はそういう状態でした。目の前にいる人間に、「あなたはあの避難所に行け、この避難所に行け」という状態ですから組織として指揮命令系統が機能しない状況でした。（東京大学社会科学研究所希望学プロジェクト編　２０１４、３４１－３４２頁）

12日になると、遠野市や大阪市といった自治体や岩手県、自衛隊からの支援が届きはじめ、支援物資の受け入れと配布も始まった。さらに災害対策本部では、道路の瓦礫除去について自衛隊や県庁と話し合いが行われ、国道（45号線と２８３号線）と市街地中心部道路の瓦礫を優先的に撤去することにした。こうして13日までに、最低限、必要な道路が確保され、移動が可能になるとともに、避難所運営の準備もできあがった。

　この間、災害対策本部は只越《ただこえ》の市庁舎内（市長室）に設置されていた。しかし、市庁舎自体も被災しており、周辺は瓦礫の山で、外部との連絡もおぼつかないという状況であった。また全国からの支援物資が届きはじめ、その受け入れのためには広い場所と保管場所が必要になった。そのため、３月14日、災害対策本部を、孤立した市庁舎から、内陸部との連絡が容易な釜石駅前の市営観光物産施設であるシープラザ釜石に移転し、その目の前のイベント用テント（シープラザ遊）で支援物資を受け入れることにした。それから数か月間、災害対策本部の人々は、シープラザに泊まり込みで災害復旧の陣頭指揮を執ることになる。

遺体と瓦礫

道路の瓦礫が片付けられ、通行が可能になると、遺体の移送が必要になった。中心市街地にあるのぞみ病院2階の職場で被災した鈴木伸二《すずきしんじ》氏（地域福祉係長）は、12日朝から被災者の救護と遺体確認にあたった。

鈴木　（前略）最初にやったのが遺体の移送でした。2日目か3日目ぐらいから、遺体を放置するわけにいかないということで、自衛隊さんが入ってきて道路が通れる状態になったときに、（大渡橋の）橋詰広場というところに遺体の仮置き場ができたのです。自衛隊や消防や警察やいろんな団体が入って、まず取り残された人がいないか捜索をし、そして遺体があればそれを運んでくるのです。我々はとりあえず病院にあるシーツを全部、それでも足りなくてカーテンとかビニールシートを切って使いました。警察の方が立ち会ってやりますけれども、所持品を持っていればそこから手がかりを見つけて、名前がわかるように書いたり、身元がわからない遺体については、顔を見て30代なのか40代なのか、そういった特徴を書いたりしました。最終的な遺体安置所は二中（釜石第二中学校）だったのですが、そっちのほうに教育委員会の職員が運んでいきました。我々はその遺体の確認というか、そういう状況でした。（東京大学社会科学研究所希望学プロジェクト編　2014、381頁）

市役所職員による遺体の移送と安置所での活動については、石井《いしい》光太《こうた》著『遺体』（新潮社、2011年）というルポルタージュに詳しい。それは、震災後における最も過酷な仕事であった。

浸水域における遺体は瓦礫の山に埋まっていることから、遺体捜索と瓦礫撤去は同時並行で進められざるを得なかった。この点を、建設部の鳥居《とりい》賢一《けんいち》氏（建設課長補佐）は次のように語っている。

鳥居　次の日から道路の状況の調査をしようとしたのですけど、自衛隊と警察さんの遺体のほうの確認が先だということで、道路には手を着けられなかったのですよ。人がまだいるかもしれないということで、重機を入れられなかったのです。……次の日（12日）

から、（岩手県）建設業協会さんは重機の段取りに動いていました。結局、何をやるにしても、道路が使えなければどうしようもない。13日からは、駅前から公共ふ頭に向けて1本通すために、協会さんが入っています。（東京大学社会科学研究所希望学プロジェクト編 2014、252頁）

道路の瓦礫撤去では、とくに初動の時点で自衛隊が活躍した。しかし彼らは民有地に手が出せなかったため、本格的な瓦礫撤去作業の中心は、民間の土木・建設業者にならざるを得なかった。そのため、民有地の瓦礫撤去は大幅に遅延することになる。

物資集配と市民対応

2日目に遠野から届いたおにぎり5000個を皮切りに、3日目からは全国から続々と支援物資が届きはじめた。釜石市ではその物資をいったん、浸水域以外の鈴子《すずこ》地区（シープラザ遊）にストックし、そこから集配することにした。その担当として旧釜石一中避難所からシープラザに移動した青柳賢治《あおやぎけんじ》氏（総合政策課）は、その経緯を次のように述べている。

青柳　鈴子のシープラザ遊のテントに物資が集まってきていて、一中にいた建設課の職員や若手の職員がそちらのシープラザのほうに移りました。私はシープラザにはたぶん1日か2日だけいたと思います。そこで、いろいろトラックで物資が集まってきたものをシープラザのテント内に積み下ろしを行うという作業を行いました。そこでようやく、夜にシープラザの中で初めて横になって寝ることができました。その日は震災から3日目か4日目くらいだったと思います。（東京大学社会科学研究所希望学プロジェクト編2014、171頁）

シープラザの物資テントの管理には、市役所職員だけでなく、市議会議員の一部も参加した。市議会議場で被災した小鯖利弘《こさばとしひろ》氏（市議会議員）は、その経緯について以下のように語っている。

小鯖　（前略）発生翌日、歩いて野田に帰るときに駅前を通ったんですよ。そしたら、ちょうど支援物資がどんどんテントのなかに搬入されている姿を見て、たまたまそこに張り付いていたのが議会事務局の人たちで、……「どうなった？　皆さん、家族どうでした」というのも含めて行ったんですよ。そしたら、市民がそこになだれ込んで、物を持っていく姿を見て、いや、これはちゃんと管理しなきゃだめじゃないと思いました。そういうことをやっていると、一定の人しかもらえないわけです。……そこでさきほどの佐々木透《ささきとおる》君（市議会議員）と藤井《ふじい》（修一《しゅういち》、市議会議員）さんに声をかけて、次の日からそのテントに行くことにしました。議会は当分できないだろうから、再開するまでテントにずっと行こうということで、毎日朝7時半ぐらいから夕方6時ぐらいまで1か月間。ちょうど1か月間だけやろうと思ったんです。（東京大学社会科学研究所希望学プロジェクト編 2014、473頁）

議員たちは、殺気立つ市民と市役所職員との間に立ちつつ、物資集配の円滑化に尽力することになる。

災害対策本部の移転とともに、各種届出を受け付ける市民窓口がシープラザ2階に設置された。15日に窓口業務を開始すると、まずは死亡届が集中した。その様子を市民課の菊池美杉《きくちみすぎ》氏（市民登録係主査）はこう語る。

菊池　最初はやはり津波で亡くなられているという突然の訃報で、その家族の方が届け出を持って来られる。その気持ちがすごく痛いほどよくわかります。だからいろいろその届け出を受けながらもそういった状況とか話とかを聞いたりというところもあったので、亡くなった最後のお話とかそういったのをいろいろ聞いたりしているうちに、やっぱりあれですよね。そういったところはやっぱりつらいところではあります。私たちもそうですけれども、職員も実際、家に帰れないので、家族がどういう状況なのかもわかっていなかったですし。（東京大学社会科学研究所希望学プロジェクト編　２０１４、３２２頁）

菊池氏に限らず、市役所職員の多くは震災直後から3日間、自らの家族を顧みず、不眠不休で業務にあたってきた。震災から4日目の3月15日頃は、その疲労もピークに達し、ふと家族の安否が気になり始めていた。しかし、彼ら／彼女らの職場への泊まり込みは、その後も1か月間以上、続くことになる。

避難所の様子

市内各所にできた避難所の避難者数は、3日目以降、徐々に減っていったようである。例えば、のぞみ病院の状況について、佐々木《ささき》絵美《えみ》氏（地域福祉課児童家庭係）は以下のように述べている。

佐々木（絵）（3日目以降、避難者は）減ってきました。当日か2日目がいちばんピークだったと思います。お家がなんともなくても、ここにまず避難という人もいたでしょうし、たまたまここの近所にいたからここに避難してきた人もいるでしょうし、だんだん減ってきました。そこで2日目から、まず数を把握しなければならないだろうということで、名前と住所を書いてもらいました。それから毎日、とにかく人数のチェックをして、誰がいるのか、ここから出る人は申し出てくださいとか、入ってくる人も書いてくださいとか、そういうふうな管理体制を始めました。こういうところ（病院）ですから、情報を求めてくる人たちが頻繁に出入りするので、避難者の対応の他にインフォメーションと言いますか、情報提供のコーナーを2階に設けまして、その対応もしましたね。（東京大学社会科学研究所希望学プロジェクト編　2014、149頁）

当初、1000名近い避難者で混雑していたのぞみ病院避難所も、人数が落ち着いた2日目には避難者名簿を作成した。名簿の作成と公表は、避難所運営のためだけでなく、被災者家族が安否確認をする際にも大いに役に立った。

企業の様子

震災の被害を受けた企業では、経営者が途方に暮れていた。その中で、石村工業の石村《いしむら》眞一《しんいち》社長は、いち早く事業再開を決意している。

石村 11日の夜はね、もう世の中の終わりだと思った。会社も止めてもいいわけが立つなと思いましたけどね。津波のせいにして倒産しても。次の朝、上から6時ころ降りて来て、つぶれた工場が目に入ったんですよ。こりゃだめだなあと。でも、こっちの建物の形が残っていたんで、ひょっとしたらやれるかなと。100パーセントはいかなくても半分くらいは稼働できるかなと。やれると。従業員の給料も払わなきゃないし、金の工面もしなきゃなんないしと思って。事務所を片づけながら考えていましたね。津波で全部ひっくりかえっていたんですよ。どこから片づけていいかわかなかった。金庫から印鑑などを取り出して。小さな会議室の窓が破れていなかったので、そっちを仮事務所で使えるようにして。震災から4、5日くらいしたら、従業員が自発的に来て、片づけ始めた。電気は1か月以上かかりましたから人力ですね。ガソリンもないし、自転車から徒歩で来てくれて。家が被災したのは4、5人くらいですかね。みんな西の方だったので無事な人が多かった。だんだん、手伝いに来てくれる人が増えてきました。1か月くらいは私のほうから特に指示しなかったですね。（東京大学社会科学研究所希望学プロジェクト編 2014、539‐540頁）

石村工業の主力製品は家庭用や業務用の薪ストーブである。とくに家庭用ストーブ「クラフトマン」の人気は高く、震災直後、全国の顧客から安否確認と励ましの注文があった。こうした支援にも助けられ、同社は5月には早くも生産を再開することになる。

所用のため東京に来ていた際に震災に遭遇した水産加工業・小野食品の小野昭男《おのあきお》社長は、交通の途絶で数日間、釜石に戻ることができなかった。身動きが取れず、情報も入らないもどかしさの中で、彼は今後やるべきことのメモをはじめた。

小野　やんなきゃいけないことといっぱいあるよな。給料の問題どうするか。毎月の支払いがあるわけですよ。電気、水道、買い掛け、社会保険料から。これらをどうしようか。従業員の人達の無事はわかった。家をなくした連中もいっぱいあるだろうなあ。ケアをしなければいけないし。中国の実習生もいる。すぐ仕事というよりもうちの従業員がちゃんと安心して暮らせる状態を確認するということと、支払い関係ですね。来月はこっちの金融機関に何百万支払いがあるとか。これをいっぺんストップするためにはすぐやらないと。当時は、止めるよりも、どこからか借り入れをして、つなぎ融資をして、支払いをしないとだめだな、金融機関を回って折衝なんかが必要なんだなとか考えました。3日間くらい、東京で、メモ帳を出して書きだしていく。後からすごく役立ちました。優先順位をつけましたから。（東京大学社会科学研究所希望学プロジェクト編2014、547頁）

小野氏は3月13日に釜石からの電話を受け、従業員の安否を確認できた。しかし、同時に本社工場が半壊、オープンしたばかりの大槌事業所は全壊したという深刻な被災状況を知ることになる。小野氏がNHKのクローズアップ現代のクルーとともに釜石に戻れたのは、それから1週間後のことであった。

市民の様子

震災当日、鳥谷坂トンネル付近で被災した福成《ふくなり》菜《な》穂《ほ》子《こ》氏は、最初の5日間の街の変化と、その時の心情を次のように語っている。

福成　（前略）私は5日間歩いて、新町《しんまち》の家と大只越《おおただごえ》（の実家）を往復して、瓦礫の中を歩いて行って、また何もないところに行って、また何もないところを来て、瓦礫の中を歩いてきたわけですよ。5日間、その瓦礫の中を歩いていると、1日目は、足を乗せられる場所を探しながら歩いて辿り着きました。2日目にはね、小っちゃな道がもうできているんですよ、瓦礫の中に。要するに、板と板の重なりがデコボコだったのがちょっと平らになってきたり、歩く道が自然にできているんです。だから5日目には、楽に歩けましたね。人が歩くっていうことは、道ができるんだと思いましたね。そういう感覚って初めてでしたね。それで、2日目に歩いているときは、自衛隊の方たちが、亡くなった方たちの搬送をしているのに何度も会いましたので、歩いている途中に手を合わせましたが、やっぱり残るわけですよ。その靴だったり、毛布の色だったり、自衛隊の人たちの顔だったり。「ご苦労様です」と声をかけながら、現実なんだなっていうことを自分に言い聞かせて。これは本当に釜石に起きたこと。本当にこのひどさからいつ釜石の町がって思うと、もう考えられなくなるくらい辛いんですよ。(東京大学社会科学研究所希望学プロジェクト編 2014、632頁)

朝、「夢だといいな」と思いながら目覚めるけど、夢じゃない。最初の4日間、釜石の人々は、津波による被災が現実であることを自分に言い聞かせつつ、過ごしていた。

4　局面の転換

［1］持ち場での40日間（3月16日〜4月30日）

震災5日後になると、瓦礫撤去が進み道路事情がよくなったこともあり、避難所運営や物資集配が軌道に乗ってきた。一方、シープラザの災害対策本部には、遺体捜索・処置、安否確認、支援活動、燃料確保、ボランティア受け入れ、瓦礫処理と、ありとあらゆる要請が持ち込まれ、戦場のような状態であった。そのため、本部から各部署や各地の避難所に情報や指示を届ける余裕はなく、市役所職員や一般市民はそれぞれの持ち場で、自律的に動くことを余儀なくされた。

この時期の災害対策本部の動向は、第13章の佐々木守氏の手記で詳述されている。したがって、本章では本部以外の「持ち場」の状況について、当事者の証言にもとづきつつ記述してみたい。

遺体処置

1週間を過ぎると、遺体の身元確認と埋葬問題が深刻化した。この点について佐々木副市長は次のように語っている。

佐々木（重）（前略）遺体の処理では、まずそれぞれの場所に安置所を設けなければならない。それから身元確認を促さなければならない。身元確認をしたうえで火葬して埋葬するという手順があります。安置所をなんとか見つけて、身元確認を促すために、仮設あるいは避難場所をバスが巡回して、何か所もある安置所を巡ってもらう無料循環バスをセットしました。ところがいっこうに身元確認が進まないのです。1週間ぐらいたっても20パーセント程度です。検死をしているお医者さんには、「腐敗してきている。どうするんだ」と怒られるし、身元確認はいっこうに進まない。それでもご遺体はどんどん、どんどんあがってくる。我々も困って困って困って、悩んだ末に、「土葬も止むなし」ということで土葬するところを市内に2か所造成しました。あとで掘り返して火葬することもできます。こういったこともあって、「土葬するかもしれませんよ」ということを周知しました。そうしたら、にわかに身元確認が進みました。親族を見つけられない人たちは身元確認をしたくないのです。身元確認に行って、「これは誰々だ」といったら望みも何もないですから。そこで終わりですから。だから誰も身元確認をしたくないのです。ところが「土葬しますよ」と流したらば、土葬されるよりはましだというので、いっきに20パーセントから80パーセントになりました。みんな身元確認をしてくれたんです。身元確認をして、引き渡しをして、火葬をします。しかし釜石の３つしかない火葬場の炉で間に合うわけがないのです。24時間フル稼働でも10体しか焼けないのですから。岩手県内の沿岸市町村で押さえているところはアウトです。私は全部電話しましたよ。秋田の大仙市《だいせんし》、横手市《よこてし》、秋田市、青森は八戸市《はちのへし》、弘前市《ひろさきし》、青森市、全部お願いして、とにかく夜でもいいから火葬してくださいと。全部こちらで搬送するから、お願いしますと。そうしたら受けてもらいました。そのかわりご遺族の人たちには申し訳ないけれども、火葬に出発するのが朝の３時です。可哀そうだけれども……。県の協力をもらってなんとか火葬してもらって、埋葬ができたのです。（東京大学社会科学研究所希望学プロジェクト編　２０１４、２９４頁）

遺体の腐敗は、遺族の気持ちの整理を待ってくれない。また被災地では火葬設備が不足し、身元確認を終えた遺体の火葬も、ままならなかった。遺体処置は、大規模災害時における最も深刻な問題の一つである。仮にこの震災が真夏だったらと思うと、背筋の凍る思いがする。

物資集配・瓦礫撤去・仮設住宅

市役所の各部署の中で、比較的に部としてのまとまりを保ちつつ、組織だって復旧作業にあたったのは、建設部であった。この点について奥村謙治《おくむらけんじ》氏（建設部高規格幹線道路対策室係長）は次のように述べている。

奥村（物資集配を）1週間半くらいやっていたと思います。基本的には、物資受け入れ、物資を管理してもらう担当も決まっていて、その届いた物資について本部のほうも、どこどこの避難所に何人の方々が避難されているという情報を管理していたので、ここには何を何個、あそこには何を何個というのを決めて、あとは我々建設の人間が3班体制で各方面に散るという形でした。……そのあと瓦礫は誰がやるんだという部分が出てきました。震災当初からしばらくはものすごい瓦礫で、瓦礫をとにかくよけなきゃいけないと。基本的に市道上にある瓦礫は道路管理者である建設課の責任でということになりますが、当時、浸水区域は全て瓦礫という状態で、本来業務（市道以外）でない部分も含めて対応が必要で道路維持係と土木係は調整に追われていました。これはシープラザに移ってくる前からだと思うんですけれども、そっちのほうも動いていました。……道路の瓦礫がなくなってくると、今度は、建物周辺にある瓦礫をどうするんだというような話しになってきて、その瓦礫を今度は片づけていかなければならないということで、建設課の職員は瓦礫処理の窓口ですね。……瓦礫を処理してもらうのは建設業協会さんの協力をいただくわけですが、地区ごとに担当業者を決めて、その地区ごとでもやっぱりやりやすい順番があるので、それを地区ごとに業者さんが決めて一応やっていくんですけれども、時間がかかるので、「うちはいつになるんだ」とか、そんなのがありました。でも、あのときは、「そこは申し訳ないんですけれども、どうしようもないですから」と。ただただ、「もう少し待ってください」と。（東京大学社会科学研究所希望学プロジェクト編 2014、268-271頁）

瓦礫処理とならぶ、震災後における建設部の重要職務の一つが、公営住宅空き住戸の確保と仮設住宅の建設であった。都市計画課に勤務していた金《かね》田《だ》卓也《たくや》氏は、奥村氏と同様に1週間ほど物資集配に従事したのち、まず当時、空き家になっていた雇用促進住宅（約200戸）への仮入居の準備に取りかかった。

金田（前略）雇用促進の方も、加入の手続きを受けるのに時間がかかっていました。（雇用促進の）第1回の入居をする頃に、本格的に仮設の場所を選定していきました。戸数は、わかり切れていなかったです。けれども、どうやら我々のあげた最初の5、6か所——町中近辺が多いですけれども——だけでは、足りないだろうということは感じておりました。（東京大学社会科学研究所希望学プロジェクト編 2014、244頁）

雇用促進住宅、市営住宅、県営住宅の空き住戸約340戸のうち、3月末には178戸の入居準備が整い、入居者が決定した。これと並行して、都市計画課は仮設住宅用地の確保に奔走している。4月1日時点では、最初の仮設住宅である昭和園グランドが建設中であり、新日鐵上中島《しんにってつかみなかしま》グランドでの仮設住宅建設も決定し、入居者募集が始まった[5]。ところが、実際の入居がはじまると、仮設住宅をめぐる被災者の不満の声が急速に高まっていく。

金田　第1号の入居がはじまった5月ぐらいからは、皆さんもだんだん来るようになって（苦情が）多くなってきましたね。当然、1か月、2か月と避難生活で、ストレスはやっぱり大きいんですよね。だから、仕方ないのだと思いますけど、「いつになったら入れる」「なぜ俺は入れない」と、これがほとんどですね。「自分はなぜ希望通りの場所じゃないんだ」とか、怒られっぱなしでしたね。（東京大学社会科学研究所希望学プロジェクト編 2014、245頁）

かくして仮設住宅の担当部署は、苦情受付窓口のような状態になった。5月12日から18日にかけて、地域ごとにはじまった、復興計画づくりのための住民との対話集会「復興まちづくり懇談会[6]」も、議論は瓦礫と仮設住宅の問題に終始した。

佐々木（重）（前略）地域に入って、「復興に向けてどうするか」にいち早く取り組んだのです。ところがそういうテーマで集まっただけ。「さあ、どうするか」じゃないんです。2時間予定していた会議は全部仮設住宅と瓦礫処理なんです。仮設住宅をどうするかということと、瓦礫処理をどうするか以外は全く話が出ません。いちばん可哀そうだったのは建設部長で、つるし上げなんです。「仮設住宅はいつできるのか」「どこにできるのか」と。最初の1か月の中で苦情が多かったのは仮設住宅じゃないですか。（東京大学社会科学研究所希望学プロジェクト編 2014、297頁）

5月に入ると、長引く避難所暮らしで被災者のストレスがピークに達し、その不満のはけ口は市の担当者に向かう。現場の市役所職員たちは、市民から浴びせられる罵声の中で、「持ち場」を離れず、黙々と職務を全うするしかなかった。

避難所への来援

3月末になると、全国の市町村からの応援職員が、続々と到着しはじめた。釜石市では、応援職員の人たちに避難所運営の手伝いをお願いした。

佐々木（重）（全国各地の市町村が）自主的に来てくれました。「職員を何人送りたいけれども、いいか」とか、あるいは「どんな人間がほしいか。技術屋か？ 保健師か？」と。最初に来ていただいた方々には避難所の運営をしてもらいました。職員が避難所に張りついている数は半端じゃないですからね。たとえば東海市や東京から来た人間が避難所を運営すると、避難所にいる人たちも地元の釜石市の職員であればわがままな乱暴な話もするでしょうけれども、「手伝いに来てくれている人なんだ」と、少し距離を置いて接するのです。こういうメリットもありました。（東京大学社会科学研究所希望学プロジェクト編 2014、299頁）

例えば、生田氏が張り付いていた大町《おおまち》の避難所（石応寺→大町《おおまち》パンション）では、4月1日に横手市の職員が応援に入ってくれたおかげで、釜石市役所職員は自宅に帰ることができた（東京大学社会科学研究所希望学プロジェクト編 2014、97頁）。また三浦《みうら》薫《かおる》氏

（平田地区生活応援センター長）が担当していた避難所（旧釜石商業高校）では、4月後半から応援職員が入り始めた。

三浦（薫） 4月の後半ぐらいからほかの市町村の職員の方たちにたくさん支援していただいて、沖縄からも見えたんです。それで、地元の人たちも「沖縄から来てくれた」と言ってすごい喜んで、それでもう力になっていると思います。すごいそんな感じでしたね。あとはＪＩＣＡ、青年海外協力隊の方の支援で今も長期で来てもらっているんですよ。助かっていました。そういう支援がないとなかなか人手不足で。……（ＪＩＣＡの方たちに）在宅を回ってもらって、世帯票ではないんですけれどもそういうのを作ってもらって。何かあったらば、じゃあ地元のスタッフがそこに行くみたいな流れで。（東京大学社会科学研究所希望学プロジェクト編 2014、123頁）

他市町村やＪＩＣＡ《ジャイカ》（国際協力機構）の青年海外協力隊からやってきた応援職員と、釜石市職員との連携によって4月以降、持続的な避難所運営が可能になった。この点を、釜石小学校避難所の運営に携わった荻野哲郎氏（大渡町内会長）は次のように評価している。

荻野　そう、北九州だの、ＪＩＣＡだの、（応援に）来てもらってね。最初はホラ、我々のお手伝いに秋田県庁と横手市役所から来てたんですよ。……秋田が早かったんですよ。県庁と横手市役所ね。３日交代で泊まってやってもらったんですよ。それで、秋田は２か月で終わったのかな。その次に今度、北九州が来たんですよ。……北九州が、１週間交代で４人ずつ来たんです。……助かる、助かる。我々だけで、どうしようもないときあるもの。……我々が頼りになるのは、そっちのほうから応援に来てる人ばっかりなんですよ。何をやってもらいたい、といっても。（東京大学社会科学研究所希望学プロジェクト編　２０１４、７０１頁）

ここで述べられている応援職員の活動内容については、のちに北九州市の事例で詳述することにする（第14章）。

企業の動向

釜石市の中核事業所の一つである新日鐵（現新日鐵住金）釜石製鉄所は、第15章で詳述するように、津波によって港湾設備、物流設備が大破し、線材工場や電力工場も一部破損・冠水した。しかし製鉄所本事務所はかろうじて浸水被害を免れたため、震災直後から、積極的な地域支援活動を展開することになる。この点を、釜石市側の窓口であった佐々隆裕氏（産業振興部次長）は次のように述べている。

佐々　（前略）新日鐵のほうは非常にありがたくて、活用できる用地は提供しますと。ことこことここを使って下さい。そして期間は2年という形で、そのときは2年でいけるなと思っていましたが、それでどんどん借りる事にしたのですが、あるとき呼ばれて、「佐々さん、ちょっと話しが違うんじゃないか。こうやって見ていると、釜石は市有地じゃなくて私有地のほうを中心に使っているんじゃないか。まず最初に市有地を使うべきじゃないでしょうか？」って言われて、確かにそうなんですよ。新日鐵のは一等地ばかりだから、もうほとんどそこを使っていくようになっていたので、「すみません。だけど、小学校のグランドだとか、他の地域はそこに作っているけど、釜石は極力それは避ける。小学校は小学校として温存する形をとらせてくれないか」という話しをしまして、まあ、それも理解してもらえました。あとは市としても、新日鐵以外の民間のほうからもどんどん借りはじめて、もう隙がないくらい仮設を建てていくと。それから、新日鐵の持っている施設として、職員用の立派なお風呂が新日鐵の構内にあるので、それを開放してくれとお願いしたところ快諾いただき、早速避難所の方々も活用させてもらいました。すごく助かりましたね。新日鐵とのつながりがあって良かったなと思ったのはそこです。遺体安置所にもさせてもらったし。企業っていうのは遺体置き場になるのを嫌がるんですよ。それは、生産施設ですから。別に精神的なものだけなんだけど、モチベーションが下がるということで、それがいちばん大きいんですよ。ですから、それもちょっと渋っていたんだけど、結果的にＯＫしてもらいました。（東京大学社会科学研究所希望学プロジェクト編 ２０１４、別冊）

このほか、釜石製鉄所は構内の一部を瓦礫置き場として提供し、松倉《まつくら》グランドはヘリポートとしての利用を許可した。さらに製鉄所に届いた支援物資を避難所に提供し、医療機関に燃料を供給するなど、多彩な支援活動を展開する。その一方で、新日鐵は3月末から製鉄所再開に向けた復旧作業を本格化し、4月13日には線材工場が在庫原料を用いた2交代操業を開始した。そして、同月下旬には公共ふ頭を活用した原料の受け入れ、製品出荷が再開される。製鉄所のいち早い操業再開は、釜石市にとって復興の第一歩であった。

市民の動向

3月下旬、道路事情が好転したこともあり、多くの人々が親族や関係者の安否確認のために各地の避難所をまわりはじめた。釜石製鉄所退職者の会である釜石鉄友会では、事務局長の大橋宥平《おおはしゆうへい》氏を中心に、手分けをして各避難所を巡回し、沿岸地域の会員約300名の安否確認を行った。大橋氏は来る日も来る日も避難所を回り、会員を探し続けた。

大橋　まず、「この地区の避難所はどこにあるんですか」と道路で会った方に聞くと、「いや、あそこの◯◯小学校だ」という答えが返ってくる。避難所に行くと、はちまきをした漁師さんたちが焚火をして暖をとっているんですよ。それで、名簿を見せて、「失礼ですけど、私は釜石製鉄所の退職者で組織している鉄友会という者です。こういった方をご存じないですか」と名簿を見せると、どれどれっということで教えてくれるんですよ。……お寺で一晩二晩過ごして、そのあとどこの避難所に行ったかがわからないというのが結構ありまして、だから、避難所をとにかく探して歩くしかないなと。だから、いちばん遠いところで、大槌から金沢《カネザワ》という25キロ山奥の学校まで、行ったんですけど、結果的には行って無駄足でなかったケースもあるんですよ。一人でも会員がいれば、勇気づけて、「元気でよかったね」「家はやられたけども、命があってのことだから、頑張っていきましょう」と。「ありがとう」という形で、いずれ激励方々情報をいただけたのは何よりでしたねえ。(東京大学社会科学研究所希望学プロジェクト編 2014、

521頁）

避難所を廻る中で、大橋氏は単なる安否確認だけでなく、個々の会員を元気づけ、製鉄所OBとしての絆を再確認している。それは全てを失った被災者にとって、生きる希望になったに違いない。

［2］一区切りの時期（5月以降）

避難所の閉鎖と人事異動

震災の記憶オーラル・ヒストリーのなかで、多くの人が一区切りの時期として挙げているのが、仮設住宅への入居と避難所の閉鎖である。避難所の閉鎖について、上栗林集会所で避難所のリーダーをしていた柏崎龍太郎氏は次のように証言している。

柏崎　（前略）やがて、6月の20日で第二次避難所を閉じるという宣言をしました。これがね、非常に断腸の思いでした。というのは、最後に残っているのは非常に人数が少なかったわけですね。結局、行く先が決まっているのに、離れがたくて仮設住宅に移動しないんです。仮設に行ったら誰も知らない人の中に入っていくでしょう。それを思うと、

1日でもこっちにいたいという、そういう人たちが20名くらい残っていました。僕は、これは自主運営の良さで、我々はある意味では新しいコミュニティを作ったと。だけども、このみんなで作った形を仮設住宅にいって生かしたらいいじゃないかと。それを説得するような格好で、行き先も決まっているんだから6月の20日に閉めようと。やっぱり区切りが必要だと思いまして、確か6月の22日だったと思いますが、残務整理をある程度してから、地域の人たちの感謝デーを設けたんですよ。上栗林の役員はじめ周辺のお世話になった人たちみんなに集まってもらって、お礼を言って、そこで泣きながら別れました。（東京大学社会科学研究所希望学プロジェクト編 2014、869頁）

3か月間、苦楽をともにしたことにより、避難所には一つの「コミュニティ」ができていた。そのため多くの避難所では、高齢者や独居者を中心に、仮設住宅への引っ越しを渋る人々が少なからず存在した。彼らにとって、避難所の閉鎖は、再三にわたる居場所の喪失だったのである。釜石市で最後の避難所が閉鎖されたのは、8月10日であった。

また6月には、震災によって凍結されていた釜石市の人事異動が発令され、市役所職員は順次、それぞれの通常業務に復帰しはじめた。例えば、当初、釜石小学校避難所に張り付いていた佐々木亨氏は、5月中頃、釜石生活応援センター管区内避難難所の担当者を命じられ、釜石小学校を拠点に管内巡回をはじめた。そして、6月10日の人事異動で地域福祉課長に異動になったため、釜石小学校避難所を出た。最後まで避難所にいるつもりだった彼は、「残念だけれど、ある意味ほっとした」という（東京大学社会科学研究所希望学プロジェクト編 2014、64頁）。震災以来、3か月間、避難所で常に緊張した状態に置かれていた市役所職員にとって、それは偽らざる気持ちであった。

災害対策本部の動向

釜石市の災害対策本部は、5月以降も相変わらず多忙を極めていたが、仕事の内容は、次第に仮設住宅や瓦礫処理、生活支援、義援金《ぎえんきん》分配などに関する様々な住民対応へと、変化していた。この点について、佐々木守氏は以下のように述べている。

佐々木（守）（前略）案の定、仮設住宅に入った日から雨漏りがしたとか、アリが出てくるとか。その晩からもう電話がジャンジャン。「エーッ、これでも落ちつかないんだ」って。仮設というのは、ある程度自立と言われていましたので、他の陸前高田市《りくぜんたかたし》なんかとは救助法の適用外なので仮設に入ったら物資はやらないと。そういうのでやっていたんですけれども、うちの市長は「入居しても、何もないじゃないか」ということで、市長もかなり支援を表明していました。住民からも、「いや、もっと何が欲しい。米が欲しい」というのがありました。ただ、10月初に仮設住宅の運営センターというのができました。落ちついたのはそのセンターができてからですね。（東京大学社会科学研究所希望学プロジェクト編　2014、24頁）

6月以降、災害対策本部に瓦礫対策室や仮設住宅の運営センターをはじめとする特別室が作られ、業務の防災課への一局集中が、徐々に緩和していった。そして、防災課は、このインタヴューの時点（2011年11月1日）には、すでに今次震災での防災対応の検証作業を開始していた。

復興プロジェクトの始動

釜石市が震災復興に向けて、元建設部長・岩間《いわま》正行《まさゆき》氏を中心とする5人のメンバーからなるプロジェクト・チームを立ち上げたのは、発災から2週間ほどたった3月24日であった。4月1日にはこの組織を拡充して災害復興プロジェクト推進本部を設置し、同11日に「復興まちづくりの基本方針」という市長メッセージを出す。そして5月以降、建設コンサルタント（建設技術研究所）、小野田《おのだ》泰明《やすあき》氏（東北大学教授）、遠藤《えんどう》新《あらた》氏（工学院大学准教授）、伊東豊雄《いとうとよお》氏（建築家）などの専門家とも相談しながら、復興計画づくりがはじまった。

このプロジェクトの主要メンバーの一人である川崎俊之《かわさきとしゆき》氏（釜石市復興推進本部主査）は、復興まちづくり計画の基本線について、次のように語っている。

川崎（前略）今うちらがやってるこのまちづくりというのは、要は評価されるとか「よかったね」と言われるのは、たぶん10年後、20年後、30年後の世界なんですよね。今の子どもたちが大人になって、次の町をつくっていきますよね。そのときに、「ああ、本当にいい町になったな」と思えるようなことをしたいよなという思いはありますよね。……やっぱり、どんな立派な施設をつくっても避難は絶対に必要なので、いかに避難の軸線をスムーズに作れるかということですか。もちろん、高齢化も進んでいるので、歩きやすい道とかですね。直感的に逃げ込めるような、ここを何となくたどっていくと避難所に行けるみたいな、そういうのをいろいろデザインとかで工夫できないかなとかですね。……何となく直感的に、誰でも直感的に逃げられるような感じの、うまい方法はないかなと思っているんですけどね。その町、町に合った作り方というのはあると思うんですけれども。そんな感じとか、あとやっぱり、こういう災害が起きても子どもたち

が遊ぶ場所があるというのがいいですよね。（東京大学社会科学研究所希望学プロジェクト編　2014、376、379頁）

彼らは、早く復興計画のプランを示せという住民からの切羽詰まった要請と、30年先を見越した、よりよい町づくりの必要性との板挟みになりつつ、一歩一歩、計画づくりをすすめていった。

事業の再開

震災から1か月がたつと、被災した企業の再建の動きが本格化する。ここでは小野食品（小野昭男社長）の事例を通して、被災企業の事業再開への道のりをみていきたい。(7)

津波で本社第一、第二工場（釜石市両石《りょういし》）が半壊し、大槌事業所が全壊した小野食品では、設備の損壊だけで3億8000万円、これに原料・製品在庫の流失8000万円をあわせると、総額4億6000万円の損害を被った。それは2010年度末の総資産見込額が8億4000万円である同社にとって、資産の半額以上を一挙に失うという壊滅的な打撃であった。さらに従業員からは2名の死者が出た。同年3月末、NHK「クローズアップ現代」が、震災後における小野昭男氏の活動に関するドキュメント番組を放映する。

この番組をきっかけにして、小野氏は本社工場を再建することを決意した。そして4月初旬には、2か月後の6月14日を工場再稼働予定日とし、カレンダーに赤丸をつける。事業再開をめざす小野氏にとって幸いであったのは、第二工場に隣接する本社2階の事務所が浸水せず、経営書類や製品開発機能が残ったことであった。それによって、被災後も経営管理が継続でき、迅速な事業再開への取り組みが可能になった。

事業再開にむけての最初の一歩は、津波によってもたらされた本社工場の瓦礫・汚泥撤去であった。小野氏は当初、この作業を従業員とともに自力で行おうとした。しかし、膨大な量の瓦礫や汚泥を前に、人力での作業はすぐに行き詰まった。そのため重機を雇って、一気に瓦礫を撤去することを考えたが、それには費用がかかる。市役所にその支援を申し込んだが、震災直後の混乱の中で民有地の瓦礫撤去の費用負担方針がなかなか決まらず、行政の対応は遅れた。そこで小野氏は、行政の措置を待たず、自ら業者に発注して瓦礫を撤去することを選択する。この段階において、撤去費用の公的負担は確定しておらず、自弁になる可能性もあった。しかし瓦礫・汚泥が撤去されないと事業再興に踏み出せない小野氏は、敢えてリスクを冒して、自力で瓦礫撤去を行ったのである。

瓦礫・汚泥の撤去に続く課題は、工場の再生であった。本社に併設されている第二工場建屋は1階部分が被災していたため、その部分をいったん、柱だけにして消毒を行い、業者（盛岡市）に発注して建物を再建した。また工場内の機械は、利用できるものと修理が必要なものとを丁寧に分別し、修理が必要な機械はメーカーに送って修理した。こうした第二工場再生に要した総経費は1億6000万円に上る。この資金の大部分は政策金融公庫からの緊急融資によって調達することができた。また、半壊した本社第一工場はいったん、建物を解体し、コールセンターと生産ラインを併せ持つ新・第一工場を、跡地に新設することになった。新・第一工場の設備投資に要する総事業費4億円の約25パーセント（1億850万円）は、中小企業庁の被災企業への支援金（中小企業等グループ施設等復旧整備補助事業「岩手新サプライチェーンモデルグループ」、小野食品等5社）からの補助を受け、残額は政策金融公庫を中心とする銀行団からの融資によって調達した。

水産加工業は一次加工業者、二次加工業者、物流業者といった様々な業者の集積で成り立っており、小野食品（二次加工）のみでは円滑な原材料調達や流通が難しい。そのため小野氏は、震災直後から、行政に対して水産加工業のサプライ・チェーン復活の必要性を訴え続けた。しかし、巨額の設備投資を要する物流部門などの再建が遅れ、地元での原料調達等が困難になった。そのため当面、三陸沿岸の広い範囲から原材料を調達し、物流（保管、ピッキング、配送）に関しては内陸部の北上地域に拠点を確保することになった。こうした外部委託を通して、物流の効率化や新しい加工物流の試み（他社と合同での通販企画）が始まるといった副産物もあった。

被災前における小野食品は日本人従業員95名と中国人研修生12名を雇用していたが、全事業所が被災したため、4月末に一部社員を残し、従業員の大半を解雇せざるを得なかった。その後、工場の再建が進んだ段階で順次、再雇用していき、操業再開までに60人の従業員が戻ってきた（2011年4月新入社員6人も含む）。

2011年6月20日、小野食品では、ほぼ予定通りに本社第二工場が再稼働する。事業再開後の同社では、3か月の休業中に顧客の4割を失った産業給食（業務用食材）に代わり、「三陸おのや」ブランドの直販事業が急成長し、工場はフル稼働の状態になった[8]。このように小野食品がいち早く事業再開に成功した背景には、素早い意思決定によって資材の調達が円滑にすすんだ点がある。仮に瓦礫撤去等が、行政の措置を待って、もう少し遅れていたら、仮設住宅建設等との競合によって、電気機器やエアコンなど資材の調達が困難になっていたと思われる。また小野氏が早い段階で事業再開の時期を明示し、その目標（＝希望）に向かって邁進してきたことは、従業員の士気を維持することにも寄与した。事業再開後の工場フル稼働は、こうした経営者と従業員との間での「希望の共有」があってはじめて可能になったのである。

釜石への移住・赴任

震災は、釜石に縁がありつつも、当時、釜石から離れていた人たちにとっても、大きな転機となった。釜石出身の建築家で、当時、東京・赤坂の建築事務所に勤務していた斉藤《さいとう》雄一郎《ゆういちろう》氏は、4月に支援物資を持って釜石に入った。その後、復興まちづくりワークショップに関与するなかで、釜石へのUターンを決意する。そして6月末に市役所職員（技術職）採用試験に応募し、8月1日付けで釜石に赴任した（東京大学社会科学研究所希望学プロジェクト編 2014、581頁）。

同じく釜石出身で、震災時に東京のIT関連の外資系企業に勤めていた西条《さいじょう》佳泰《よしやす》氏は、3月末から度々釜石に入り、親族や知人の安否確認などを行ううちに、Uターンしたいという気持ちが強くなった。そのため、6月下旬に東京の勤務先を退社し、釜石で自らのスキルを活かしたウェブ・デザインの会社を起業した。「故郷（釜石）が本当に、こんなに好きだったんだということを、震災で思い知らされました」。この言葉には、西条氏を含むUターン者の思いが詰まっている（東京大学社会科学研究所希望学プロジェクト編 2014、別冊）。

2006年から2011年2月まで、釜石ひまわり基金法律事務所で活動していた弁護士の瀧上《たきうえ》明《あきら》氏は、任期を終え、東京の弁護士事務所に入所した途端、震災に遭遇した。

そのため3月26日には再び釜石に入り、以後、頻繁に釜石に赴いてひまわり基金法律事務所の復旧作業を手伝った。この過程で、被災者の実情をつぶさに見聞きし、再び釜石に戻る決意をする。そして6月30日には、釜石に移住して弁護士事務所を開設することになった（東京大学社会科学研究所希望学プロジェクト編 2014、830－835頁）。

　2012年4月に釜石市副市長に就任することになる嶋田《しまだ》賢和《よしかず》氏は、震災当日、東京・霞が関の財務省主計局にいた。主計局では、震災直後から震災関連予算の積算がはじまり、5月の連休頃までに4兆円の一次補正予算案を策定する。嶋田氏はその作業が一段落した時点で、震災対応の現場への出向を志願した。そして、6月には、釜石市役所総合政策課に一職員として赴任する。彼は数か月間、じっくりと釜石の実情を観察した後、10月の復興推進本部の設置とともに、その事務局次長に就任し、復興計画案の策定にとりかかった。若手財務省キャリアである嶋田氏の存在は、以後、釜石市と外部とのネットワーク形成にとって、重要な意味を持つことになる（東京大学社会科学研究所希望学プロジェクト編 2014、134－141頁）。

5　震災の記憶を語る

以上、本章では震災発生から約1年間の釜石のあゆみを、オーラル・ヒストリーに依拠しながら素描してきた。そこから浮かび上がってくる、釜石における震災の記憶は、私たちに多くのことを教えてくれる。キーワードは、持ち場、信頼、公平、そして希望である。

震災直後、情報が途絶し、瓦礫の山に移動を制限される中で、人々は居合わせた場所をそれぞれの「持ち場」として、自律的に行動することを余儀なくされた。私たちは常日頃、あふれるばかりの情報に依存しつつ生きている。そのため、移動を制限され、情報から遮断されたとき、呆然と立ちすくんでしまう。こうした状況のもと、各自の持ち場で、粛々と行動できた人たちには、いくつかの共通点があった。避難訓練、防災教育、自主防災組織、そして家族や地域、職場での信頼関係づくり。入念な準備と、「きっと自分で判断し、行動してくれる」という互いの信頼感は、自らの判断への信頼にもつながり、「津波てんでんこ」を可能にした。彼女／彼らが、自らの持ち場で最大限の力を発揮できた背景に、こうした事前の準備と信頼関係があったことは間違いない。

また震災復興の過程で見えてきたのは、地方公務員のすごさと限界である。彼女／彼らは「公僕」として、自分の家族より市民を優先し、昼夜を問わず職務に邁進した。その献身的な活動に、私たちは深い感銘を受けた。それにもかかわらず、市民は不満の捌《は》け口を行政にぶつけ、マスコミはその批判を書き立てた。この理解しがたい現実に、私たちは大いに困惑した。しかし、オーラル・ヒストリーを積み重ねる中で、その要因として「公平とは何か」という問題が見えてきた。震災後には、公平性の基準となる前提条件が刻一刻と変化した。流動的な状況のなかで、絶対的な公平性を確保することは不可能である。そのため行政は、公平性に関する一定の基準を設けた上で、その時々に最善と思われる対応をせざるを得なかった。その結果、平時から伏在している行政サービスにおける公平性の問題が顕在化し、公務員の行動を制約したのである。それは、地方行政が抱える構造的な限界と言わざるを得ない。

最後に、希望の問題を考えたい。希望学は震災前の釜石において、地域の希望の再生には、①ローカル・アイデンティティの再構築、②希望の共有、③地域内外におけるネットワーク形成の3つが必要であるという仮説を提起した（東大社研・玄田有史・中村尚史編2009b、iii－xviii頁）。この仮説は、震災復興の過程でも、一定の有効性を持っている。まず①については、過酷な試練からの復活の記憶が、釜石のローカル・アイデンティティとして重要な意味を持つと考えられる。「津波が来たけれど、戦争のときはもっとすごかった」と、第二次大戦中の二度にわたる艦砲射撃を目撃し、今回再び被災した方が語っている（東京大学社会科学研究所希望学プロジェクト編 2014、632-633頁）。戦後の釜石はその廃墟から復活したのである。復活の記憶は、釜石にとって貴重なローカル・アイデンティティといえよう。②について、震災復興自体が釜石の人々にとって共通の希望になったことは間違いない。その希望は、釜石の内部だけでなく、釜石に縁のある、外部の人々にも共有されている。③に関しては、震災以前から構築されていた地域外とのネットワークが、支援物資や応援職員の派遣といった点で大きな役割を果たした。そしてさらに震災復興の過程で、地域内外に新たなネットワークが生まれ、今も拡大を続けている。

この三つの要素を、対話によってつなぎ合わせることで、釜石の希望は必ず再生できる。私はそう信じている。

注

（1）本節の明治、昭和大津波については東大社研・玄田・中村編（2009a、第1章）を参照。
（2）最も被害が大きかった大船渡市（死者53名）の最大到達標高は5・5メートルであった。
（3）釜石市災害対策本部「平成23年（2011年）東日本大震災被害状況について」（2011年11月18日）1頁。なお釜石港（釜石港湾合同庁舎）の浸水高は9・3メートルであった。
（4）一方、釜石港の公共ふ頭は、津波被害を受けたものの、震災1か月後の4月11日には供用を再開した。釜石港公共ふ頭の素早い復旧は、新日鐵釜石製鉄所の早期操業再開（4月13日）を可能にし、支援物資等の輸送に寄与した。

（5）釜石市災害対策本部『釜石市災害対策本部情報』第2号、2011年4月1日、4頁。

（6）釜石市災害対策本部『釜石市災害対策本部情報』第6号、2011年5月11日、1頁。

（7）以下、中村（2012、13-23頁）を参照。

（8）2013年度における小野食品の売上高は17億2000万円で、震災直前（2010年度、14億3900万円）の20パーセント増となっている（2014年6月4日付『復興釜石新聞』299号）。

参考文献

石井光太（2011）『遺体』新潮社。

釜石市誌編纂委員会編（1965）『釜石市誌　年表』釜石市。

釜石市誌編纂委員会編（1977）『釜石市誌　通史』釜石市。

東京大学社会科学研究所希望学プロジェクト編（2014）『震災の記憶オーラル・ヒストリー 第二次稿本』、東京大学社会科学研究所。

東大社研・玄田有史・中村尚史編（2009a）『希望学2　希望の再生』東京大学出版会。

東大社研・玄田有史・中村尚史編（2009b）『希望学3　希望をつなぐ』東京大学出版会。

中村尚史（2012）「被災地における希望の再生を考える——岩手県釜石市の事例から」日本経済研究センター編『〝かけがえのなさ〟が地域イノベーションの源泉』13-23頁。

中村尚史（2013）「記憶を記録に——オーラル・ヒストリーの射程」『福井県文書館紀要』10号、1-21頁。

II 希望学の視点

「さあこれから希望の街へ」末廣昭（2010 年 12 月）

第2章

褒められない人たち

中村　圭介

プロローグ

僕がまだ優等生だった小学生の頃、担任の設楽《しだら》先生は僕にこう言った。

「圭ちゃんね、大きくなったら他人《ひと》のために良いことをしてね。でも、ほめられようと思ったらだめよ。むしょうよ、むしょう。うーん、圭ちゃんにはまだちょっとむずかしかったかしら」。

1　震災当日

震災時の釜石市役所の職員約400人。震災で家がなくなった職員120人、死亡した職員5人。私たちのインタビューに応じてくれた職員は第3章が描くように、震災直後から不眠不休で食事もとらず、被災した市民のケアに奔走している。自らの家族の安否を確認することもないままに……。

市長以下幹部たちも災害対策本部をすぐに立ち上げる。だが、

> 情報が全く入らない。携帯電話をはじめ電話は一切通じない。（瓦礫《がれき》で庁舎は）玄関まで埋もれている。

それでも、

> 裏の山を越えて現場を見に行った職員から情報がどんどん入ってきました。山を越え、野を越え、瓦礫を乗り越えて歩いてきたのです。あそこの避難場所に何人ぐらい避難していて、こっちは何人ぐらいだ。そういう情報がどんどん入ってきました。

市長たちがなぜそういう行動を取ったのかは私にはわからない。が、彼らは庁舎の周りにある数か所の避難場所を訪れる。暗い中、懐中電灯を持って山を越えて行く。まずは庁舎の北にある宝樹寺《ほうじゅじ》。30人ほどの市民が避難していた。そこから山を越えて西にある旧釜

石第一中学校（旧一中）へ。体育館は、

身動きできないくらいの状態でした。市長はハンドマイクを使って話しました。状況はわからないけれど、心配しないで頑張りましょうと。

さらに山を越えて西にある仙寿院《せんじゅいん》へ。500人ほどで、

びっしり状態で、そこでも市長が挨拶をしました。

さらに西にある石応寺《せきおうじ》へ、そして、その上にある簡易裁判所へと登る。簡易裁判所に学童の子どもたちと共に避難していた職員によれば、夜になって、

部長や市長が来てくれて、あと女性職員2人が暗い中、ヘルメットのライトで毛布を持ってきてくれて、何人かでかぶってくださいと。

市長とか部長が夜、歩きながら、（避難場所を）まわってきて、その夜のうちに元気だっ

たかとか、みんなに声をかけて。

同じく裁判所に一時避難していた一般女性の発言である。

2 避難所

釜石駅から西側の内陸部は、海側地区と同様に電気、ガス、水道が止まったことを除けば、津波被害はほとんど受けていない。3月11日に被災し、翌日、迎えに来た夫と共に西側の自宅に帰った女性は次のように語る。

車に乗ってあっち（自宅）に向かっているとなんか異様な雰囲気なんですね。（海側の）町の中は瓦礫の山で身動きが取れないくらいすごいのに、なんで駅からこっち（西）はこんなに何でもないのって。……車の中から見た外の景色はお散歩をしている人、植物に水をあげている人、本当に普通なんですよ。……家に帰って兄夫婦に会いに行ったら「どこに行っていたの？」という対応だったんです。津波が起きたというのがほとんどわかっていなかったんです。

海側で罹災《りさい》した多くの市民は避難所という慣れない環境の中で集団生活を余儀なくされた。市役所職員の多くは避難所運営に携わり、避難している市民をケアするという役割を果たすことになる。

保健福祉センターは1階部分まで津波が押し寄せてきた「のぞみ病院」内にある。そのセンターに勤める女性職員はのぞみ病院に避難してきた市民の面倒をみていた。津波被害にあっていない西側地区でバスが運行するようになってからは、彼女は当該地区にある実家からセンターに通った。釜石駅近くまでバスで来て、橋を渡ってのぞみ病院まで歩く。バスの本数はまだ少ない。

連絡打ち合わせは6時とか6時30分といったものすごく早い時間帯だったんです。だから、1番のバスで行って、最後のバスで帰ると。まあ帰れればいいほうでしたからね。(保健福祉センターでの)泊まりもあったし。泊まりは主に女子職員でローテーションを作って。

避難所運営だけではなく、徐々に、本来業務である保育園の再開に彼女は力を注ぐようになる。その間、かなり張り詰めた気持ちで仕事をしていたらしい。

自分が先頭に立ってやらなきゃならないという気持ちがあって、自分に厳しく、人には負担をかけないようにという気持ちを持っているつもりでした。……どんなに仕事が多くても、時間がかかっても、遅くまで残ってやろう、休みの日も出てやろうという頑張り体制だったんです。震災直後もそういう状態が3月、4月と続いていました。

そんな状態が続けば、身体や心に無理がくる。5月に入り、神奈川からきた支援団体のスタッフと話している最中に「涙が出ちゃったんです」。それからちょっとしたことで涙ぐむようになる。新人の臨床心理士に言わせると「あ、それはストレスが外に出ているからいいことなんです」。カウンセラー、精神科医と面談し、

頑張らなくてもいいんだよ、休んでいいんだよと、今はそういう気持ちになっています。

一番、多かった時期には80か所を越える避難所（指定されたもの以外も含め）があったという。長期間の避難所暮らしをせざるをえなかった市民は、私たちが想像できないほどの不便と苦痛を感じたことであろう。慣れない生活から生じる大いなる不平、不満は市役所の職員へと向かう。釜石駅近くのシープラザに設置された釜石市災害対策本部に常駐し

ていた職員は次のように言う。

ろくなものしか食えないとか寒いとか。市民の苦情が夜でも朝でもくるんです。誰々がうるさいとか、仮設トイレが汚いとか。卵が食いたいとか。

災害対策本部で支援物資の受け入れ、避難所への配送を担当していた別の職員は初期のころの苦労を次のように話す。

最初はみんなが満足できるくらいの物資を運べていないんですね。炊き出しをしておにぎりを作って、運んだりするんですけれど、十分な数が行き渡らない。一つのおにぎりを半分に分けて食べるとか。避難している人たちもかなり気が立っている部分もあるわけです。それには結局、職員が対応したりとか、なだめたりとか。叱られながらという形ですね。

シープラザに常駐していた部長は叱られ役に徹した。

昼はいろんな人が来るので対応しました。自分のところが孤立している、歩いてきた、バスの一つもないのかとか。俺たちはどうなるんだ、物資はどうなっているんだとか。窓口で大きな声を上げているんです。そういうときは部長の名札をぶらさげていくわけです。どうしましたと。お詫びするところはお詫びして。（こちらは）悪くはないけれど、（市民の）要求に応えられないからお詫びするしかないのです。

私はこの話を聞いて、「そんな理不尽なことがあっていいのか」と憤った。でも部長によれば「耐えて、詫びるしかない」。

3 瓦礫撤去

避難所の外では瓦礫撤去作業が進んでいた。道路の瓦礫撤去では自衛隊が大活躍した。国道、県道、次に市道の順序で瓦礫を撤去してもらった。遠野《とおの》から大船渡《おおふなと》までの道路と宮古《みやこ》までの道路を開通させ、ついで港を使えるよう公共ふ頭に通じる道路を開けた。重機を動かすための軽油をどう確保するか、収集した瓦礫をどこに置くかなどの難問をなんとか乗り越え、とにかく道路の瓦礫撤去が一段落すると、市民が待ちに待った民有地の瓦礫撤去が始まる。4月14日のことである。
だが、これがそう簡単には進まない。瓦礫の下から遺体が発見されるかもしれない。瓦礫といっても私有財産である。壊れた車も家も市役所が勝手に処分できるわけではない。倒壊した家の中には、思い出となる大切なものがあるかもしれない。それを断りなく捨て去ることなどできない。

傾いた家とか、流された家があると、所有者を探して壊してもいいですかと断る必要がありました。だからなかなか進まなかった。（撤去に）立会いたいという人もたくさんおられましたから。だから片付けるスピードはどうしても遅くなる。

民有地の瓦礫撤去は重機で一挙にというわけにはいかなかった。たとえて言うならば一枚一枚はがすようにせざるをえなかった。だから、

1日に1軒というケースが多かった。最初のころは、被災されたみなさんもしょうがないという意識はあるんですけれど、春になって暖かくなってくると……。

遅さが気になってくる。

遠目で見ると何も進んでいないじゃないかということになって、……だんだんみなさん気がたってきて。いやあ、責められましたね。ない時はないというくらい、毎日、毎日。

遅さの原因の一つは地元の建設業者を中心に瓦礫撤去作業を委託していたことにもあるのかもしれない。関係者の話によると、

あまり地元から仕事を奪い取るようなことはしたくなかった。住民から日本全国から重機と作業員を連れてこいとか言われましたけれど。

もっとも瓦礫撤去作業への需要はこの時期、急増したであろうから、限られた予算内で「連れてこられた」かどうかはわからない。テレビのニュースでも見たことがあるのだが、赤、黄、緑の旗を自分の所有地に立てるという方法はこうした状況を少しでも改善したであろう。赤は「すべて撤去」、黄は「家のまわりだけ撤去」、緑は「一切、手をつけなくてよい」である。別の自治体に学んだそうである。

いずれにしても、

ゴールデンウィークを過ぎたくらいから、苦情がすごくなって。現場で撤去の時に立ち会いを希望する人がいると、そうすると現場でもトラブルが起こるんですね。みなさんが言っていることはわかるんですよ。早めにやってあげたいのですけれど、どうしようもないんですよ。なので、ただただ謝るだけです。

4　仮設住宅

瓦礫撤去作業と並行して仮設住宅の建設準備も徐々に始まっていた。釜石市『撓《たわ》まず屈せず　復旧・復興の歩み（改訂版）』（平成26年1月）によると、釜石市が建設した仮設住宅は66団地3158戸、入居率91・2％である（平成25年11月現在）。

急激な人口減少により廃校となった小中学校が多いこともあって、釜石市には中心市街地に仮設住宅建設可能地が他の近隣市町村に比べて多く、そのため早めに建設に着手できたそうである。罹災した市民が仮設住宅に最初に入居したのは5月にはいってから、最後の入居は8月10日であった。

元幹部は「時間がかかった」という。相対的に遅かったのか、早かったのかを判断できるデータを私は残念ながら持ち合わせていない。資材の手配であれ、労働者の手配であれ、被災地の自治体間で激しい競争が生じたはずである。釜石市はそこで後れを取ったというのであろうか。真相はよくわからない。避難所暮らしをせざるをえなかった市民が家族だけで住める仮設住宅にできるだけ早く移りたいという切なる気持ちを持ったであろうことは私にも容易に想像がつく。私がその立場にあったとしても「早く、早く」と苛立ちを隠せなかったに違いない。だが、そういう気持ちと、釜石の仮設住宅建設が他の市町村に比べて遅かったかどうかという事実とは区別すべきように思う。私が把握している事実は次のようである。

仮設住宅建設候補地を数か所あげて、入居希望、第一希望地、第二希望地などを書いてもらうという調査票、案内文をもって職員たちが避難所を回ったのは4月に入ってからである。この時点では住宅戸数も未定であるし、建設候補地も数か所にとどまっている。だがそれだけでは不十分なことに気付く。

みなさんに希望を聞きますと、それぞれの集落にも建設していかなければならないということで、当時の都市計画課長が各地区をまわって、いろいろな声を聞きながら「仮設住宅を建てようと思うので土地を貸してもらえないか」と飛び込みをしていました。

最初の仮設住宅が建ったのは釜石駅の西側にある昭和園《しょうわえん》グランドである。ここは「学校が近い、病院が近い、交通の便がいい、買い物の便もいい」ということで希望が殺到した。倍率は数倍にも及んだ。当然、抽選が行われた。その際、どのような基準が適用されたのか。抽選に関わったある職員は言う。

私たちは良かれと思って、入居基準をそれぞれの世帯に応じて決めたのです。小さい子どもがいるか、高齢者がいるか、病人がいるか、身体の不自由な人がいるか、妊婦がいるか。こういったことを点数にして、その合計点の高い世帯から優先して入居してもらいました。

この方法の是非を今ここで問うことは非常に難しい。幹部を含む職員が恣意的に選ぶというのは論外だとしても（私たちのインタビュー記録を読む限り、そんなことが行われたという証拠は全くない）、宝くじのようにまったくの偶然で入居を決めるという方法も当然あった。2つの方法のいずれを取ったとしても、抽選で外れた市民からは不平、不満が生じるだろう。もし宝くじ方式を採用したとすれば「家庭の事情を顧みない、人情のひとかけらも感じられないやり方だ」「自分たちが非難されないように機械的処理を選んだのだ」などと批判されよう。釜石では家庭の事情を勘案するという前者の方法が取られた。問題が全くなかったわけではない。担当者自身が気づいている。

課題があったとすれば、なかなか情報発信ができていなかった（ことがある）かもしれません。……優先順位を定めてやったのですが、当時は発信できる媒体があまりなかったということもありました。せいぜい文面に書けるといっても、お子様がいるところとか、高齢者がいるところ、身障者がいるところという大枠になります。あまり事細かに書いてもかえってがんじがらめになってしまうという危険性もありました。

避難所暮らしから早く抜け出したい、全員がそう考えたことであろう。だから、なかなか入居できない市民が焦燥感を募らせて職員に向かうのも無理もない。

とにかく怒られました。いつ入れるんだと。けんか腰で来られることもありました。でも、（仮設住宅は）できていないものは仕方がないという感じでした。……道路も（瓦礫が）だいぶ撤去されてきて、（災害対策本部があるシープラザに）通ってこられるようになると、避難場所からきていつ入れるんだ、なんであっちの人が先に入って、俺が後なんだという問い合わせへの対応に追われていました。

地域懇談会の場でも仮設住宅問題は取り上げられた。ある幹部は次のように語る。

ふつうのつるしあげじゃないんですよね。マイクを握った女の人たちが泣きながら（なぜ自分たちは仮設住宅に入れないのかと）訴えるんですよ。

仮設住宅に住むといっても、家財道具を一切失った市民はどうすればよいのか。幸いなことに、ある全国組織から生活家電セットが被災地に寄贈されることになった。震災直後にその組織のスタッフと釜石の災害対策本部が話し合って次のような条件で生活家電セットを配ることが決められた。

対象はそもそも仮設（住宅）ということだったのですけれど、結局、釜石の被災世帯分はあるので、あとは市の裁量で一定の被災程度であれば、それはやっていいという話

（になったのです）。だから我々もそういうことであれば仮設（住宅）だけでなく、平等にやれるんだなあという認識で（住民への）周知もかけていたのです。

住民への周知が済んだ後、この組織から方針転換が伝えられる。「福島もあって個数に限りがあるということになって、仮設住宅とみなし仮設住宅（民間のアパートを借りた場合でも仮設とみなすということ）に限定してきた」。そのため、

自宅が半壊で家財はなくなっていても、なんとか直して住むとか、あるいは親族と同居するようになったとか、そういう方については適用にならなかったのです。

約束は、組織の都合で、納得できるような理由の提示もなく、一方的に破棄された。適用外となった市民が怒るのは自然のことである。怒りは、しかし、その組織ではなく窓口となった職員に向かった。

不平等だという問い合わせの電話が多くて大変でした。受け皿はここなので、対応した職員は気の毒でした。女性職員はちょっとノイローゼというか、そのぐらい攻撃されま

した。

もっとも、後になって別の団体が生活家電セットを寄贈してくれることになり、問題は解決に向かった。だが、女性職員がノイローゼになるほど攻撃されたという事実は消えない。

エピローグ

罹災した釜石市民を非難したくて、こんな文章を書いたのではない。市役所の職員に対して理不尽なほどつらく当たった人々は罹災した釜石市民のほんの一部だと思う。また、市の職員がすべて、ここで描いたような対応をしたのでもないと思う。外部の冷静な目は「職員の中にも頑張っている人、頑張っていない人、……頑張っていないようで頑張っている人が、だんだんわかってきました」と私たちのインタビューに答えている。

だが、被災した市民を懸命にケアし、彼らの窮状を理解し、怒りもやむをえないと受け止め、彼ら市民に真摯に対応した職員がいるのは紛れもない事実である。こうした職員を突き動かしたのは何なのだろうか。褒められたいとか、感謝されたいとかの理由をあげる職員は皆無であろう。それよりももっと根源的な、たとえば「われらの町を、そこに住む人々をなんとか守らねばならない」との公務員としての、いや人間としての使命感が彼らを動かしたのではないか。私は彼ら一人一人に会って、そのことを確かめてみたい。被災した自治体全てでそうした職員を見い出すことができると私は確信している。

その苦労がマスコミとりわけテレビのワイドショーで取り上げられることもない。誰にも褒められずに、感謝されずに、彼らの行動と思いが忘れ去られていくのは、とても悔しい。私だけでも彼らを褒めてあげたい。「みなさん、本当に、えらかった」。

第3章

「持ち場」と家族

竹村 祥子

「震災の記憶」プロジェクトのオーラル・ヒストリーには、五十余人の記録が記されている。その中の二十余人は釜石市役所にお勤めだった方たちの話である。

その方たちは、3月11日、職場で、または仕事の出先で被災し、地震の直後から、避難所の開設や避難者への対応がはじまったと語っている。3月末頃までの十数日間の典型的な行動の特徴を記すならば、短くても数日間、家族と電話連絡も取れず、自宅に戻ることもできていない状況で活動していた。その状況下で家族の安否をどのように知ったのか。夫や妻、子どもたち、親やきょうだいに自分の無事をどのように伝えたか。避難生活や支援活動を続けている間、家族についてどう考え、どのようにかかわったのか。被災後、住民の避難生活や復旧のための仕事とその方たちの家族とのかかわりからみえてきたことはなにか、について記しておきたい。

釜石市のある三陸沿岸地域に暮らし続ける人たちは、平成23年（２０１１年）東日本大震災による津波の前にも、昭和35年（１９６０年）のチリ地震津波、昭和８年（１９３３年）や明治29年（１８９６年）の三陸津波のように何十年かの間隔で被災を経験してきている。そのたびに被災状況から立ち上がり、家や仕事をたてなおし、この地で働き、生活してきた歴史がある。この歴史から考えれば、今日は、「震災後」であり「震災前」の「災間期」ということになる。本章では、「災間期」に対応策を考えておくべき東日本大震災で家族がはじめて直面した課題についても明らかにしておきたい。

1　市役所職員のしごと

市役所の職員は、本震がおさまった直後から、避難してこられた方を誘導し、避難所を開設し、寒さをどうしのぐか、食料をどう確保するか思案し、調達し、支援の受け入れに奔走し、連絡調整に声をからし、駆けずりまわっている。女性も男性も、比較的若い学齢期の子どものいる人も、高齢の親と同居していた人も、３月11日の夜から月末ころまで、それぞれ支援の「持ち場」に居つづけた様子が語られている。

着替えだけを取って戻った時が、1週間くらい経ってからでした。(中略)私は、車を買う4月になるまで自宅に帰れませんでした。

「震災の記憶」プロジェクトのインタビューでは、「震災後1か月間の行動」についてたずねている。そのときインタビュアーは、ご自宅の様子や家族との再会をどのように果たしたかを聞くことになっていた。

集められた記録を読んでみると、家族と連絡がつかなくても、会えなくても、「当たり前のこと」としてそれぞれ担当となった避難所や本部となったシープラザで、瓦礫の中で、体育館で、「持ち場」でのしごとに専心し、文字通り不眠不休で数日間働き続けた姿が浮かんできた。

主人も同じ役所で、隣の建物のほうでした。でもやはり実際会えたのは1週間後くらいですよね。なんとなくうわさで「元気だぞ」というのは聞かされていたので、それはよかったと思っていたんですけれども、実際どこの避難所とか、どこにいっているかというのは全くもうわからなくて、知っている人にどこにいるだろうと聞いても、もうわからないと、避難した時は一緒だったけれども、そのあと順に避難所が開設になるので、その場からみんな散ってそれぞれ避難所の担当で行ったようなので、避難したときまではみんな一緒にいたからわかるけど、（中略）じゃあどこに行ったのかしら。

この方は、シープラザに開設された市役所の仮受付で、戸籍や住民票などの震災に伴って必要となったさまざまな届出を三人の職員とともに、連日、１日１００件近くを受け続ける仕事についていた。夫が、初めに避難した場所にほど近い避難所のしごとをしていたことは、数日間知らないままだった。

「家族を意識することはなかった」と複数の方が語る。家族について気にしないというのではない。住民をどうするか、避難所をどうするか、対応が必要な事態が次々と変わっていき、即断が必要な状況が続く、目前の仕事をどのように切り回すか、ということで精いっぱいで、家族のことまで配慮する余裕がないということなのだ。

安否は、結果的に1週間くらいして21日だったかな、（中略）何を仕事する（どんな仕事をする）ためにも、家に戻って車を持ってきてやらないと、役所の車は全部使われているので。(中略)自宅に戻って、そのときに親父とおふくろが大丈夫だったということは一応。だから1週間以上たっていましたね。(中略)こっちも日々の仕事にバタバタしているので、あんまり家族のことを意識するということはなかったですね。

うちの妻は、◯◯(他部署―筆者注)にいましたけど、すべて連絡がつかないというか。生きているのかなというのを、「何か外勤していたらしいぞ」という方がいて、もしかすれば流されたんじゃないかと。あとは子どもとか、妻の親がどうなっているんだろうというのを全然考えなかったのですけれど、◯◯(自宅のある地域の非公式の避難所から移動してもらう説得をするために出向いている―筆者注)に行ってから、「家は、どうなったんだろう」と思うようになりましたね。(中略)1週間目くらいに全員が生きていたというのがやっとわかりました。それさえ気にしていないというか、住民をどうするかで本当にいっぱいだった……。

家族のことを考慮すれば、緊急の仕事に専心できない、専心しなければ今の仕事を続けられない、という張りつめた気持ちと子どものことが語られている記録もある。

夜になって学童（保育）の子どもたちも（避難所となっている学校に―筆者注）入ってきて、「ああ、息子がいる」と。そこで自分の子どもを確認できた感じだったんです。それまで全然もう（意識から）飛んでいて。「よう、おかあ」と言って、「生きていたか」と言われて、普通に「ああ、おいおい、じゃあそっちそっち」といって。でも見ていられないので、学童の先生もいるし、お任せした。そういうことの記憶しか残っていなくて。

……（インタビュアー）じゃあお子さんだけ先に帰して。……帰しました。たぶん子どもがいるとわたし気になって仕事ができないような気がして。目がそっちにいってしまい、だから帰れるんだったら、帰ってと。

避難所に1泊した次の日には、「おうちに帰ったほうがいいし、一人でおばあちゃんが待っているから、心配しているから帰って」と、子どもを自宅に帰している。

遠い地区から歩き続けて避難してきた子どもたちの中に自分の子どもを見つけたときの話に、次のようなものがあった。

家の方はつながりませんでしたね。ただ自分の中では、子どもが鵜住居《うのすまい》小学校だったので、学校にいればまず大丈夫かなというのはあったんですね。その通り、どこそこの学校は全員無事だとかっていう情報は入ってきたので、鵜住居小学校は全員無事だというのを聞いて、まず子どもは大丈夫だなというのはわかりましたし、その日の夜のうちにみんな来て一中の体育館にいたので。……（インタビュアー）会いましたか。……会いました。会いました。ただ寝ていたので、いるなというのだけ確認して、まず大丈夫だと。

本震がおさまった後、出先から事業所に戻る道すがら子どもを見かけている記録があった。

震災当初、私が新町（外勤先の事業所の所在地―筆者注）に戻ってくるときに、ちょうど私の子どもたちが通っている学校があるので、当時、娘は中学生でしたが、その中学校の前を通った時に、生徒はみんな校庭に出ていたので、まず大丈夫だろうと。自分たちの両親も、3番目（の子ども）の保育園にいっておりまして、その保育園はたまたま波が来なかった保育園で、そっちのほうに車ですれ違ったのを見ていましたから。

同僚の家族についても、どのような事態が起きているかわからない状況で、互いを気づかい、励ましあいながら仕事にあたっている。とくに釜石市内でも唐丹《とうに》や鵜住居といった交通が分断されて、訪ねてみるにしても時間がかかるところや被害が大きかったという情報が入っていた大槌《おおつち》に住んでいる自分の親や妻の親、きょうだいの安否はなかなか尋ねられない。

わたしは（妻と）一緒になって中妻《なかづま》にいました。実家は唐丹です。実家の方は安否さえ確認しにいけなくて、親の確認をしたのは2週間後くらいでした。それまではずっと、仕事をやっていました。あとで、「なに、連絡も寄こさねえで」っておこられました。通信手段もなかったし、実家にも帰れなかった。（中略）電話はつながらないからどうしようもなかったですし、現場を離れるわけにもいかなかったです。

自分の家族はどうなっているかわからなかったです。ほとんどの職員が、わからない。（中略）みんなそれぞれ心配しているけど、携帯がだめだったので、「まず無事だと思って、いまの仕事をするしかないね」といって、（中略）何かしていて、家のことは忘れるという感じでした。

すぐに家族を探しに行けない状況で、家族と連絡がついた同僚もつかないままの同僚もいて、お互いに家族を探しに行きたいとは言い出せない。仕事は次から次へと続くから「家のことは忘れて」働くことになる。思い出せば、心配はより膨らんでいくからだろう。親が住んでいる地域まで尋ねる機会があっても、生存を確認しただけで「持ち場」にもどる話もあった。

物資を持って、職員の中に箱崎の人たちが何人かいるので一緒に行って、そのときは夜中の1時くらいに着きましたが、そこでやっとうちの親も大丈夫だというのがわかりました。（中略）それで次の日の朝一で戻ってきて……

「持ち場」から離れられない状況で、家族が、その市職員を探しに訪ねてきても、家族の現状を知らせ合うだけで精いっぱいで、仕事から離れることのできない市職員を頼らずに、家族は家族で避難生活を続ける話もある。

うちは内陸のほうで大丈夫だって。ただ、家が地震で壊れてなきゃいいなと思ったんです。うちの妹に会って大丈夫だと聞いたので、大丈夫だと思って。……（インタビュアー）じゃあ、１か月半も家には帰られなかったということですか。……そうですね。着替えはうちの妹から届けてもらって、洗濯物を渡してという。向こうも大丈夫だと聞いていたんで、まあいいやって。

即決することが山積した管理職の一人は、「安心して（後顧の憂いなく）仕事」をするために、「家族のこと（私生活のこと）を心配している暇（余裕）はないから」、安否がわかった妻や両親と生活を共にすることなく、シープラザに1か月ほど寝泊まりしながら指揮にあたっていた。

３日目に、やっと女房と一中の体育館であったわけです。一中の体育館を見に行ったら、「おい」という感じで、私自身は事前に人から女房の無事を聞いていたので、そのときはあまり感動もなかったけど。今度はそれが終わって、女房も避難所生活を転々としているし、私の両親も大槌で避難所生活になっているし、これは家族のことを心配している暇はないから、北上《きたかみ》の施設に女房と両親を行かせたんです。行ってくれました。ということで、やっと安心して仕事ができるようになりました。（中略）だから公務員はちゃんと災害の事後処理を安心してできるように、災害があった場合はどうすればいいか話し合っておけばいいと思います。

市民、住民としての立場からすれば、震災時、市の職員の支援活動は、仕事であって、立場上、対処してくれることは当然のことかもしれない。しかし市職員の家族の側からすれば、ずっと帰ってこない、会えないまま働く母親や父親であり、安否すらつかめない娘や息子である。震災後の不安な時期を「仕事に邁進する」家族、「仕事だからいなくても仕方がない」家族を頼らずに避難生活をおくる姿が浮かぶ。

自分がこの非常事態に公務員として働くのであれば、せめて「子どもの安全」が守られ、そのことが確認できること、その後の避難生活も、どの様に生活しているかがわかること、公務員として務める娘や息子であるならば、せめて自分の安否は、速やかに親にも知らせることのできる「災害時の安否情報確認の体制」がつくられている自治体で働きたい、と思うのは当然のことだ。

2 違う「持ち場」で別の職責

3月11日、釜石で被災された会社の社長、教育関係者、団体関係者、自治会長や漁業関係の方々のお話も二十余人にお聞きしている。その話の中からは、市の職員とは違った急務があることがわかる。

地震の直後に、津波を想定して、仕事場の従業員に避難を進めたうえで、自分の家族とともに、または家族と連絡を取り合って避難している。

大町《おおまち》の会社に勤めていたK氏の話には、11日の夜は、のぞみ病院内に避難して過ごし、翌日に平田《へいた》の自宅まで帰って「まず家族の生活」の面倒をみたことが語られている。

まず家族の生活というか、面倒をみなければいけなかったので、1週間くらいはとにかく家族のことをやっていました。例えば水もなかったし、食糧もないので調達ですか。そういうことをやっていましたね。

上中島町《かみなかしまちょう》にある釜石鉄友会《かまいしてつゆうかい》の事務局にいた事務局長のO氏も、二度めの地震後に自宅まで帰っている。

実は一時帰ったんですよ。私の家は野田《のだ》団地という高台ですけれど、地盤が丈夫じゃないんですよ。（中略）玄関から家に入ったら女房が一人ぽけっとしておりまして、「どうだ」といったら、「大丈夫だ」という話で、女房が元気だったので安心して……

二人とも、避難や避難生活での家族の面倒をみることを先の仕事としている。食品工場の経営者や会社の社長は、かなり早い時期から、お店や工場の再建のために金融機関等との交渉をするなど、会社や社員の生活の立て直しのために奔走したことが語られていた。

おふくろと女房は自分たちで逃げましたし。私はこちらから逆回りで車で逃げて避難所で落ち合って。2週間、小学校ですけれど、避難所生活をしました。内陸への避難という県の事業があって、温泉ですね。私は温泉に2晩だけ泊って、盛岡の近くだったんで、銀行に金策に行きました。

市の職員は市庁舎が壊れても仕事がなくなることはない。その「持ち場」で公務員の仕事は続く。他方、会社や工場の建物が壊れれば、社員の仕事もなりわいもその日から中断するか失われてしまう。会社の再開や再興を目指す取り組みは避難後すぐに始まる。

地域の人たちを取りまとめている町内会長の中には、自発的に避難所運営の責任を担われた方もいた。
大きな避難所となった一中の避難所運営をしていた大渡町内会長は、5か月間家族とは別に生活をして、避難所の運営にあたっていた。

妻　娘んとこに、ご厄介になって。あっちに3か月いたのかな。（中略）ここ（大渡にある被災後の自宅―筆者注）借りたのが6月からだもんね。それでもこの人（町内会長の夫―筆者注）が学校のほうにいたから。（中略）たまにね、お風呂に入りに来たり。
夫　2日くらい、風呂に入りに行ったりする。
妻　休みもらって。
夫　「○ちゃん（市職員　避難所運営にあたっている人の名前―筆者注）休みください」って（笑）
妻　1週間に1回くらい、休みもらって。

この町内会長が運営メンバーであった避難所は、規模が大きく500人を収容しており、食事も、「○○さん（地元の割烹料理店―筆者注）の大将と妹さんが二人きて、5月いっぱいまでずっと朝晩」作るというような運営が続いていた。6月に避難所を閉めるまで、運営の責任をもち続ける専任の「地域の人のことやこれまでの避難所の様子」をよく知る人が必要だった。必要とされている限り、家族と一緒に避難したいからといって自発的に「持ち場」を離れることはできない。

被災した地域の人たちや家族と一緒に避難して、町内会の役員や「婦人」方を中心に、他集落（上栗林《かみくりばやし》）の集会場を使って、6月半ばまで避難所の自主運営をした話があった。集落の何人かは、避難所の運営係を分担して、「女性軍」が2グループに分かれて1日おきに朝夕の食事を作り、「男性軍」は行方不明者を探す作業を協働して行っていた。食事も洗濯も家族単位ではなく、集会所単位で共同して行われていた。個々の家族では対応しきれないことを助け合って乗り切っていくことで避難生活が成り立っていた。集落の人に頼られ、避難所内の役割を全うすることで、癒《いや》されたり、助けられもして生活できた面がうかがえる。

親の代からその地に暮らし、昭和8年（1933年）の津波の話を親から聞き、昭和35年（1960年）のチリ地震津波を経験し、互いの生活やなりわいをよく知りあっている「家族同様」の付き合いがあってこそできる避難所の自主運営である。匿名の人々の集まりとしての避難所では、こういう訳にはいかない。

3 知った気になってはいけないこと、それでも忘れずに考えていきたいこと

今回のお話から、『震災の記憶オーラル・ヒストリー 第二次稿本』に掲載された五十余人は、震災対応現場の最前線の役職についていた方たちであることがわかる。市の職員二十余人からは、多くのことをお聞きできたが、それでも市職員全体の5～6パーセントにすぎない。また、お聞きした話の中では、身近な家族や親族を多く亡くされている方は少数であった。乳幼児のような低年齢の子どものいる若い方の話はほとんどお聞きできなかった。だから、身近な家族が行方不明になっていて、自分しか探す家族がいないのであれば、仕事の「持ち場」を離れて家族を探す日々であった方がおられたかもしれない。子どもを預けていた保育所や学童保育が復旧するまで仕事には戻れない方々がおられたかもしれない。そのような代理のきかない家族の状況と仕事とのかかわりについては、このプロジェクトのインタビューからはわからなかったし、今後明らかにしていくべき課題となる。

それでも、『震災の記憶オーラル・ヒストリー 第二次稿本』を読んでいて、忘れずに考えていきたいことが3点ある。

第一に、片岸《かたぎし》地区の取りまとめをされていた柏崎《かしわざき》龍《りゅう》太《た》郎《ろう》氏は、被災後に大変困ったこととして、「個人情報保護の壁」と名付けられた話をされている。

それは行方のわからない家族を探しに行く場合、近所に住んでいて、気心も知れていて、「家族同様」の付き合いがあった人でも、家族以外の「他人」には、遺体安置所での確認等や役所での安否確認ができないということの問題であった。

確かにゆくえのわからない家族を探すのは家族固有の務めかもしれない。避難所を訪ね歩き、病院をまわり、出会うことのできた知り合いと情報を交換し、意を決して、遺体安置所へ確認に行く。しかし、これらすべての行程を家族だけで行わなければならないのだろうか。気心が知れていて、長い付き合いのある、信頼できる「他人」に助けてもらえる方法があってもよいのではないだろうか。

「災間期」の今のうちに家族による安否確認の限界と守られるべき「個人情報保護」との関係について整理し、心身が消耗しない方法を考えたい。

第二には、災害はいつ起こったとしても、家族の命や安全を自分ひとりで守りきることはできないということだ。これまでのお聞きした話から「支援者でもある被災者」になれるためには、避難所となっている学校や職場で安全が保障されること、それぞれの場所で、家族メンバーの安全が保てるという事前の信頼関係やネットワークが、社会で構築ずみであることが必要だ。それには被災前に関係やかかわりが始まっていることが肝要だ。

震災を経験して、役人の例えば家族に会える体制とかそういうのは、これから内部で何か調整は必要なのかなとは思います。実際何か災害が起きれば、皆それぞれの役割でというのは最初からあるので。（災害時の役割分担通りに動けたかという問いに対して―筆者注）実際には違うと思います。平日で、みんなそれぞれ職員もいろいろな所にいたので、あとはその場でできることを背負うという。

自分で家族を捜し歩くことはできない（しない）、被災直後から「支援」側の役割を担う人たちは、家族の安全を家族である自分たちが守ることには限界がある。その「持ち場」で、震災後、「災間期」につなぎ始めるべき関係は何かを考えたい。

第三には、市役所職員の職責と私生活（家族）との関係がどのように営まれたかをみてきて、つくづく書き足りないと思ったことがある。それは、旧来の地域の習慣を活かして、避難所運営に主体的に協力する住民が多くいたということである。運営にあたる市職員よりも避難所にいる方たちの方が状況をよく知りあっていて、自分たちで互いに助け合う力になったということだ。高齢者や子どもが「災害弱者」である一面を忘れてはいけないが、それぞれの経験知や能力を活かして、それぞれの違う「できる」ことで互助していて、市職員は、地域の人たちの知恵をつなぎ、活用し、協力し、頼みにしている。市職員の家族は、時々、地域の頼りになる一員として登場することもある。ここにある真実は、隣のうちのおばあさんや隣の◯◯地区の人、釜石市民とが「家族同様」に助け合っている姿である。

とても残念に思うが、住民の匿名性の高い都市地域に暮らす人たちの被災後の前例やモデルにはしにくい。

片岸地区のように避難所運営の方針に女性が積極的に参加し、温かいみそ汁とご飯を作り続けることは、片岸地区だからできたことで、どの避難所でも、組織をつくればできるというモデルではない。避難所内の生活を実質的に支えていた女性たちを被災前の家族生活の延長上の「当たり前」を、避難所運営の前提に据えてはいけないと思う。非常事態への対応は、互助の力を共助の力を運営会議の場で活かせる実質的にかかわっている女性たちが運営の決定にも参加する「当たり前」を防災教育に活かすべきで、これをどのように具体化するかは「災間期」の課題なのだと思う。

第4章

釜石のある消防関係者の記憶

佐藤 慶一

本章は、2012年2月に行った二つのインタビュー記録をたどり、若干の考察を加えるものである。表題で「ある」と示しているように、本章は、釜石の消防業務全体を分析するようなものではない。インタビューは、津波災害という悲しい出来事から人はどのように新しい希望を紡いでいくのか、という希望学の調査の一環として行われたものである。お二方のお話の中には、災害に関わる悲しみが見え隠れするが、それに浸る暇もなく、日々の責任を果たす懸命な姿勢と、震災後の新たな希望が垣間見えた。

1　遠野氏の記憶

［1］震災発生

釜石消防署の庁舎は、町の中心にほど近い位置――ベイシティやサンルートホテルが並ぶ大町《おおまち》交差点から1本入った通りを、エヌエスオカムラ工場と並行に2ブロックほど、大《おお》渡《わたり》川《がわ》の方へ向かった角――にあった。

3月11日14時46分、遠野光彦《とおのてるひこ》・釜石消防署長（当時）は、消防署2階の署長室で、尋常ではない揺れに襲われた。目一杯揺すられたというような感じが、長く続いた。

地震の直後から、怪我や具合を悪くしたということで、119番が入った。当日の勤務は12名程度であった。救急車は予備まで含めて2台あったので、その2台とも出して、あわせて6人が出動した。もう1台の消防自動車も、45号線、釜石の消防庁舎から見ると南のほうへ外勤していた。そういうような状態で、通信員2人、当務する人何人かで、消防署の通信室、無線、電話当番、病院等の手配等にてんやわんやしていたような状況であった。

遠野は、1階に降り、通信室の様子を見ながら、庁舎の外に出た。携帯電話でニュース映像を見ると、観光船「はまゆり」の発着場付近が映っていた。津波が防潮堤《ぼうちょうてい》を超えるのが見えた。すると、路地の間から、大渡川を上がった津波が、道路から市街地のほうへ溢れて流れて来るのが見えた。「あがれーっ！」と、3階建ての庁舎を駆け上がった。通信室で連絡をしている職員にも「あがれーっ！」と指示を出した。

津波は、3回にわたり来たそうだ。釜石で一番早く津波が来たのは、釜石市街地の東側、東前町《ひがしまえちょう》、魚河岸《うおがし》あたりだ。震災後は船が陸に上がって、防潮堤に突き刺さっていた。次が、釜石市街地の西側、大渡川を上がってきた津波だ。最後が、釜石市街地の南側、エヌエスオカムラの工場などがあった港町《みなとまち》2丁目あたりだ。

消防庁舎は、周囲は建物や塀に囲まれていたので、海が直接見えなかった。肉眼で海水を見たのは、路地に溢れてくるのと、あと2階の署長室に戻ってからであった。向かいに比較的新しく建った建物の保育園があったが、その壁をぶち抜いて、水が大量にドッと入ってきたのが印象に残っている。結果的には、庁舎2階の床付近まで水が来た。水はなかなか引かず、なす術《すべ》ない状態が続いた。

消防自動車は、結果的には逃げ遅れた。車両はいろいろ使い分ける関係で台数があった。当日、救急車は出払っていて、ポンプ車1台も外勤先で地震となったので、無線で避難の広報をしながら署に戻るということだった。途中で、三方から津波が来たため、車両を捨てて身一つで避難したそうだ。薬師《やくし》さんという、上が公園になっているところへ駆け上がったという報告を受けた。

3階建ての消防本部の場合は、屋上部分4階から6階部分まで上がれる一部だけ高くなったところ―望楼―がある。余震があるので、望楼に上がっていけるような状態ではなく、「行け」という指示は出せなかった。望楼で目視しながら、無線機でも持って行って連絡をとれれば、もっと早い時間に、津波の変化には対応できたと思うこともあるが、やはり望楼に上がれる状況ではなかった。

釜石と大槌《おおつち》との間、大槌湾を共有している鵜住居《うのすまい》地区に、出張所が構えられていた。鵜住居の出張所でも救急要請が1件あり、出動したが、救急車に収容途中に、傷病者も署員も流されてしまい、署員は助かったが、傷病者は犠牲となってしまった。

21時ころ、ようやく水が引いた。消防署を出て、釜石小学校まで上がり、消防団の車両に乗った。旧道を回りながら北上し、両石《りょういし》付近で降りた。徒歩で北上していったが、その先の道路が決壊していて進めなかった。元に戻り、線路沿いに上がって、恋の峠に着いた。地区の消防団の車両を見つけ、無線を借り、「両石地区から鵜住居地区まで津波に呑み込まれています」と連絡した。それから、大槌署を呼んでみたが答えはない。大槌署は津波で全壊していた。

あたりを下りたが、電気がなく、暗闇の中、水の中に流された家屋の屋根だけが見える。水門が閉まっており、いったん入った水が抜けない。真っ暗な状態で、救助活動できる状態でない。朝を待つしかなかった。

翌々日は、何時に夜が明けたのか、ともかく夜明けとともに動き出した。栗林《くりばやし》小学校の近くに老人ホームがあり、ピストン輸送で避難させた。お寺とか、神社とか、避難場所となりそうな場所を周り、安否情報をとり続け、夜になった。

13日は、グループホームにかかりきりだった。2階に18名が取り残されていたので、担架で「やまざきデイサービス」まで避難させた。13日夜中から14日未明に、鈴子《すずこ》に戻った。消防庁舎が孤立し、機能できないので、本部機能は鈴子町の釜石市教育センターに移動していた。1階のロビーに無線機等を構えて、情報収集をした。

14日は、鈴子に1日詰めた。15日・16日は片岸町《かたぎしちょう》近辺の山火事に対応した。17日・18日は鈴子に戻り、19日・20日は片岸林野火災の対応にあたった。20日でおおよその目処が立った。最も壮絶な10日間を、ロビーの床に段ボールを敷いて仮眠をとりながら、無我夢中で対応にあたった。

21日に休みをとり、22日からは通常勤務へと戻した。

遠野氏よりいただいたメモ

3月11日	14時46分	2階自室
		通信室
		庁舎前
	15時20分	2階自室
		3階消防長室
		屋上
	21時	徒歩－消防団車－徒歩で鵜住居へ4名
		水海まで消防団車そこから徒歩
		両石の状況確認
		鵜住居恋の峠状況確認,
		6-1から小佐野へ無線報告
3月12日	5時	鵜住居地区被災状況確認
13日		グループホーム入居者人身保護（担架移動等）
14日		消防本部（鈴子）へ帰署
15日		片岸林野火災
16日		鵜住居（本内沢）林野火災
17日		消防本部
18日		消防本部
19日		片岸林野火災
20日		片岸林野火災
21日		休み
22日		小佐野出張所日勤務，当務者隔日勤務
4月 1日		小佐野出張所日勤務，当務者隔日勤務，週休有り

［2］消防署長として

当時、何が大変だったか、と尋ねると、まず、

私の場合は当時、署長ということで、最終的に署にいなければならないという意識が無意識のうちにありました。他の人が腰まで浸かったとか、胸まで浸かったとか、あとは泳いで逃げたとか、命からがら逃げたという話を聞くと、自分の置かれた環境は恵まれていたと思っています。

という答えで、周りの方のことを口にされた。それから、

何かをやって大変だというのではなく、やれないのが大変。職員が被災して、精神的にダメージがあることもある。ブレーキをかけなければならない。動けなかった、というより、動かなかったということが、大変だった。

という答えであった。

消防署の「持ち場」は、被災前までやってきた消防・救助業務であった。被災後ではあったけれども、日々の火災発生に備えることや、救急要請に備えるといった被災前のような業務を継続していかなければならない。もちろん震災関係の救急事案もあるが、震災とは直接関係しない日常的に来る救急要請に対応もしなければならない。4月には、緊急援助隊など、外部からの応援も引き上げてしまった。自分たちの消防力で対応しなければならなかった。

まだ行方不明の方がいた。職員たちは、捜索に出たがった。しかし、被災した瓦礫《がれき》のなかに消防隊が行くと、万が一火災の場合、即応性がなくなってしまうことが危惧された。だから、職員たちが、現場に出たいと言っても、「通常勤務をしろ」と、止めた。そこだけは、ブレーキをかけなければならなかった。遠野の孤独な苦渋の判断だった。振りかえってみて、一番大きい判断だった。

［3］心境の変化

消防署では、同僚3名が亡くなった。家族を亡くした職員も多くいた。家を流したという職員もいた。いろいろな場面、場所で、亡くなられた方を目にし、耳にした。

直後は、気が張っていた。誰かが撮ったビデオとか写真を、仕事の参考資料になると考えて、ダビングしたりストックしていた。誰か持って来ると、「おー、じゃ、俺にもダビングしてくれ」という調子だった。

夏場過ぎから、集めた映像を見たくなくなった。涙もろくなった。そういう場面を思い出す度に、せつなくなって、つらくなる。

「防災の砦が被災するようでは、何かあったときに役に立たない」が将来への教訓だ。いざ事が起きたときに十分な活動ができなかったということが、何より悔やまれる。新しい消防庁舎が希望だ。

3月11日の津波でも水は被っていない大丈夫だと思われる場所に建ちます。消防署を山の上に建てたってしようがないですから、ある程度、前線にはなければならないです。今度は大丈夫だと思われる防災の砦、消防庁舎が建てば、「これをベースに頑張れる」という気持ちが出てくると思いますよ。

と語った。

2　岩崎氏の記憶

［1］震災発生

当時、鵜住居消防団第一部部長だった岩崎政夫《いわさきまさお》氏のまぶたの奥には、壮絶な記憶と悲しみがある。

鵜住居で打ち合わせが終わったのが14時半過ぎだった。車に乗っている時に、地震があった。車に乗っていると、地震だとわからなかった。ずいぶんバランスが悪い車だな、何かおかしいなと思った。次の現場に着いた。従兄弟のところだった。「津波が来るぞっ」「大きい地震だから、すぐに帰れっ」と言われ、急いで、鵜住居防災センターにある屯所に向かった。サイレンを鳴らそうとしたが、電気が切れていて、ダメだった。それから、急いで、根浜《ねばま》へ水門を閉めようと向かった。水門についたら、団員が閉めてくれていた。団員に「学校へ行って避難させろ」と指示した。――あとで、「よくお前（水門へ）行ったな」と言われる。岩崎の部では、誰も亡くならなかったが、他の部では部長が亡くなったり、若い人が亡くなったりしている。そのことを考えると、もう行ってはいけないと思うようになった。団員には、「これから地震があっても、（水門へ）行くな」と言うようになった――。

旧道を箱崎町《はこざきちょう》へ行くところにトンネルがある。海岸線に行く道路で、その海岸へ行くと、津波が来たら危険だ。工事現場のパイプに足の付いたものを持ってきて、道を塞いだ。トンネル近くに止めた車から、海が引いていくのが見えた。ダーッと潮が引いていった。そうするうちに、ヨットハーバーのところの防波堤へ津波が来た。はじめは、こんなものかなと思った。あっという間に、ザーッと波が上がって来た。1波の波が来た頃に、本部の人が2人、ポンプ自動車で来た。「早く上がれーっ」と大声で呼びかけながら、旧道を上がって行った。上がってから、下を見ると、防波堤から水が溢れてきて、ヨットがキャンプ場の方へぐるぐると流れていった。

それから、とにかく歩いて逃げた。箱崎町のほうを見たら、2波が来て、水門が壊されていた。箱崎町が津波に飲み込まれていた。そのうち、3波が来た。根浜を見ると、レストハウスが横になっていた。鵜住居のほうへ、材木が流れていた。

ポンプ自動車で来た本部のAさんと、Bさんと三人で、歩いて逃げていた。Aさんが「まさ、バスが横になってるぞ、あれは宝来館《ほうらいかん》のバスじゃないか」と言ったので見ると、24人乗りのマイクロバスが、上がっていた。

海岸線はダメなので、山を回って、鵜住居の方へ行くことにした。薄暗くなってちょっと経っていた。途中で、根浜側におりて、「おーい、誰かいたのか」と叫んだところ、箱崎寄りの沢の方に、三人が避難していた。この辺りの人たちは顔を知っているのだが、知らない人だった。「どこから来たんだ」と言ったら、「俺は赤浜《あかはま》で、いまから帰ってどこさ行きます」と言った。「うちらは鵜住居行く」と言ったら、「うちらも連れていってくれないですか」と言うので、「なら、一緒に行くべ」と、共に歩いた。

もう一つの沢に差し掛かると、根浜の人たちが奥のほうで火を燃して避難していた。20~30人はいた。Aさんが「1回、ちょっと宝来館まで寄ってみるか」と言うので、寄ってみようと途中まで行ったら、津波がまた来た。宝来館の少し手前から山に上がって逃げた。

3~4時間ぐらいかけて、ずっと山を歩いた。赤浜からは火が出ていて、燃えていた。海の向いに、燃えているのが見えた。

山を越えて、鵜住居側に下りた。新川原《しんかわら》で、15~16人ぐらいが避難していた。親が流されてしまったという人もいた。毛布にくるまったり、火を焚いて暖めて、暖かくしていた。

道路に出ると、途中、津波で流された家が、行く道を遮断していたりした。国道45号線をずっと歩いた。鵜住神社《うのすみじんじゃ》に立ち寄ると、20~30人くらい避難していた。鵜住神社の裏から山を上がって、自宅近辺におりた。鵜住居郵便局から5、6軒のところだ。

途中で、腹が減ってくるので、転んでいる冷蔵庫を起こして、中を探して、食べれるものを食べて、常楽寺《じょうらくじ》へ行った。常楽寺も、めちゃくちゃで、建物は建っていたけど、曲がっているようだった。新田《しんでん》地区の人たちが十数人ぐらいいて、鵜住居町の駐在所のお巡りさんもいた。

仕事をしていた状態で、それに半纏《はんてん》を着ただけで、避難をしていた。靴はズックだが、もう泥で汚れてしまっていた。寒いので、みんなでたき火をして、一晩過ごした。

［2］悲しい記憶

翌12日は、釜石消防署のOさんから、連絡をもらった。五葉寮《ごようりょう》の老人ホームの人たちをどこへ運ぶとか、明日朝炊き出しが来るとか、いろいろな情報を受けて、その指示に従って、一所懸命活動をした。

五葉寮という老人ホームは、結構高いところにあったが、1メートルから1メートル50センチぐらい、津波が中に入り、数名が亡くなったようだった。生き残った老人を車に乗せて運んだ。

本部のAさんは、川目《かわめ》の屯所に泊まることになった。岩崎の分団のCさんは、妹を亡くしていて、奥さんは娘さんがお産するので、被災してからすぐ埼玉のほうに行っていた。Aさんと Cさんと岩崎の三人で、夜ご飯を食べた。岩崎は、寝る頃に、妹がいる栗林小学校の体育館に行った。岩崎の妹は旦那を亡くしていた。

翌13日は、自分の妻と娘を探した。妹から車を借りて、旧道を回った。娘の職場に近い釜石小学校にいるのではないかと思い、たずねた。体育館やあたりを見回すが、いなかった。ダメかなぁと嫌な予感が出た。しかたなしに、車を出したそのときに、正面から娘と妻が歩いてきた。生きていて良かった。抱き合った。それで、「俺は消防いくから」と言って、釜石小学校を出た。

鵜住居防災センターでは、たくさんの人が亡くなっていた。自衛隊が、2日かけて全部で60体ぐらい出した。Aさんと行って19体を確認した。

鵜住居は遺体が多かったから、その搬送もやった。搬送先には、200体ぐらいご遺体が積んであった。シートにくるまっていた。警察に「見ていかないか?」と言われ、「誰かわかったら言いますから」と見て回った。固くなっていて、人形みたいだった。防災センターで19体を見たとき、つらいなぁと思った。でも、何度も見ていると、そういう感情はなくなっていった。100、200と番号をもらっていく。たくさんの遺体の中を歩いていると、悲しいというのを通り越して、自分の兄弟とか、みんなの従兄弟とか、大きなつながりを感じた。

そのころ、一緒にいたAさんが「俺の家のものがいない」と言っていたので、一緒に探しに行った。Ａさんの家は、ハウスメーカーの鉄骨づくりで、中は津波で流れてめちゃくちゃだったが、建物自体はしっかり残っていた。２階は瓦礫がいっぱいあって上がれない。周囲は流されて何もない。「いねえぞ」となった。そのときは、みんなどこかに避難していると思っていた。だから「きょうはいいさ」と。ただ、どこかで、息子さんの車を見かけたことが、気にかかった。

少ししたら、三沢《みさわ》基地から１００人ぐらいアメリカ海兵隊がバスで来た。リュックを背負った外人がダーッときた。Ａさんが、自宅に家族がいるかいないか確認してくれないかとお願いすると、応じてくれた。海兵隊が、専門的な道具を持ってきてくれて、２階へ上がって探してくれた。すると、息子さん、娘さん、奥さん、ばあちゃん、４人が死んでいたのが見つかった。

どうしようか考えるとか、そういうものではなかった。考えていたら、頭がおかしくなる。だから、一緒に一所懸命、夜も寝るまで忙しくやって、共に暮らした。朝になると、ご飯をつくって、おいしいものを食べた。Ａさんには、自分の軽トラを貸した。自分は妹の車を借りた。それで、いろんな用を足しながら、消防活動をした。

岩崎は、災害の前、新しくできた鵜住居防災センターで空手教室を開催していた。エレベーターも付いて、設備もちゃんとしていた。２階に空手ができる広いスペースがあった。

敷き用マットは、保護者から買ってもらった。生徒は30人ぐらいいた。

空手教室には、気になる一人の子がいた。お父さんとお母さんが別れて、お父さんの実家に来たのだが、お父さんが亡くなってしまい、おじいちゃん、おばあちゃんに育てられていた。岩崎はその子を空手の大会に車で連れて行ったりしていた。その子は、おばあちゃんを「ままちゃん」と、じいちゃんは「じいちゃん」と呼んでいた。

地震のとき、その子は学校にいて、助かった。

岩崎が、避難所へ行くと、一人でいるその子を見かけた。「ままちゃんとじいちゃんはどうだ」と言ったら、「多分避難していると思う」と言っていた。

少し経ってから、またその避難所へ行くと、他の子は親が迎えに来たようで、一人でいる子は少なくなっていた。その子は、「うちのままちゃんとじいちゃんたちはわからないかな」と聞いてきた。実は、二人は流されたんじゃないかという情報が入っていた。何も答えられなかった。

[3] 心境の変化

家もないし、何もない。岩崎は事業をしていて、道具が流されて、倉庫のものが全部流された。何からやったらいいか、途方に暮れた。何日ぐらいか、「頭がおかしくなった」

と感じた。

岩崎は、壮絶な経験を、どう乗り越えたのか。


自分は、消防で忙しいことで癒《いや》されたと思います。部長をやっているということがありました。


岩崎は、震災から1か月の間は、そのほとんどを消防に費やした。火事や、山火事などだ。

山へ上がっていって、火を見つけて、対応した。ミニ火災がしょっちゅう起きていた。燃えているのを消しても、春先だから、風が吹く。少しの小火からまた燃える。それから、夜は付近の見回りもしていた。いろいろな盗みが出ていたからだ。サーチライトを二つ点けて道路を走った。それから、新聞記者たちが来ていたので、対応をした。毎日新聞、朝日新聞などが来た。仕事の間で少しだったらいいよということで、協力した。

岩崎には、消防を通じて、地域の安全を守る責任があった。悲しみに浸っている暇は無かった。

震災から3年が近づく雪の時分に岩崎を訪ねた。仮設住宅に住みながら、まちの人たちの住宅建設に励み続けていた。岩崎の本業は住宅建設だ。消防団では支部長に昇進して、さらに大きな責任を全うしていた。空手教室も、続けている。空手教室の子は、親戚の家に引き取られて、釜石を後にしたそうだ。Aさんは、鵜住居に立派なお墓を建てた。今は、市の消防団でも昇進し、震災前からの運転手の仕事も続けている。毎日が忙しく、今はもう震災当時のことを思い出すことも少なくなったそうだ。それでも尋ねると、いろいろな記憶がよみがえってくる。震災の記憶は、今も心に深くある。これからも、まちの人たちの住宅を建てながら、落ち着いたら、いずれ自分の家も建てようと思って、津波が来ない内陸に土地を探しているそうだ。津波で旦那を亡くした妹も一緒に住む計画で、一緒に土地を探している。

3　地域とのつながり

遠野氏と岩崎氏の記憶を辿っていくと、「地域とのつながり」ということを感じさせられる。

岩崎氏の話の中にでてきた、本部のAさんの家族がみんな亡くなっていた瞬間。

空手教室の「ままちゃん」「じいちゃん」の子どもの問いかけに、答えられない瞬間。

遠野氏が夏場過ぎから、急に涙もろくなってしまう瞬間。

遠野氏は、インタビューでは、消防署長としての記憶やお考えを語られ、個人のことはほとんど語られなかった。急に涙もろくなったことを教えてくれた時、それまでのお話との接続の悪さを感じた。それは、涙もろくなった原因が多く語られた仕事から来るものではなく、多くを語られなかった個人としての地域に対する愛情からくるものであったからではないかと思う。

岩崎氏も遠野氏も、幸いにも、ご自身のご家族を亡くされることはなかった。インタビューから垣間見たつらさや悲しさは、友人や地域とのつながりの厚さ故のものである。地域の人々が傷ついていることに、胸を痛められていた。

インタビューで岩崎氏の「忙しいことで癒される」という言葉が思い出される。胸に痛みを持ちながら、日々懸命に忙しくしている中で、少しずつ状況が変わっていき、「新しい消防署」や「新しい家」といった希望も紡ぎだされてきた。

震災から3年が経過しようという時期になり、岩崎氏は、お金の工面はある程度できたとしても、まだ仮設住宅からは出ない、と言う。まだ早い、という心持ちがあるように窺われた。たくさんの人の家を建てて、ある程度みんなが再建したなと思えてからじゃないと、自分は再建しない、という、地域やつながりを優先するような態度と見受けた。

消防という普段はあまり注目されることが少ない地域の安全を守る人々からお話を伺う機会をいただき、東日本大震災時に感じた胸の痛みは、大変つらい悲しいことであったことを教えていただいたが、それは「地域のつながり」を大事にする暖かい気持ちと責任感の大きさの裏返しだと理解した。

遠野氏にご自宅ご近所のことを尋ねると、

コミュニティというか隣近所のつきあいというのは、田舎特有というか、結構面倒見がいいと思われる所です。ですから、町中の「隣は、どこの人かわからない」というようなことはない。隠し事がないような感じでね。家族構成から、調子いいとか悪いというようなことまでわかるようなところです。

と述べられた。ご自宅近辺は被災しなかったそうで、避難して来た人に対して、家の米びつに、ある程度の蓄えがあるので、それを持ち寄って焚き出しをしたり、お風呂を貸してあげたりしたそうだ。

岩崎氏に震災後の1か月間何が大変だったかを尋ねると、「何が大変だったかといったら、風呂がいちばん大変だったね」「だいたい半月以上ぐらいは、風呂に入れなかったよ」

「しばらく同じものを履いて、靴下は臭いなんてもんじゃなかったよ」という答えがあった。その時はまだ電気がつかなかったが、知り合いで、まだ、薪《まき》で風呂を沸かしているところがあったので、そのお風呂に入らせてもらったそうだ。雪もちらちら降っているような寒い時だったので、「ああ、ありがたいな」と心底思ったそうだ。

かようなレジリエンスの発露とも呼ぶべき地域での助け合いについて教えてもらったことを記録して、本章の締めくくりとしたい。

第5章

調査船の避難行動を担う

県職員（船員と一般職員）の場合

加瀬　和俊

1　震災と県職員の立場

市町村職員が震災後に被災者対策全般に忙殺され、通常の担当業務とは全く異なる仕事をこなさざるをえなかったのに対して、被災地における県職員の事情は相当に異なっていた。彼等は市町村職員とは違って住民の日常生活に直接向き合う職務を担当しているわけではないので、被災住民への対応の責任も間接化されており、現場の混乱から距離をおいた立場に立てるからである。市町村職員が通常のそれぞれの担当とは全く異なった仕事であっても、被災住民に必要な万般の作業の全体を担わなければならなかったのに対して、県職員は基本的に通常の自らの守備範囲内の職務を震災対策に適合するように調整すれば良かったといえる。もちろん自らの所属している県機関の建物が被災して機能がマヒし、他の建物に身を寄せていた場合に、市町村職員等が行う被災者対応の業務を手伝う立場になった県職員は少なくなかったようであるが、被災直後を除けば基本的には自分の属する組織の災害対策業務に従事し、その機能復旧のために働いていたと言える。そのため被災地における県職員の行動は各々が属する機関・担当分野の性格に応じて多様であった。

とはいえそのことは、県職員の立場が楽であったことを意味するわけでも、被災して初めて気付かされる予期せぬ事態に直面して自らの責任で臨機の対応をすることを余儀なくされることがなかったことを意味するわけでもない。対処を求められている現実が事前に了解されていた災害対策のマニュアル類に沿って一義的に対処できるようなものではないことを、多くの県庁職員も味わったのである。こうした経験は今後のために十分に記録され、問題点が検討される必要があろう。

本章はそうした県機関の一例として、釜石市平田《へいた》地区にあって被災した岩手県水産技術センターを取り上げ、そこに所属している船舶職員たちが2隻の所属調査船（岩手丸、北《きた》上丸《かみまる》）を津波の被害から守るために沖合に避難させた経験について報告するものである。

なお、岩手県の漁業指導調査船2隻のうち大型の岩手丸は２００９年進水、建造費12億円、154トン、11人乗りであり、小型の北上丸は1995年進水、5億円、59トン、6人乗りであった。

地震対策についてのセンターの規則では、漁業調査指導船は航行に必要な船舶職員数が確保できれば避難のために出港することとされており、船舶職員はこの方針にしたがって地震後の出港を当然の任務と理解していた。その方針にもとづいてチリ地震（2010年2月27日、岩手県釜石市では1メートルの津波があった）の際にも出航している。海上保安庁も津波時の沖合待機の際は水深200メートルの地点で待機するべきと定めて、秩序ある避難が可能になるように指針を示していた。

2　経　過

地震発生直後の動き

3月11日、14時46分に地震が発生し、49分には大津波警報が発令された。センター職員のうち船舶職員は直ちに各船へ集合し、その他の職員は研究管理棟の屋上へ集まった。停電になる事態に備えて両船のエンジンは地震直後に始動、指示があれば直ちに出港できる態勢に入った。津波が来れば船舶は流されて甚大な被害に遭うことが予想されるので、津波警報が出た場合には船舶運航要員がそろっていれば、船舶を沖合に避難させることがルール化されており、船舶職員はその決まりにそって行動したのである。

しかし当日は出航予定がなかったため出張者等もあり、岩手丸は11人全員がそろっていたが、北上丸は6人のうち3人しか集まらず、航海士が不在という状況と判明したため、「岩手丸は出港、北上丸は出港せず」となるかと思われた。しかし岩手丸には複数の航海士がいたので、その一人である一等航海士が北上丸を操船することになり、センター長の指示を受けて2隻とも出港することになった。この時点では、燃料、食料・水等、特に不安を感じず、新たにそれらを補充することなしに、ともかく一刻を争って出港することが重視されていた。

釜石湾内では海上保安庁の巡視船、貨物船、漁船等も沖に逃れようとしてあわただしく湾口に向かっていた。岩手丸、北上丸はともに津波の第1波が到着する前に離岸したが、混雑した湾内から出ることができずに湾内で第1波を受けている。この間、最も大型の海上保安庁の巡視船が出口を塞ぐ形となってしまい、大型船から小型船の順で数珠つなぎの状態になっていた。この時点で湾口防波堤が倒壊（15時15分に完全に見えなくなったとのこと。『岩手県水産技術センター年報　平成22年度』195頁）、湾内は海流が渦をまく状態となり、北上丸は回転しスクリューが海面から浮き上がって空転し警報が鳴った。繋留ロープが切れて流出した養殖施設が次々と船にぶつかるなど混乱状態が続き、それがスクリューにからまないよう緊迫する操船が続いた。

第1波よりはるかに激しかった第2波によってセンターの建物1階は大破し、センター駐車場内の全自動車が流されたが、この第2波が到着する前に2隻とも湾を脱出することができた。第3波以降も数回にわたって津波が来襲したが、その強度は第2波には及ばなかった。

センター所長らは本部棟の屋上から双眼鏡で2隻の動きを注視していたが、大型の岩手丸の出港は確認できたものの、小型の北上丸の姿は捉えることができず、沈没したものと解釈して周りの職員達も含めて重苦しい雰囲気に落ち込んでいた。特に所長らは労災を初めとする遺族対応、自らの引責辞職等を考慮せざるをえなかったという。

なお同じ県の機関である岩手県漁業取締事務所（センターに隣接）の漁業取締船（密漁・違反操業を取り締まる船）「岩鷲《いわわし》」は係船ロープが切れ、漂流して陸上に乗り上げて被災している（1年後の2012年3月に修復工事を終えた）。

その後の行動

地震がおさまって日没後になってから、高台にある釜石漁業無線局が被災を免れたことがわかり、センターに取り残されていた職員がここに移動して夜を明かすことになった。この無線局で沖に出た岩手丸、北上丸と連絡がとれ、両船の無事が確認できた。

翌12日には岩手丸の衛星船舶電話と岩手県庁の電話がつながることが判明したため、釜石漁業無線局と県庁との通信の沖合中継局として岩手丸を活用することが決定され、避難所の安否情報の取り次ぎ、人工透析患者の救急要請などが通信士の担当するところとなった。また盛岡に出張中であった職員はそのまま盛岡にとどまり、県庁水産課の活動の支援に入ることになった。

13日には釜石市所在の県職員（水産技術センター、沿岸広域振興局水産部、漁業取締事務所、その他の釜石合同庁舎に身を寄せた県職員、通勤可能な県職員など）で「24時間体制の避難所支援や市町村の窓口支援、支援船舶からの物資積卸支援等を交替で開始」した（『岩手県水産技術センター年報』平成22年度、197頁）。被災直後のこの時期には所属している部局の管掌事項ではなく、避難所・市役所の応援や船舶関係業務に可能な県職員が従事していた状況であった。

15日には岩手丸・北上丸が海上保安庁の一時入港の許可を得て釜石港の公共ふ頭に着岸し、食料・水・薬品等を積み込んだ後、16日早朝に離岸し再び海上待機の体制に入った。この公共ふ頭は被災地への物資搬入の重要拠点とされたため、荷物の積卸後早期に離岸することが必要であったからである。なお、この時点で家族の安否が確認できていなかった一人の職員だけが船を降りている。

16日には無線局内でセンターの研究職員によるブレーン・ストーミングが実施された。破壊されたセンター施設の対策と当面の事業の重点をどうするかが議論されて、センターを現在地で存続・復旧させることを含めて、当面の重点的取組事項を列挙した文書が取りまとめられた。センター周辺の全建物が破壊され、荒廃状態のままに放置されてしまうことも危惧されたため、岩手県水産業の再建のためにセンターが今何をなすべきかについて目標を明確にする必要があったのであろう。

19日には瓦礫《がれき》の状態も落ち着いたと判断し、所長の指示によって2隻が平田地区に着岸し、海上待機状態を終えた。停電状態が継続していたため機関を止めず、電気の回復まで船舶職員は常時宿泊体制を継続することになった。

海上待機中の9日間に行っていたことはいくつかある。第一は漂流瓦礫の目視による確認とその回避、漂流死体の発見と回収依頼のための自衛隊への連絡などである。もっとも死体の発見数は数体程度にとどまったという。第二は連絡体制の維持であり、県庁、岩手丸、陸上の無線局の間で連絡体制を維持したことである。携帯電話を含めて陸上の電話網が途絶している中で、無線局、船舶、県庁を結んで臨時の通信中継機能を果たしたことがこれに当たる。実際に孤立集落への救援活動の要請、病人の搬送の連絡、家族の安否確認などがこの方法で中継されたという。

被災後早期に平田地区に接岸できなかったのは、一定時期までは保安庁によって入港禁止措置がとられていたこと、実際に海底にどれだけの瓦礫が存在しているのかが不明のため接岸を試みることがリスキーと判断されていたことによる。

3 判断に迷ったことなど

津波警報が出た場合に船を沖に出すことは珍しいことではなかったが、湾口防波堤が倒れるほどの巨大な津波を受けて、瓦礫が堆積して安全な入港が出来ずに、10日間近くも洋上に留まったという初めて経験する事態の中で、関係者たちは判断に迷うことが無数にあったという。たとえば、道路網が寸断されていたために、救援物資輸送の手段として船舶への期待が大きかった中で、当センターに対しても県庁（水産振興局）から所属船舶を物資輸送体制に組み込めるかどうかの打診があったという。しかし、瓦礫が大量に流れている中で事故発生の危険が高いと考え、センターとしてはそれを断ったという。具体的状況の中でのこうした判断は、明確な基準がないだけに、担当者としては自信のある対応がしにくいようである。

またセンター職員の動きについては、身を置いた場所が自分の持ち場となって被災者対策に奮闘することになった場合と、あくまでも本来の職場での応急対策を中心にした場合とがあったようである。たとえば、自宅が被災したり、自宅が遠方であったために移動手段のなかった職員は、仮事務所（無線局、県合同庁舎）で寝泊まりする体制がとられたが、この人達の中には要請にしたがって避難所の手伝いを続けた人も少なくなかった。

生命の危険がなくなると可能な職員でセンターの被害調査、片付け作業が始められた。しかしこの時点では、避難所で被災者対策の手伝いを優先させるべきだとの意見もあり、それに応えて避難所支援を優先した場合もあった。センター職員の本来業務であるセンターの再建に向けた準備活動に従事すべきか、緊急事態に置かれた公務員として被災者対策の一端を担うべきかについて判断基準が存在せず、それぞれの職員が置かれた状況によって判断が異なるといった事態がしばらく継続せざるをえなかった。

また、自動車が皆流されてしまったために、移動の便宜の不足が作業のための大きな支障となった。センター所長が盛岡居住の家族の自動車を取り寄せてこれを臨時の公用車とし、ガソリンも入手してセンター職員の動きを支える手立てとしたことなど、個人的な対応が必要とされる場面もたくさんあったという。

4　今後のために

以上の経過からみて、いくつかの問題点が検討されるべきであると思われる。

①県職員の責務として、避難所対策等への協力と本来職務との関連をどうすべきかという総論的な問題がある。多くの市町村職員が、家族の安否のわからない中でも否応なしに持ち場を定められ、被災者対策・死体処理作業などに縛られていた事実を考慮すると、県職員の位置・責務について、具体的状況で判断できる程度の実践的基準が必要であると思われる。

②船舶の航行は船舶職員が一体として取り組むべきだという方針がとられ、沖合に待機している際にも可能な限り全員が乗船していることが望ましいとされているが、それが妥当であろうか。船舶の幹部職員からすれば、要員不足で必要な作業ができない事態を避けるために、フルメンバーの乗船を望むのは当然であろうが、海上待機時の作業はほとんどなく、待機状態になっていることを考慮すると、本来の施設の再建や市町村職員の支援など他の業務に人手を回すべきだという議論もあり得るだろう。

③各部署によっていわゆる「縦割り」に管理されている施設の活用を、全体的にどう整

合的に活用すべきかという問題がある。陸路が寸断されている下で、海上輸送の体制を緊急に強化することは物資運搬上で重要であったが、こうした目的に公的機関の所有する船舶を組み込むべきではないかという意見である。今回はその要請には応えないという対応がなされたが、各機関に判断を任せればそれぞれの機関側の都合が優先されてしまうので、何らかの実効性のある全体的調整が必要ではないかとも思われる。

④「津波襲来警報時には船舶を出すべき」という原則自体についての見直しの必要性が、センター職員の中から提起されたという。今回は無事故で生還できたとはいえ、それは確固たる勝算があってのものではなく、単なる幸運の結果ともいえるものであり、沈没・人命被害が大いに予想されたという。公的財産として損害保険が掛けられており経済的な実損はカバーされていたのであるから、人命重視を優先すべきであるという考え方である。

生存の危機に迫られた被災直後期からその後の時期にかけて、救援・物資供給のマクロ的な必要性にどう答えるべきであったのかという課題を、市職員に比較して現場からやや離れた位置にあった県職員についても、震災の記憶を共有している職員たちを含めた検討が求められているといえよう。

第6章

市職員へのサポート
復興過程における「補完性の原理」

塩沢 健一

1 震災と「補完性の原理」

地方分権時代における地方自治のあり方を示す基礎概念として「補完性の原理」と呼ばれるものがある。住民個人の自律的な活動だけでは賄いきれない部分を町内会や自治会、学校など地域社会が担い、地域社会でカバーできない部分を市町村が、市町村で効率的に処理できないことを複数の市町村にまたがる広域連合や都道府県が、都道府県でも負担しきれないことを国が、それぞれ「補完」する役割を果たすという考え方だ。行政府レベルでは、〝基礎的自治体〟である市町村の意思決定が最優先、となる。また、政治的決定の場でも、首長や議会による決定（間接民主主義）だけでは十分に機能しない場合に、住民投票など直接民主主義的な手法によって「補完」することが想定される。地域における様々な意思決定や事務処理は、人々の何気ない日常生活と同様、他者にサポートされたり、逆に他者をサポートしたりという関係性の中で成り立っている。

補完性の原理は、平時においては基本的に「市町村＞都道府県＞国」といったタテの関係の中で語られることが多い。だが大規模災害時には、とりわけ発災直後の段階では、不眠不休で対応に当たる市町村職員の業務量はあまりに膨大で、タテの関係だけで「補完」しようとしても不十分である。したがって、市町村相互の協力体制の構築が、被災自治体の一日も早い復旧・復興にとって不可欠なものとなる。こうしたヨコのつながりを含め、ここでは補完性の原理を拡大解釈して、釜石市の復旧・復興過程における「サポート」について記述していく。それらのサポートは、いかなる意味で重要だったのか。具体的には、市職員の負担軽減に資するような実務面の支援を中心に、岩手県や県内自治体による支援、および県外自治体からの支援に着目して見ていきたい。

2　岩手県および県内自治体からの支援

県内市町村の相互協力——遠野市との関係性

市町村間の相互応援に関して、岩手県内では平成8年（1996年）に「大規模災害時における岩手県市町村相互応援に関する協定」が策定されている。この中で各市町村は九つの地域に分けられ、被災した市町村と応援を行う市町村との間の連絡調整等を行う「応援調整市町村」が、地域ごとに割り当てられている。このうち、釜石地域は遠野市《とおのし》、釜石市、大槌町《おおつちちょう》で構成されていて、応援調整市町村は［正・遠野市、副・奥州市《おうしゅうし》］となっている。釜石市にとって、とりわけ内陸側で隣接している遠野市は、互いの市の中心部を車で、片道1時間程度で行き来できる距離にあり、災害時の相互応援という面で最も身近なパートナーと言える。

遠野市自体もかねてから、釜石市を含む三陸沿岸の市町村や、盛岡市や花巻市《はなまきし》など内陸の主要都市が半径50キロ圏内にある位置関係、各地域を結ぶ道路網の結節点であることなどを踏まえて、沿岸地域で大きな災害が発生した際の後方支援拠点となる構想をまとめていた（地震・津波災害における後方支援拠点施設整備構想）。こうした中で、震災前に実施していた訓練の成果も活かして、遠野市は後方支援拠点としての機能を十二分に発揮し、釜石市に対しては震災翌日におにぎり5000個が届けられた。こうした支援はその後も毎日のように続き、被災直後は充分な食料がなかった避難所の人達は、これで大いに助かったという。

遠野市による後方支援活動の全容については『3・11東日本大震災　遠野市後方支援活動検証記録誌』に詳しいが、遠野市から個別の各自治体に対してどの程度の支援がされたかについては、詳細な記録が残されていないため不明な点も多い。ただ、市民ボランティアと遠野市職員が一体となって行った炊き出し活動の中で、3月11日から29日間で14万2400個のおにぎりが作られたという。また、遠野市を起点として三陸沿岸地域に届けられた支援物資の総量としては、飲料水が21・2万リットル、米が3万8000キログラムに上る。救援物資の搬送に関しては、発災直後は遠野市職員が市内のスーパーで購入したものや、市内の住民等による寄付を中心に調達した物資が、14日以降は全国の自治体から提供された物資が、三陸沿岸の被災地に届けられた。搬送先としては、震災翌日に大槌町への搬送が開始されたのを皮切りに、翌13日には釜石市への物資搬送が始められていた。このほか、避難者の受け入れや燃料確保、職員派遣など人的支援の面でも、遠野市の存在感は大きなものであった。

県が果たした役割

では次に、岩手県が復旧・復興において果たした役割は、釜石市の目線から見てどのようなものであったか。釜石市地域防災計画の中の「相互応援協力計画」の部分を見ると、基本方針のうちの一つに「県は、市からの要請に応じ支援するほか、大規模な災害の発生等により必要と認める場合には、市からの応援要請を待たずに必要な支援を行う」と書かれている。もちろん、これは一つの「想定」であり、マニュアルが想定していなかった事態が次々と起こってしまったというのが、今回の震災における重い現実だ。しかし、市の関係者の立場からすれば、「国も県もあまり役に立たなかった」「もう少しスピード感を持って取り組んでほしかった」といった不満の声が上がっているのもまた事実である。県としても当然、各市町村が大災害から立ち直るために懸命な努力をしていたわけだが、災害応援に関して、市職員の口から県に対する感謝の言葉が語られることはそれほど多くない。その理由は何か。

まず、今回のような広域的災害においては当然ながら、県の立場からは釜石市だけでなく、県全体を見渡したうえで対応をしなければならない。例えば、被災直後の行政機能の回復に向けては、県は、本庁舎が津波に流され、多くの職員が被災した陸前高田市《りくぜんたかたし》と大槌町に対するバックアップを最優先し、支援体制を整えている。県の立場としても、投入できる人的・物的資源が限られている以上、優先されるのはやはり、被災の程度がより大きい市町村への対応となろう。つまり、釜石市の立場から見れば、実務面における県の支援は限定的なものとなり、県に対する不満が出るのも無理からぬことである。

他方で、釜石市への後方支援において、ハード面で県が果たした役割は充分に大きなものだったと言える。発災直後に被災地が直面した問題の一つが「燃料不足」だったわけだが、被災者の救護や遺体の捜索、避難者への物資の配給においては、自衛隊や消防、警察などの緊急車両にガソリンを供給しなければならないし、がれき撤去のための重機を動かすためにも、病院の自家発電装置を稼働し続けるためにも、燃料の確保は不可欠であった。

岩手県地域政策部長の中村一郎《なかむらいちろう》氏によれば、燃料確保に奔走した県の動きは次のようなものであった。釜石市内には、岩手県オイルターミナル株式会社（ＩＯＴ）のタンクがあり、一部破損したものの、タンク内の軽油やガソリン自体は被災直後も供給可能な状況であった。油そのものは、供給元である民間企業数社が所有しているものなので、まずは各社に交渉して、全量を県が買い取り、県の管理下に置かせてほしいと各社に伝え、了解を得たという。またその後、3月下旬に入り通常ルートで石油が供給され始めると、当初県が買い取るといった石油は逆に余り、そのまま県が持っていても仕方ないため、残った分は各社にもう一度引き取ってもらうよう交渉し、難色を示されたものの、なんとか了解が得られたとのことである。

ただ、燃料供給の問題一つとっても、県が担った役割は、燃料そのものの確保や関係各所との交渉が中心である。これらももちろん、重要な任務であったことは言うまでもない。だが、一般車両とのトラブル等、被災した市民と直接向き合いながら対応を迫られたのは、やはりほとんどの場合、市の職員だったと言える。被災時には「国も県も当てにならない」という市職員の見方は、状況把握や対応の遅さという点もさることながら、最前線における住民への対応という点から見ても、極めて真っ当な捉え方であり、市職員の職務負担の軽減に資するような県からの支援は、災害の規模や範囲が大きくなればなるほど期待できない、という覚悟が求められることをも意味する。ゆえに大規模災害時において、被災自治体の職員の負担を少しでも和らげるうえで重要性を増すのが、県外からの支援となる。

3 県外からの支援の概要

被災地外からの自治体レベルでの災害応援として大きな注目を集めたのは、関西広域連合が構成府県ごとに担当する被災県を割り当てて実施した「カウンターパート方式」による支援である。震災から2日後の3月13日に、広域連合の構成府県が急きょ集まって開催された委員会で「東北地方太平洋沖地震支援対策にかかる関西広域連合からの緊急声明」が発表され、特に被害の大きな岩手・宮城・福島の3県に対し、主として大阪府と和歌山県は岩手県、兵庫県と徳島県と鳥取県は宮城県、京都府と滋賀県は福島県を中心に支援することが決定された。また同時に、各被災県に関西広域連合の現地事務所を開設することも決められた。阪神《はんしん》・淡路《あわじ》大震災を経験した関西だからこその、迅速な対応だったと言える。

こうした動きと前後して、釜石市に対して積極的な支援を行うこととなった自治体の一つが、大阪市である。大阪市との間には、従前からの協力関係があったわけではなかったのだが、同市消防局が「緊急消防援助隊」として釜石市に入ったことをきっかけに、大阪市による支援が始まった。大阪市消防局は発災当日のうちに陸上部隊31隊・110名を被災地に派遣し、釜石・大槌地域などへは合計381名（延べ2715名）を派遣したほか、発災翌日には、大阪市営バスを活用した救援物資（毛布1800枚、非常食［乾パン］1万食など）の搬送も行われた。これらの支援を受けた釜石市からの要請に基づき、3月24日には大阪市が現地対策本部を設置し（同じ年の12月末まで）、その後、平成25年（2013年）12月末までの間に、大阪市が各被災地に派遣した職員総数1897名のうち816名（延べ人数2万1073名のうち7295名）が釜石市で業務を行った。

一方、震災前からの交流や災害時の相互応援に関する協定などを活かし、釜石市への支援を行った自治体として、秋田県横手市《よこてし》、東京都荒川区《あらかわく》、愛知県東海市《とうかいし》、福岡県北九州市《きたきゅうしゅうし》が挙げられる。

横手市からは、「北東北地域連携軸構想推進協議会」で連携する自治体間で平成9年（1997年）に災害時相互援助協定を結んでいることや、職員の相互派遣などにより交流のあったことから多くの支援を受け、支援物資や職員の派遣のほか、震災の翌月には市の公用車8台が釜石市に提供された。荒川区とは、東京荒川少年少女合唱隊の創立者である渡辺顕麿《わたなべあきまろ》氏が釜石市の出身で、荒川区民の歌「あらかわ～そして未来へ」が同氏により、故郷の釜石市で歌詞を変えて釜石市民の歌「この町そして未来へ」として歌われたことから、それを機に交流が始まった。平成11年（1999年）には災害時の相互応援協定を締結しており、派遣職員が給水活動や避難所運営などの業務に当たったほか、多くの救援物資も届けられた。

また「製鉄のまち」としてのつながりをもとに、献身的な支援を行ったのが、東海市と北九州市である。

東海市に関しては、昭和40年（1965年）前後に釜石製鉄所の多くの従業員が東海製鉄所へ転出したことをきっかけに、長年交流が続いている。平成15年（２００３年）には災害時の相互応援協定が両市の間で、平成18年（２００６年）には東海市、釜石市、トヨフジ海運株式会社（本社・東海市）の３者で「船舶による災害救助に必要な物資等の緊急輸送に関する協定」がそれぞれ締結され、平成19年（２００７年）には東海市は釜石市の姉妹都市となった。こうした関係性もあり、釜石市に対する支援の決定は非常に迅速かつ継続的で、発災２時間後の午後５時の時点ですでに、支援可能な備蓄物資の洗い出しを完了。また当日中に釜石市に向けて先遣隊を派遣することを決定し、午後７時30分に出発した消防職員４名は、翌12日の午後３時55分に釜石市に到着。その後も多くの応援職員が派遣された。救援物資についても、13日の第一次（毛布５０００枚、食糧［パン・クラッカー］約１万５０００食など）を皮切りに、６月22日の第五次まで陸路および海路から、最も多い時で10トンコンテナ車５台分の物資が釜石市に搬送された。このほか、３月16日には関係課職員による「釜石市支援チーム」が設置され、釜石市の要請に応じた救援物資の調達や輸送方法の確認、釜石市および関係機関等との連絡調整・情報収集、東海市職員の派遣に関することなど、各種の業務にあたった。

また北九州市による支援については、復旧段階における避難所運営支援など職員派遣や、救援物資の搬送などもさることながら、同市が発災５か月後の８月１日に釜石市役所内に設置した「北九州市・釜石デスク」の存在が、とりわけ大きな意味を持つ。詳細についてはは本書第Ⅲ部「当事者の視点」で、同デスクの担当課長であった東義浩《あずまよしひろ》氏による寄稿をご参照いただきたいが、復興支援に関する釜石市との連絡調整や、まちづくり事業を円滑に進めていくうえで、釜石デスクは一つの基盤として大きな役割を果たしたと言える。

4 他自治体による災害支援の意義

応援職員がもたらしたもの

ここまで紹介したような県外自治体による災害応援は、単に物理的な面で不足を補ったり、復旧・復興の業務を分担するという意味を持つだけのものではない。精神的な部分も含めて釜石市の職員、さらには市民をあらゆる側面から支援するものだった。

まず一つ目には、過去の被災経験に基づく県外職員からのアドバイスである。当時の防災課長・佐々木守《ささきまもる》氏によれば、発災後の初動対応に関して、平成16年（2004年）に豪雨災害を経験した新潟県三条市《さんじょうし》の職員2名から受けた指導が、災害対策本部の運営などの面で参考になったという。彼らの派遣期間自体は、3月17～21日までの5日間と比較的短い期間ではあった。だが、災害時には次々と即決していかなければ、その後の対応がますます滞ってしまい、毎日何かを決定しなければならないということの必要性を口酸っぱく言われたと、佐々木氏は語っている。それでもなお、職員全体が疲弊している中で間断なく意思決定を行っていくことは難しかったようだが、本部での情報共有に関することなども含め、佐々木氏のアドバイザー的な形で三条市の職員が貢献を果たしたわけである。

発災直後から避難所の運営業務に携わっていた職員にとっては、応援職員の存在は「非常時」からの転換をもたらすものでもあった。発災3日目の3月13日から31日まで、避難者が多く集まっていた石応寺《せきおうじ》で被災者への対応に当たっていた生田久美子《いくたくみこ》氏によれば、31日までは着替えや入浴のために数回、一時帰宅しただけで毎晩泊り込みで避難所運営に追われていたという。その後、4月1日にまず横手市から職員の派遣があり、そこから毎晩、家に帰って寝られるようになったとのことである。横手市の職員たちは3泊4日で帰路についたのだが、その後入れ替わりで派遣される他の応援職員のために、引き継ぎのためのノートを作るなどしており、そうしたきめ細やかな対応は、心身ともに張りつめた状況から市職員が解放されるうえで、大きな安心感を与えるものだっただろう。

加えて、通常業務への復帰という意味でも、応援職員によるサポートは市職員にとって大きな助けになった。初動段階からある程度時間が経過すると、被災地を支援する自治体の側でもローテーションで職員を派遣する体制が構築された。こうした安定的なサポートが得られるようになると、避難所関連や受付の窓口など外部の職員に任せられる業務は任せて、釜石市内部の人間でなければ担うことができない業務、すなわち自分たちの「本分」は自分たちが役割を果たすという形で、徐々に本来の「持ち場」に戻っていくことができたのである。市職員の本来業務への復帰は、釜石市全体として行政機能を回復させるという意味だけでなく、一人一人の職員にとっても多かれ少なかれ、日々の生活のリズムや精神的な落ち着きを取り戻すうえで、一つの節目となったであろうことは想像に難くない。このような面でも、応援職員の存在が間接的に果たした役割は重要なものであった。

「顔の見える支援」の重要性

そして何より、外部の自治体からの支援に関して最も注目すべきことは、「顔の見える支援」によって被災地が支えられていたことである。防災訓練や職員の相互派遣などで震災前からの交流がある間柄であれば、全く知らないところから職員が派遣されるのと比べれば、受け入れる側の職員にとっても大きな安心感につながると言えるし、東海市や北九州市など「鉄のまち」としてのアイデンティティを共有している自治体から受ける支援であれば、釜石市の職員や市民にとってのありがたみは何倍にも感じるものとなったであろう。実際、釜石市の関係者による証言の中でも、他の市区町村からの支援に対し多くの感謝の言葉が語られている。支援する側の自治体やその職員もまた、日頃から付き合いのある自治体が被災したからこそ、より一層、親身になって接することができた。

例えば、姉妹都市の東海市とは既述のように、災害時の相互応援協定を結んでいたわけだが、当時の釜石市副市長・佐々木重雄《ささきしげお》氏は、震災翌日に東海市の消防職員4名が駆け付けた際のエピソードとして、協定締結時の担当者だった消防課長が市長室に入ってきたことがありがたかったと語っている。災害発生と同時に市長の命を受け、日本海を回って秋田から釜石に向かった彼らが「何か欲しいものはないですか」と尋ねたのに対し、佐々木氏が毛布や水などの支援を要請すると、すぐに遠野まで戻って携帯で連絡を取り、翌13日の午後2時には、大量の物資を積んだ4トン車4台が東海市から釜石市に向け出発したのである。こうした円滑な対応はやはり、平時からの両市の付き合いがあったからこそ成り立つ部分もあるし、応援を要請する釜石市の側からしても、頼りになる存在だったのは間違いない。

他方で、こうした「顔の見える支援」は市民との関係においても、うまく機能した面がある。発災当初から各避難所では、多くの市職員が常駐して市民対応に当たっていたのだが、被災した市民も気持ちのやり場がない中で、彼らのフラストレーションはどうしても公務員に対して向かってしまう。そこへ遠くの市町村から応援で来ている職員であれば、

「手伝いに来てくれている人たちなんだ」ということで、少し距離を置いて接してくれるのだという。また釜石市では、大阪市から多くの職員が派遣されていたこともあり、市民からの苦情に対して関西弁で喋ってもらって助けてもらう場面もあったそうだ。息巻いて乗り込んできた市民も、最終的には関西弁で押されて上手くやってもらったりもしたという(一方で、関西弁の勢いの良さが逆効果になることもあったようだが……)。

釜石市の職員は発災直後から、極限状態のなか復旧に向けて献身的な対応を見せ、今も一日も早い復興のため懸命の取り組みを続けている。そうした市職員をサポートしてきた自治体やその応援職員の姿勢もまた、実に献身的なものである。こうした貢献の背景に、自治体同士のアイデンティティの共有、過去の被災経験を踏まえた思いやりなどがあったからこそ、市職員との間に信頼関係も生まれ、互いに敬意をもって接することができたのではなかろうか。また、もう一つ付記しておきたいのは、今回の広域的災害に際して、釜石市を献身的に支援した自治体のうち遠野市や横手市、荒川区、東海市などは、人的被害こそ少なかったものの、各市区内においても建物や道路などインフラの被災があったり、災害対策本部を立ち上げたり、津波警報が発令される中、それでも機敏に釜石市への支援体制を構築していったという事実である。各地における被災の程度は単純に比較できるものではないが、初動段階では具体的な情報も届かない中、地震や津波で傷ついた釜石を、

「仲間」を助けたいという応援自治体や職員の思いが素早い行動につながり、釜石市の職員や市民に一つの希望をもたらしたと言えるだろう。

5 復興過程における「必然」としての自治体間連携

被災現場における復興は、とりわけ初動の段階では「偶然」によって成り立っていた側面も大きい。発災の瞬間、その場に偶然居合わせた人々が協力し合うことで難局を乗り切った、たまたま居た場所から役場に戻ることもままならず、そこで「持ち場」を担うことになった、などのエピソードが本書においても随所で語られる。しかしながら、自治体間の相互協力という観点から言えば、応援自治体やその職員による釜石市へのサポートは、多分に「必然」によって支えられていた面もある。

すなわち、釜石市が多くの自治体とつながりを持っていた背景には、釜石の都市としての歴史の長さがあることが挙げられる。1世紀以上にわたる「製鉄のまち」としての歴史の中で、釜石市の人口そのものは、ピーク時には9万人弱（昭和35年（１９６０年）国勢調査）だったのが、震災前年の平成22年（２０１０年）の国勢調査でみると4万人弱にまで減少した。50年間で約5万人の人口減少には、釜石製鉄所の経営合理化・東海市への転出、さらにはその後における生産規模の大幅な縮小などの要因も大きく関係している。それらの歴史を共有できる東海市や北九州市のような都市との間で醸成された仲間意識が、釜石の復興を支えたのは「必然」である。近隣の遠野市にしても、釜石とは古くから鉄路で結ばれ、また三陸沿岸地域がたびたび津波の被害を受けてきた歴史も身近に知る中で、釜石はじめ沿岸地域を後方支援する構想が事前に備わっていたのは、やはり「必然」と言えるだろう。

そして、地域の歴史がもたらす結び付きや、前節までに触れたような事前の付き合いは何より、支援を行った各自治体の自律的な判断や行動を促した。そのことにこそ、各自治体による災害支援の大きな意義があるということを、最後に強調しておきたい。事前に締結されていた防災協定は、お互いが同時に被災する可能性が低く、なおかつ想定される災害の形態が異なる自治体をパートナーとしている側面もあり、どちらか一方で何かあった時には互いに助け合うという意識のもと、結ばれている。普段から気心の知れている間柄だからこそ、釜石市側から頼まれなくても、各パートナーは自主的に物資や人員の支援に乗り出したという。もちろん、事前の付き合いや協定がなくとも、自律的に行動した自治体はあったわけだが、前出の佐々木守氏の言葉を借りれば、普段の付き合いのある自治体からの支援は〝調整に困るぐらい来る〟状況だったとのことである。そこはやはり人間関係と同じで、被災した側が黙っていても助けに来てもらえるような関係を築くことが大事だと、同氏は語っている。

釜石市はじめ被災自治体では、今も多くの派遣職員を受け入れている。「広報かまいし」2014年2月19日号では、全国から派遣されている応援職員の状況について紹介されているが、復興の本格化に伴い、派遣される職員数は次第に増加している。しかしながら、行政需要の増大にマンパワーの確保は追いついておらず、岩手県の資料によれば同年5月1日現在、本来必要とされる数に対して、釜石市でも、県全体で見ても、職員数は1割ほど不足している。冒頭に述べた「補完性の原理」ということから言えば、物理的には未だ必要十分な補完を成し得ていない。だが、これまでの釜石の復興の歩みは、多くの自治体や職員からの支援があればこそ成し遂げられたという事実に変わりはないし、心理的な面も含めれば、釜石の職員や市民にとって十二分なサポートを得られたのは間違いない。災害支援をきっかけにして、新たな交流も広がっている。これもまた、一つの希望のかたちである。今後さらに、釜石はじめ被災各地において自治体間連携による支援が充実し、復興へ向けたより一層の手助けとなっていくことを願ってやまない。

参考文献

岩手県（２０１３）『岩手県東日本大震災津波の記録』。

鍵屋一（２０１４）「自治体間連携による職員派遣の充実に向けて」『ガバナンス』２０１４年3月号。

遠野市（２０１１）『遠野市沿岸被災地後方支援50日の記録』。

遠野市総務部沿岸被災地後方支援室（２０１３）『遠野市後方支援活動検証記録誌』。

東大社研・玄田有史・中村尚史編（２００９）『希望学２　希望の再生』東京大学出版会。

第7章

そのとき、政治は

宇野　重規

1　3月11日、2時46分、議会開催中

　そのとき、釜石市議会は定例会の開催中であった。２０１１年3月11日、釜石市議会が平成23年（２０１１年）度当初予算や第六次総合計画などを審議しているさなかに、東日本大地震は発生した。ただならぬ揺れを感じた議員たちは、それぞれの行動を開始する。あるものは職場に向かい、またあるものは消防団に駆けつけた。議場に残った議員は、20名中13名であったという。正式の手続きをとらない、いわば自然閉会であったことが、地震の大きさを思わせる。

　巨大災害発生直後に、議会にできることは少ない。その意味で、議員たちがそれぞ

れの任務に向かったことは非難できない。むしろ合理的な行動であったといえるかもしれない（彼らにとって真の「持ち場」は議会の外にあったのだろう）。とはいえ、非常時に議員がどのように行動し、どのように連絡をとるのかなど、議会の対応マニュアルが整備されていなかったことは、大きな課題を残すことになった。実際、数日間、安否の確認のとれない議員もいたという。

さらに、審議未了になった事項については、専決手続きをとる余地がなかったのか、検討されてしかるべきである。というのも、もし仮に予算が成立しないままに新年度を迎えれば、自治体職員は災害に対応したくても、そのための予算的根拠がなくなったからである。もちろん、議会の議決を経ることなく首長の判断で決定を行う専決手段は濫用されてはならない。とはいえ、今後のことについて何も決めないままに議会が自然閉会してしまったことは、災害時における議会のはたす役割について、あらためて考えるきっかけとなった（結局、3月31日に臨時会が開かれ、平成23年（２０１１年）度の当初予算の専決処分が承認された。また復旧予算についても可決された）。

政治とは何であろうか。それはいったい何の役に立つのだろうか。とくにローカルなレベルでの政治は、住民にとってより身近で、実感をもちやすいものであるはずだ。しかしながら現実には、日常生活において地方議会の存在を感じることは少ない。議会広報を除けば、選挙時以外に報道されることも稀《まれ》である。その意味で、震災は逆説的なかたちで、地方議会の存立根拠を再考する出発点になるかもしれない。とくに日本の地方自治体では、国と違い、首長と議会の二元代表制がとられている。首長と議会がそれぞれ直接的に住民によって選ばれることの意味を、私たちはどのように捉えるべきなのか。住民が直接、議会の解散や議員の解職を請求できる制度をどう活用すべきなのか。災害における政治、ではなく、まさに災害を通じて私たちは政治の意味を問い直すべきであろう。

まずはその後の議員の行動をみてみたい。インタビューから明らかになったのは、個別的にみれば、一人ひとりの議員がそれぞれの置かれた場で復旧支援活動を行ったという事実である。

興味深かったのが、支援物資を配るテントで働いた議員の話である。搬入される物資はもちろん被災者のためのものである。とはいえ、当然、被災直後にはスーパーには行けないし、物資もない。そのため、一般の市民にしても、そこに物資があればもっていきたくなるのが人情である。そこで「それは、被災者のためのもので……」といえば、トラブルの種にもなる。とくに市の職員に対しては、「いったい誰の税金で給料をもらっているんだ」などと、感情のはけ口にしやすい。そんなとき、市議会議員は行政と市民の間のクッションとして機能したという。地域社会においては、行政対市民という構図になりがちであるが、ある意味で、地方議員の存在意義は、両者の間に立って交通整理をすることにあるのかもしれない。そう思わせるエピソードであった。

しかしながら、議員個々の支援活動が目立ったということは、合議体の議会としての動きは見られなかったことも意味する。上記のエピソードで議員たちが支援物資にかかわったのも、そもそもは議会担当職員がその部署に配置されたためである。当然、議会として何か活動するにも、手足がないという状況になりやすい。さらにいえば、議会の代表が災害対策本部に加わることで、議員の下に集まる情報を集約するということも期待できたが、今回の震災では、そのような試みはなされなかった。結局、この間に東日本大震災災害対策会議が数回開催されたものの、議会が再開されたのは6月であった。また、他の自治体ではこの時期に復興対策のための特別委員会が設置され、活動を開始しているところも多いのに対し、釜石市議会の場合、特別委員会が設置されたのは9月であった。

そこで、どうしても出てくるのが、災害からの復興対策をつくるにあたって、議会はいったいどのような役割をはたしたのか、またはたすべきであったのか、ということである。たしかに、復興に向けた基本計画の策定は議会の議決事項となり、市役所がその素案を作成する段階で、議会に対して定期的に報告がなされている。その意味で、その都度、議会によるフィードバックはなされたであろう。とはいえ、復興対策に関して、議会はより積極的なアプローチをとることはできなかったのか。例えば、復興対策特別委員会として議会なりの考えをまとめ、復興計画の策定に先立って、市役所側に提案することはできなかったのか（結局、提言書が提出されたのは、２０１３年2月27日であった）。議会の対応が受け身であり、チェック機関としての役割に自己を限定しがちであったという印象は拭《ぬぐ》えない。

もちろん、チェック機関としての役割は重要である。実際、議会において各会派の議員たちは、市長をはじめ市役所関係者に、復興に関する多くの質問をしている。とはいえ、そのような質問とは、いわば議員一人ひとりが執行部に対して投げかけるものである。言い換えれば、それは議員と執行部の関係であって、議員同士の間のものではない。しかしながら、議会とは同時に合議制による意思決定機関である（国と違い、地方自治体には住民によって直接選ばれる意思決定機関が二つある）。それなのに議員の間での議論が十分になされていないとすれば、どういうことなのか。実際、地方議会の運営のほとんどは執行部との質問と答弁であり、議案に対する「討論」の時間はあっても、賛成、反対の意見を交互に、一方的に言っているだけということが多い。その意味では、議会は実は議会本来の役割をはたしていないことになる。

2 地方議会の現状

このように、災害を通じて示された議会の問題点は、それ以前からあった弱点が、非常時において顕在化したものである。それでは、現在の日本の地方議会の弱点とは何か。しばしば指摘されるのが、議員のなり手の問題である。釜石市議会においても、議員の年齢構成は高い。大震災の影響で延期されていた市議選が9月11日に行われたが、「新人」議員3名はすべて60代であった。現状において、議員とは一種の「名誉職」なのかもしれない。すでに職場や地域においてキャリアを積んだ人物が、一線を退いた上でなるというのが一般的なようである。その経験や知見が議会に反映されるという意味で必ずしも悪いわけではないが、より若い、現役世代の声が代表されていないとすれば問題である。何より、地方議会をこれから変革していくという意味で、より若い世代の登場が望まれる。

議員の「名誉職」化の原因として、しばしば指摘されるのが議員報酬である。釜石市議会議員の場合、報酬月額は、31万3０００円である。盛岡市と比べ、ほぼ半分の水準である。少なくはないが、扶養すべき家族のいる議員にとっては、けっして余裕のあるものでないだろう。

議員の数を減らして、一人あたりの待遇を改善することも一つの方策である。とはいえ、国際的な比較において、日本の地方議員の報酬は高すぎるという声もある。例えばフランスの場合、もっとも基礎的な自治体であるコミューンの数が3万を超えるということもあって、その議員の多くは無報酬である。他の職業をもつ議員たちが、夕方など、仕事の時間以外にパートタイム的に集まるのが普通である。その意味では、日本の地方議員の場合、パートタイムとしては高いが、フルタイムとしては安いという、いささか中途半端な待遇が、より若い世代の参入への障壁となっているのかもしれない。

議員のあり方も、しばしば問題視される。すでに述べたように、現実の地方議会は、議員間の討論よりも、個々の議員による質疑や一般質問が中心となっている。議員サイドからの提案はけっして多くない。しかも、議員の関心はどうしても、地域全体のことがらというよりは、議員の居住する町内の問題など、かなり個別的な内容へと向かいがちである。もちろん、議員を通じてそれぞれの地域の情報が行政へと伝えられるのは悪いことはでない。とはいえ、本来、それは議会外でなされるべきことであり、議会本来の役割としては、地域全体にかかわる問題を論じることこそが、その本質であろう。

背景にあるものとして、しばしば指摘されるのが、議員の選挙方法である。現在の地方議会では、原則として単記非移譲式の大選挙区制が採用されている。すなわち複数の定数の選挙区で、投票者は一人の候補者に対して投票し、単純に得票の多い候補者から当選する仕組みになっている。結果として議員は、特定の地域や業界といった、かなり限定された範囲の支持を得ることで当選する。そのような議員にとって、自らの支持者に対し、その代表者として活躍している姿をアピールすることに関心が向かいがちなのも、無理からぬものがある。とはいえ、それでは個別の議員が議会という場で「陳情」しているのと、変わらないことになる。その意味で、議会を真に合議の場とするために、選挙方法を含め、制度的な改善の余地が大きい。

もちろん、地方議会のこのような問題点については、すでに多くの指摘がなされている。実際、議会による自己改革の試みとして、いわゆる議会基本条例を作る自治体も増えている。議会基本条例とは、2006年に北海道の栗山町《くりやまちょう》で始められた試みであり、議員間の討論、住民との情報共有、住民参加の手続き等を定めたものである。自治体議会改革フォーラムの調査によれば、2012年の末の時点で、371の条例が制定されている。アンケート結果によれば、2013年中には571条例（全自治体の36・5パーセント）にまで増えているはずである（廣瀬克哉・自治体議会改革フォーラム編 2013）。単に条例を作るだけではなく、早くもその修正や見直しを行っている自治体もあるという。

このアンケート調査から釜石市議会の現状をみてみよう。「議会基本条例の制定を予定していますか?」の問いに対しては「現時点では制定の予定はない」が、その回答である。

また「2012年1月1日～12月31日の間に、本会議または委員会で、首長提出案の審査を行う際に、議員間で議論を尽くして合意形成に努めるための「議員間の討議（自由討議）」を行いましたか？」の問いに対しても、「行われなかった」と返答している。さらに、「2012年1月1日～12月31日の間に、議員個人・会派主催ではなく、議会や委員会主催の意見交換会、懇談会、議会報告会等、議会として市民と直接対話する機会は、何回ありましたか？」に対しても、「0（ゼロ）」と答えている。残念ながら、これらの回答からみる限り、釜石市議会が全国の議会改革の先頭を走っているとはいえないようである。

もちろん、議員に問題意識が欠けているわけではない。例えば、小鯖利弘《こさばとしひろ》議員は次のようにいう。

だから、いままで小さな発言というほどじゃないけど、どうしても自分たちの町内会のことを質問として出す人がいたわけです。そういうことじゃないだろうなという。それも大切かもしれないけれども、議場のなかで考えていくということは、もっと違う目線から見ていかなければならないだろうなというか、足元目線ではだめなんだろうなと。広域をしっかり見渡せるような、これからの釜石の10年後、20年後、30年後をどのような町に導くかということを、大所高所で考えていかなければならないだろうなと。

小鯖議員は、具体的にはスポーツや文化施設などを3市2町（釜石、大船渡《おおふなと》、陸前高田《りくぜんたかた》、大槌《おおつち》、住田《すみた》）で建設することを考えている。少子高齢化が進む今日、すべての自治体があらゆる施設を自前でもつのは難しい。むしろ地域で連携した方が住民一人あたりの負担も軽くなるし、施設の有効利用も図られる。「共有して使えるものは共有したほうがいい」は、応用可能性の広い言葉であろう。

はたして、地域における「政治」は、本当にその町の「10年後、20年後、30年後」を構想していけるのだろうか。3・11をへて、あらためて地域における「政治」の未来像を構想することはできないのか。地域の復興は、「政治」の復興にかかっている。

3　地域の復興と「政治」の未来像

今回、釜石で多くの方から話をうかがい、ヒントとなるアイディアをいくつも得ることができた。例えば、一般社団法人鵜住居《うのすまい》まちづくりセンター代表理事の小野寺有一《おのでらゆういち》氏は、「やっぱり、自分の仕事の領域を増やすべきじゃないか」と指摘する。伝統的な社会において、人々は多くのことを自給自足、すなわち自分自身や家族の力によってまかなってきた。これに対し、近代社会になるにつれ、人は対価を払うことで、多くの仕事を他人に委ねるようになる。これはもちろん、分業による効率化という意味で重要な意義をもっている。とはいえ、それが行き過ぎればどうなるか。自分で草を刈ればただで済むものを誰かに委ね、その結果、支払い負担にあえいでいるのが現状ではないかと、小野寺氏はいう。まちづくりにしても同様で、住民は本来、自分たちでなすべきことまで市役所に委ねてしまっているのではないか。そして市役所もまた、国で用意されたメニューからしか発想しなくなっているという意味では、国に仕事を委ねてしまっている。「市民が市役所に全部やってもらおうと思っていたことを、市役所は国に全部やってもらいたいというのを、俺たちがやるからできるようにしてくれと言うことが、必要なんじゃないか」という小野寺氏の言葉は、自治の本来のあり方を思い起こさせてくれるだろう。

自治とは本来、地域づくりの理念や方向性を市民自らが決めて、自らの手で実現していくことを指すはずだ。その際に肝心なのは、市民が自分たちでできることを、自分たちの権限と責任で実現することである。その上ではじめて、市民ができないことを行政に委ねるという話も出てくる。まずは、市民に一番近い市町村でやり、市町村にできないことは都道府県がやる。都道府県にもできないことがあれば、そのときようやく国の出番となる。これが本書の第6章で塩沢《しおざわ》がいう、補完性の原理であろう。昨今の行政改革の議論では、「もはや財政難ゆえに行政ができないので、住民にやってもらう」といった話も出てくるが、これは本末転倒な話といわざるをえない。

千葉県我孫子《あびこ》市長であった福嶋浩彦《ふくしまひろひこ》氏は「分権の本来の意味は、主権者である市民が権限を国と自治体に分けて与えることだと考えます」（福嶋　２０１４、22頁）という。国政と違い、地方レベルでは住民によるリコールや解散の制度があるが、これも「すべての決定を首長と議員が行うのではなく、いざとなったら市民が直接決定できるよう、直接民主制をベースに置きつつ間接民主制を入れて、両方を並立させ」（福嶋　２０１４、27頁）るための仕組みである。「行政ができないことを市民がやるのではなく、市民ができないことを行政にやらせるのです」（福嶋　２０１４、13頁）は至言であろう。

とはいっても、市民の側としてはどのように行動を開始すべきであろうか。重要な示唆を与えてくれるのが、二人の釜石市民の声である。まずは震災後、『復興釜石新聞』を立ち上げた編集人の川向修一《かわむかいしゅういち》氏の声を聞いてみよう。震災時、『岩手東海新聞』の記者であった川向氏は、同社が社員の死亡と輪転機の水没により存続不能になった際、残された記者仲間とともに、新たな新聞を開始する決意をする。盛岡タイムス社による印刷支援を受けたものの、ほとんどゼロからの再出発であった。なぜ、川向氏はそのような試みに着手したのだろうか。意外なことに、氏は「自分が弱いから」だと答える。「逃げられない」と思ったのだという。これはいったいどういうことだろうか。

川向氏によれば、震災直後にまず思ったのは「会社はもう無理だろう」ということだった。同時に自らの記者人生も終わりを迎えたと感じたという。実際、元の会社の社員は全員解雇されてしまう。そのような状況で川向氏は、たまたま地域の合唱活動で縁のあった盛岡タイムス社の関係者から「印刷の方は手伝うよ。やってみんか」と声をかけられることになる。さらには、高校の同級生である釜石市の野田武則《のだたけのり》市長からも、「とにかく地域の新聞を残してくれ」という依頼を受ける。そのとき川向氏は、自分が多様な結びつきの結節点にいることに気づくことになる。そして自分がそのような立場にあることから「逃げられない」ということを感じたという。結果として川向氏は、たった2名の記者で週2回の新聞発行を決意したのである。

ある意味で、川向氏は、自分にその能力があると感じてこの仕事を始めたわけではない。ただ、自分がやらなければこの仕事は誰にもできない、そうであれば成算があるわけではないが、逃げるわけにもいかない。このような思いが、氏のいう「自分が弱い」という表現の内容であろう。自分は弱いが、その自分がやらなければ地域において重要な営みが途絶えてしまう。このような思いに突き動かされて、災害後に新たな活動を始めた人はけっして少なくないはずだ。自分は弱いが、弱いがゆえに人とつながる。そのつながりのなかで自分のはたすべき仕事や、自分の「持ち場」を確認する。このような発想は、災害後における地域づくりにおいて、一つのモデルとなりうるだろう。

もう一人は、震災時には旅館の宝来館《ほうらいかん》で働きながら市民団体「小さな風」の代表をつとめ、その後「三陸ひとつなぎ自然学校」を設立した伊藤《いとう》聡《さとし》氏である。伊藤氏が最初に手をつけたのは浜辺の松林の清掃活動であったが、そのとき行政はいわば停止状態にあったという。このことは逆説的に

だから何でもできちゃったみたいな感じはあるかな、私の場合は。だって松林清掃だって無許可ですからね。はまなすだって、勝手に植えちゃいましたからね。一応、言ったんですよ、そうしたら、「いいと思うことはやって下さい」みたいな（中略）。ある意味では特区状態ですよね。

ある意味で、伊藤氏が言うのは、レベッカ・ソルニットの「災害ユートピア」に近いのかもしれない。ソルニットによれば、巨大災害時には、通常の行政システムが停止するが、そのとき市民の間には、自発的で自生的な相互扶助活動が生まれるという。一般には災害時に略奪や暴動が起きるとされるが、過去からの事例を検証すれば、むしろその逆であることがわかるとソルニットは指摘する。ある意味で、3・11後の被災地においても、同様

の事態が発生したのかもしれない。伊藤氏たちは、自らの判断で活動の範囲を広げていった。

もちろん、やがて行政は通常状態に復帰する。

必要だと思われることはやりたいですけれども、逆に普通にもどっていかなきゃいけないと思うので、そこは普通に行政に声かけして、「こういうことをやりたいんだけど、許可もらえますか」。

とか、

「一緒にやりませんか」とか、「アドバイスもらえませんか」とか。逆に、意味がなくても言ったほうがいいんじゃないかなと思っているほうですね。

という伊藤氏は、柔軟に行政との関係を構築していったようだ。行政に依存するわけでも、逆に行政に反発するのでもない。行政にできることと、市民が自ら行うべきこととを巧みに調整していった様子が、伊藤氏の発言からは感じられる。これもまた、市民と行政のあるべき未来像を示唆するものであろう。私たちの考えるべき「政治」の姿のヒントもここにあるはずだ。

最後に、いささか独自の視点から釜石の復興の現実を捉えたある人物の発言をとりあげてみたい。この人物とは釜石市の副市長をつとめた嶋田賢和《しまだよしかず》氏である。嶋田氏は震災まで釜石市とは何の縁もなかった財務官僚である。当時まだ30歳にならなかった氏は、財務省で一次補正予算作成に携わった後、「現場で自分も役に立てるんじゃないか」と思い立ち、前例もあまりないなか、単身釜石市役所に赴任した。そこで氏が目にしたのは、市民と行政の衝突、市民と市民の衝突の実態であった。

例えば、こんなシーンである。

（市長は）復興計画を持って集落に入れば、釜石の未来についてみんなで議論が行われるはずだと期待している。でも、住民は、必ずしもみな復興計画に興味があるわけではなく、日々の生活再建で手一杯。そういうギャップに、職員などの関係者が挟まれていきます。住民説明会で復興のビジョンや釜石の街のありようについて問題提起をすると、「そんなのはどうでもいいから、早く土地の値段を示せ」という野次が飛んできます。

ここにはたしかに災害復興と「政治」の難しい関係があるのかもしれない。復興にあたって、住民自治や民主主義は間違いなく重要である。しかしながら、住民一人ひとりにとっては、町全体の将来という以前に、自分の土地や家がどうなるかが死活的に重要である。結果として、住民からは「復興計画の作成にあたって、住民の声が十分に反映されていない」という声があがる一方、行政にすれば「復興計画について住民に意見を求めても、論点がすれ違ってしまい、住民のばらばらの意見をなかなかまとめられない」という戸惑いも出ることになる。

おそらくここで重要なのは「翻訳能力」なのではないかと嶋田氏はいう。住民と行政、あるいは行政内部、住民と住民との間で「嚙み合っていない議論を整理すること」の重要性を氏は感じたという。外からやってきて、しかも若くて柔軟な嶋田氏は、まさにそのような翻訳能力を発揮することになる。おそらくは本章の冒頭で述べた地方議会の役割も、そのような「翻訳機能」にあるのかもしれない。人々の多様な利害や思いを受け止め、集約する際、前提や関心の違いによるかみ合わない主張同士の接点を見出し、専門的な行政の制度や規則も踏まえたうえで調整し、実行する。そのような大きな意味での「翻訳機能」こそが、災害復興の途上にある地域はもちろん、それ以外のすべての日本の自治体において求められているはずだ。そこにこそ、私たちが今後の「政治」を考える上での大きなヒントがあるように思われてならない。

参考文献

ソルニット、レベッカ（２０１０）『災害ユートピア――なぜそのとき特別な共同体が立ち上がるのか』高月園子訳、亜紀書房。

廣瀬克哉・自治体議会改革フォーラム編（２０１３）『議会改革白書　２０１３年版』生活社。

福嶋浩彦（２０１４）『市民自治――みんなの意思で行政を動かし自らの手で地域をつくる』ディスカヴァー携書。

第8章

発災から避難所閉鎖までの5か月間の市民と市職員の奮闘

吉野 英岐

1 発災から5か月間をどう乗り切ったのか

釜石市は東日本大震災以前から津波から生命を守る防災行政と訓練に力をいれてきた。しかし、今回の津波は訓練を超えた規模の災害となってしまった。訓練であれば終了後は自宅に戻れるが、今回は発災直後から避難した場所で、命をつなぐ奮闘が続けられていた。長期にわたる避難生活は訓練をこえた事態であり、応急仮設住宅が完成し、入居するまでの5か月間は市民と行政職員の協力や葛藤、助け合いや行き違いが生じた時期であった。

今回の災害では、発災直後の停電と津波による通信インフラの損壊により、情報が途絶し、行政の指揮命令系統が機能しなかった。訓練で想定してきた対応はできなくなり、避難生活は偶然居合わせた市民と行政職員らによる努力の積み重ねのなかで営まれた。そこには必然的に市民側のリーダーが生まれ、リーダーの統率のもとに2週間~5か月間の格闘がみられた。また、行政職員も偶然居合わせた状況であっても、リーダーを期待され、また自覚的にリーダーとしての役割を果たすケースも多かった。自らもまた被災者である行政職員は本来の職務や持ち場を超えて、被災後の市民の命を守った。そして避難所の支援業務に従事しながらも震災後の復興業務の面でリーダーシップを発揮した行政職員もいた。

本章では津波発生から緊急避難を経て避難所での生活が終わる5か月間に、避難所に居合わせた行政職員、避難した市民、そして避難所の支援業務から復興業務へ移行していった行政職員がどのように行動したのかを、おもに避難生活に焦点をあてて検証していく。

2 市民と市職員の共同作業による指定避難所の運営

釜石市の中心市街地にある大渡町《おおわたりちょう》の町内会長である荻野哲郎《おぎのてつろう》氏は、大きな揺れを感じた。すぐさま津波の襲来を予感し、急いで高台にある釜石市指定避難所の釜石小学校に避難した。荻野氏は大渡町の自主防災会の会長である。大渡町内会は平成7年（1995年）に市内で最も早く町内会をもとに自主防災会を組織して、避難訓練を繰り返してきた。その経験からいち早く避難した町内会員も多く、迅速な避難行動が多くの命を救った。しかし、訓練であれば、訓練終了後は自宅に戻れるが、押し寄せた津波で自宅や商店が流され、街路は瓦礫《がれき》で埋まり、荻野氏たちは長期にわたる釜石小学校での避難生活を余儀なくされた。

市職員で釜石地区生活応援センター所長であった佐々木亨《ささきとおる》氏は震災発災時、市民文化会館での福祉関連の研修会に出席していた。立っていられないほどの強い揺れのため、研修会は打ち切りになった。佐々木氏は強い揺れから津波がくることを想定し、いったんのぞみ病院の入っている建物の職場に戻った。そこで、指定避難所となっている釜石小学校へ避難する人が少ないことに気付き、市民を誘導しつつ、自らも歩いて5分ほどの釜石小学校へ向かった。小学校にはすでに多くの市民が避難していた。佐々木氏が車で避難してきた市民に、駐車位置の案内をしていた時、大津波が襲来した。高台にある小学校の敷地は無事だったが、周囲は大量の瓦礫が押し寄せ、小学校から市役所に戻ることはできなかった。

町内会長の荻野氏と市職員の佐々木氏は、互いによく知っている間柄ではあったが、たまた居合わせた形で、避難所で一緒になった。荻野氏と佐々木氏、そして釜石小学校の校長と副校長は協力して避難所の運営を進める決断をし、それぞれがリーダーとなった。避難所の運営にかかわる決定は佐々木氏と荻野氏の二人で相談して決め、教職員の配置や学校の備品や消耗品の利用などは校長が担当した。訓練と違って事前に決めてあった避難所担当の市職員はおらず、市の災害対策本部から来るはずの指示もない中での運営であった。

避難所には続々と避難者が入ってきた。地元の住民ばかりでなく、鵜住居《うのすまい》方面から来た避難者も多かった。まず校舎1階の教室と体育館を避難者に割り当て、学校側からの要請で2階以上は学校用のスペースとした。当日夜に市職員（看護師）が「すくすく親子教室」の子どもたちを連れて避難し、さらに2人の市職員が到着して、市職員は4名になった。看護師である職員の提案で、体調や気分がすぐれない人々のために別教室を用意し、病気の拡大を予防した。看護師がいたことでこうした部屋割りができたと佐々木氏は振り返った。

ほとんどの人は着の身着のままで避難したので、夜に入ると電気・暖房のほか食料、水、毛布の確保が必要であった。一帯は停電し、流れ着いた大量の瓦礫が道路を寸断し、物資を運び入れることはできなかった。荻野氏が率いる自主防災会は学校敷地内の自主防災会の倉庫にあった毛布100枚、発電機、リヤカー、担架、炊き出し道具、ヘルメット、テントを運び出した。ただ、避難者の数は600~700人に達し、100枚の毛布では到底、足りなかった。そこで毛布は65歳以上の高齢者と子どもたちにだけ配布するという判断を下した。

荻野氏と佐々木氏は職員室ではなく、小学校の玄関のわきの給食を出し入れするスペースに運営本部を設置し、その後の取材も本部で一元的に対応した。本部の仕事としてまず避難者の氏名や人数の確認作業を始めた。自主防災会の会員が避難者に短冊を渡して、名前を書いてもらって、掲示した地区(丁目)のところに貼ってもらった。また校長の申し出で黄色いリボンをつくり、それを避難者につけてもらい、小学校に避難していることがわかるようにした。また自主防災会の役員はネームプレートをつけるようにした。さらに佐々木氏の提案で教室ごとに班を編成した。体育館は人数が多いため、三つの班に分けて、それぞれ班長と副班長を決め、班長・副班長の氏名が入った組織図を作成して張り出した。

このようにして8月まで5か月にわたる避難所の運営が始まった。当初は現場にいる荻野氏と佐々木氏が陣頭指揮で運営を行っていたが、5月中旬からは、生活応援センターが、管内に開設された避難所に対して担当職員を配備して、面倒をみるようになった。佐々木氏は釜石地区生活応援センター長であったため、釜石小学校に常駐する一方で、日中は管内の避難所や避難生活の拠点をまわり、避難者の話を聞く作業が増えていった。同時にデスクワークも増え、それまで避難所内での出来事や運営を気にかけながら行ってきた事務作業を、集中して進めることが次第に難しくなっていった。それでも佐々木氏は6月10日に人事異動で地域福祉課長になるまで、避難所にとどまり行政側のリーダーとして避難所の運営を主導した。佐々木氏は、

　自己判断で、その場（にいる人間）で相談してやったほうが現実的でした。

と振り返る。また、行政側の支援や統率について、

　ただ人数がいただけでは駄目なんですよ。何をやるべきかという判断（が大事）だと思いますね。

と述べている。

　荻野氏は家族が親戚宅を経て民間アパートに住居を定めた後も、引き続き避難所で寝泊りしながら市民側のリーダーを務めていた。荻野氏が気持ちのうえで区切りがついたのも

6月であった。小学校の通常の授業が始まり、子どもたちの運動の場を確保する観点から、説得の上で、体育館にいた避難者の教室への移動を実施し、体育館を6月1日に開放した。さらに、このころから仮設住宅の入居が始まり、入居先が決まった避難者は小学校から退去し始めた。次第に避難者の数が減ってきたが、なかには入居先が決まった場合でも避難所を去りがたいケースもあった。荻野氏は避難所閉鎖を決めた市の方針を受け入れ、8月10日に避難所は閉鎖された。8月10日の時点で18名が残っていたが、荻野氏は避難者に方針を説明して移転を理解してもらい、この日をもって釜石小学校の避難所は閉鎖された。

3　市民による自主避難と避難所の運営

釜石市根浜《ねばま》の町内会の顧問の佐々木虎男《ささきとらお》氏は、若いころに遠洋漁業に従事した後、新日鐵《しんにってつ》釜石製鉄所の協力会社の社員、釜石東部漁協の監視船の船長を経て、退職後はグリーンツーリズムの案内人として海の仕事に長年かかわってきた。佐々木氏は震災時に鵜住居町内の知人宅にいたが、揺れを感じ、大急ぎで根浜の自宅に乗用車で戻った。そして自宅にいた妻を裏山の高台に避難させ、自分は海岸近くで海の様子をうかがっていた。大津波が近づいてくるのが見えたので、佐々木氏は車から降りて、海岸から近い鉄筋4階建の宿泊施設（宝来館《ほうらいかん》）の方向に一目散に走った。佐々木氏が宝来館の階段を駆け上り、3階までたどりついた時、津波が2階半まで押し寄せ、建物の内部はめちゃめちゃになった。

集落の避難者は高台で一夜を明かし、翌朝、波がひいた海岸まで降りた。すでに家屋は流され、道路には瓦礫が積み重なっていた。避難者はこの日から3階から上が使用可能であった宝来館を避難生活の拠点にした。震災から3日後に自衛隊が到着し、支援物資が届くようになった後も、移動が難しいため、避難者は当面は、宝来館で避難生活を続けることを選択した。その後も宝来館には市役所から人員派遣はなく、避難者たちによる自主的な避難生活が続いた。

避難者は発電機を使って電燈を灯し、流木で火を焚き、宝来館にあった宿泊客用の食材を食べた。被災7日目に花巻農協が米を届けてくれたことで、食料の不安は解消された。飲料水・生活用水は当初は宝来館の大浴場の水を活用したが、避難4日目からは近所の沢水を利用し、十分な量の水を確保することができた。避難者は多い時で70名ほどに達したが、みんなで瓦礫を移動させるなど、協力して避難生活を送った。佐々木氏は遠洋漁業の船中での体験をもとに、生活のためになる材料を探し、流木で仮設トイレを作ったりするなど、自らできることを率先して行った。

被災から15日目の3月26日に、再度の津波の被害にあう危険があるので移動してほしいという市役所からの要請を受けて、避難者は別の場所の指定避難所や、内陸部の宿泊施設に移動した。行政からの支援を受けずに、被災者自身が生活を切り盛りした半月にわたる避難生活はこうして終止符が打たれた。

釜石市片岸町《かたぎしちょう》の柏崎龍太郎《かしわざきりゅうたろう》氏は、震災時に片岸町の自宅にいた。柏崎氏は新日鐵釜石製鉄所を退職後、観光ボランティアや郷土史に詳しい地域のリーダーとして活躍し、町内会の顧問を務めていた。柏崎氏は揺れが大きいことから津波の襲来を直感し、高台にある避難用の集会所に避難したが、当初は「津波は来るには来るだろうが、2時間半ほどで収束する」と考えていた。しかし、高台から見た現実の光景は10メートルを超える津波が堤防を越えて自宅や集落を飲み込んでいく姿であった。一定規模の津波にも耐えられるように鉄筋鉄骨造りで建て替えた自宅が流されていく様子をみながら、柏崎氏は今回の津波が尋常な規模でないことを感じていた。

柏崎氏は裏山の露天の一次避難所に家族や近隣の方々と避難した後、ストーブのある近くの農機具格納施設に移動した。ストーブを囲んで10名程度が最初の一夜を明かした。しかし、格納施設は手狭なため、柏崎氏は地区内の高台にある介護施設と交渉して、年配の被災者を収容してもらった。夜が明けても、行政からの指示や支援がないので、避難者は自らの判断で食料や物資を確保することにした。12日に柏崎氏と2名の避難者はディーゼル車を確保して、遠野《とおの》方面へ食料の調達にでかけた。訪問先の農家から米30キロを3袋わけてもらい、次いで水沢《みずさわ》方面へ出て、野菜などとともに運搬用の軽トラまで借りることができた。柏崎氏は、

その時、僕らは自分たち自身がめげていたらだめだと。とにかく自分たちでできる行動をとろうという気持ちが、ものすごく強かった。

と振り返った。

13日の夕方に山火事の危険も迫ってきたことから、消防団の勧めもあり、指定避難所ではない上栗林《かみくりばやし》集会所に移動した。柏崎氏は避難者の自主組織の責任者になり、事務局を設置し、避難者の名簿を作成した。物資の受取担当、衛生担当、食事担当など、いち早く班編成を確立し、秩序と規律のある避難生活をおくる基礎を築いた。厨房設備があることから女性陣には食事の準備を、男性陣には瓦礫撤去などの仕事を割り振った。山火事の危険が迫ったこともあり、集会所には最大時で70世帯、153名が避難していた。その後は自宅に戻る人もいて、100名ほどが避難所にとどまった。食事担当は女性たちの意見をいれて2班編成として、交互に食事作りを担当した。水は地下水が使用可能であり、電気

は栗林の上流にある水力発電所がいち早く復旧し、そこから送電ができたので、どこよりも早く3月15日に復旧した。そして起床から就寝までのタイムスケジュールを決めて、規則正しい生活を送るようにした。特に朝のラジオ体操には県外から応援にきた警察官も一緒に行った。警察官には誕生会や夜のミーティングにも入ってもらい、信頼関係を築いた。

柏崎氏は自宅に戻った住民も含めて町内会の全会員の安否確認にもいち早く取り組み、全世帯全住民の安否と避難先を明記した名簿も作成した。また自宅にもどった人を対象に、避難施設にある支援物資などを配給した。3月25日には片岸地区災害復興対策協議会をつくり、男性陣が瓦礫撤去作業を行う際に、重機などを使う場合に報酬がでる仕組みをつくり、その報酬をほかの作業にあたった人々に分配する方式をつくり上げた。

自主避難所は開設から約3か月後の6月20日に閉鎖の日を迎えた。そして地元の方々を対象に22日に感謝デーを開催し、残余の支援物資を地元に寄付した。柏崎氏は23日にすべてを見届けて避難所をでて仮設住宅に移った。行政が機能マヒに陥ったなかで、住民リーダーが避難所を運営していった現実がそこにあった。柏崎氏は、

今後、避難所の運営というのは、行政はサポート役にまわって、その運営は、その地域の特性を入れてやったら、皆の意識は随分違うんじゃないかなと。これが今の私の実感

です。

と述べている。

4　避難所支援から復興業務へ移行した行政職員

釜石市役所の40歳代の男性職員は、地震発生の時には業務で市内の唐丹町《とうにちょう》から中心部に戻る公用車を運転していた。地震の揺れが大きく、不安を抱えていたが、急いで公用車で市役所第4庁舎まで戻った。公用車を駐車場に置き、庁舎内に一時入り、外に出た後に、「津波がくるぞ」という声があり、より高台にある天神町《てんじんちょう》の旧釜石一中（以後、旧一中と表記）へ移動した。その途中、職員は歩道橋付近で海から津波が襲来するのを目撃した。なんとか旧一中に避難はしたが、周囲は瓦礫が散乱し、庁舎に戻ることもできなくなってしまった。津波の再襲来に備えてさらに高台への避難誘導をした後、職員は旧一中に戻り、体育館に入った避難者の支援作業に取り組んだ。

その日の夜、男性職員は誰からの指示かはわからないが、無事だった自家用車で、鵜住居方面からトンネルをつたって避難してくる児童生徒を運んだ。配偶者と子どもの安否については、幸いにして震災当日に無事が判明したが、漁村地域にある自宅の両親の安否については確認が取れなかった。震災当日、大槌町《おおつちちょう》在住の同僚職員と山道を伝って大槌町方面へ向かったが、瓦礫で道をふさがれてしまい、根浜から先へ進むことができなかった。その晩は旧一中に戻り、校庭の焚き火で暖を取りながら車の中で一夜を過ごした。

3日目の夜に同僚と再度大槌町方面に向かった。山火事の炎が見え、職員の自宅にも、大槌町にも行くことはできなかった。その後、箱崎《はこざき》地区の避難所担当の職員が旧一中に来たときに、その職員を車に乗せて箱崎に戻す途中に自宅のある地域を経由し、震災から3日後の深夜に、自宅のある地域で被災を免れた個人宅に避難している両親の無事を確認した。そこに一泊し、翌朝、地域の人を乗せて旧一中に戻った。

災害時にはそれぞれ部や課が担当する業務を決めてあったが、最初のうちは事前に決めていた分担どおりには機能しなかった。職員は数日間、旧一中で支援物資の搬入作業に従事していた。しかし全体にうまく仕事がまわらないため、改めて部や課別に担当する業務を決めて、支援作業にあたるようになった。所属課の職員は課長以下まとまっていたので、一つのチームになって、決められた避難所をまわって物資を届けるなどの支援業務をするようになった。1回だけだったが遺体搬送も行った。このころは第4庁舎の2階で寝泊りしていた。3月30日からは市役所対策本部からの指示で、同じ課の職員はまとまってシープラザで支援物資の配分業務を担った。避難所への支援物資の運送では、瓦礫があるところは自衛隊が担当したが、比較的行きやすいところはヤマト運輸の職員と配送者がボランティアの形で手伝ってくれることもあった。

そこで5月半ばまで物資の配分業務に従事していたが、その業務は別の課が担当することになり、職員は市役所第4庁舎にもどり、被災地の視察や訪問を希望する外部からの問い合わせに応える業務に徐々に取り組むようになった。職員は天神町の職員アパートでほかの職員と共同で寝泊りしていたが、6月に内陸部の松倉《まつくら》の民間アパート（みなし仮設）に入った。職員は何度も仮設住宅に申し込みをしたが抽選ではずれ、結局、民間アパートにはいることを選択したが、住居が決まったことでようやく一区切りついたと感じた。こうして業務と住居が決まり、生活が落ち着いてきたのは6月になってからであった。職員は震災後の業務のなかで、リーダーシップの重要性を痛感した。その場その場で状況を判断し、部下や職員に指示をだせる人がいるかどうかが、決定的に大きいと感じた。

震災時、釜石市総合政策課長であった新張英明《にいばりひであき》氏は市議会の議場にいた。市議会本会議が開会中であり、釜石市の幹部職員のほとんどは市役所3階の議場にいた。新張氏もその一人であった。新張氏は釜石市の新総合計画を議会で説明する予定であったが、地震が発生し、揺れが大きくなっていくにつれて、議会は中断し、散会となった。その時点でそれまで血汁を注いできた総合計画が宙に浮いてしまった。その後、市の復興計画の舵取りを担うことになることは、新張氏自身も想像できなかった。

新張氏は2階の総合政策課にもどり、作業服に着替えて、緊急対応の準備を始めていた。その後、大津波が市街地に押し寄せる光景を、新張氏は多くの職員や議員とともに避難した屋上から目撃した。市街地は流れついた瓦礫が山積し、市役所から市街地に降りることは不可能だった。市役所自体も地下部分が浸水し、地下にあった情報通信設備（サーバー）は水没し機能が果たせなくなってしまった。新張氏は市役所に近い旧一中に向かった。すでに多くの避難者が避難していたが、電気、水道が止まったため、新張氏も居合わせた市職員と避難所の設営や環境整備にあたった。夜は市役所の課の部屋で椅子にすわったまま睡眠をとる日が続き、内陸部の釜石市小川《こがわ》の自宅に戻れたのは、震災から1週間がすぎてからであった。

新張氏はその後、JR釜石駅に隣接するシープラザに設置された市対策本部に詰め、救援物資の配分作業などを担当した。総合政策課は当面の間、本来の業務ができなくなり、課員は別々に災害対策本部での業務、市内各地の避難所の運営、避難物資の配送作業にあたった。新張氏も総合政策課長としての業務ではなく、一職員として作業に従事していた。そうしているうちに4月に野田武則《のだたけのり》釜石市長から復興のメッセージをだすことが決まり、その段取りを総合政策課が担当することになった。市長のメッセージは「屈せず、弛《たゆ》まず」と決まり、そのメッセージの発表と共に総合政策課は復興計画を策定する担当課となった。

新張氏は総合政策課長として市の復興にむけた全体計画と21の被災地区ごとの計画を策定する作業を指揮し、復興にむけたリーダーシップをとり、12月に計画が策定されるまで各方面との調整作業や計画内容の確認など、復興の青写真づくりに奔走する日々が続いた。

5　苦難を乗り越えられた要因と今後の課題

今回の事例で取り上げた例も含めて、市職員は地震発生後に所属課の事務室にいったん戻り、その後、職場周辺の高台や避難所に市民を誘導し、自分自身も避難を始めたところで津波に遭遇した。その結果、あらかじめ決めておいた災害時の配置とは異なり、津波来襲時にいた場所が震災後の持ち場になった。自らの家族の安否の確認もままならないなか、その場で避難者の支援業務にあたり、後に家族の安否確認ができた場合でも、自分の家族の対応より、市民の支援を優先していた。

一方、避難訓練や防災教育に関わってきた市民は、指定された避難所にいち早く避難した。そして、当初は、備蓄品や物資が行き渡らないなかで避難生活が始まった。本章では、居合わせた行政職員や学校の教員と協力して難局を乗り切った事例と市民だけしかいない状況で、これまでの経験や知恵を活かして苦難を乗り切った事例を紹介した。いずれの場合も、行政の指揮命令系統が機能せず、現場でのその場その場の判断が優先し、市民と市職員が自らの判断で行動していくしかなかった。そこでは、経験を積んだ市民と職員がリーダーとして、避難した住民を統率し、秩序ある避難行動を指揮した例もあった。

行政からの指示がないなかで運営がうまくいった要因としては、リーダーたちが自ら率先して動く行動力、全体をみる判断力、そして、生き抜いていくという気力をもっていたことがあげられる。それは市民にも行政職員にもいえることだが、避難している市民自身の力によるところが大きかったと思われる。住民リーダーたちはそれぞれの人生のなかで経験知や生活技術を培ってきた。避難訓練や備蓄といった日ごろの災害対策が生きたケースや、遠洋漁業で長い間漁船に乗り組んでいた経験から、いざという時にやるべきことに適切に取り組んで難局を乗り切ったケースがみられた。彼らの多くは地域住民組織（自治会や町内会）の役員であり、日ごろから周囲の人望も厚かったといえる。

行政職員は市民リーダーの力を尊重しつつ、要所要所でともに判断をすることに徹したことが、スムーズな避難所運営をもたらした要因と考えられる。特に市民リーダーと行政職員が互いによく知っている場合は協力して、臨機応変に担当する業務をわけて対応した。また保健師のような専門職員が健康管理の面から、避難スペースを分離することを提案し、実施するなど、専門知識を生かした例もあった。

ただ、最初の時点で行政職員が避難所にいなかった場合は、信頼関係を築きにくかったケースもある。ともに苦難を乗り切ったという共通体験の有無がその後の市民と行政の関係に大きく影響したようである。また行政職員の中には避難所の支援を行いつつも、より広域の活動に従事したり、復興を念頭においた作業に市民よりも早く取り組むため、早い場合で4月、多くは6月ごろから避難所の支援業務を離れて、別の業務をするようになったケースもある。自らや家族が被災しながらも、気持ちを切り替えて、被災後の現実に立ち向かっていくことが新たに求められていた。

震災を乗り切ったこうした体験を、今後の震災対応に役立てていくことが重要である。聞き取りを通じて、厳しい状況でも希望を捨てずに、協力して難局を乗り越えることが可能であることが明らかになった。現場が混乱し、情報が途絶した時に、市民と市職員がどうやって避難者の命を救い、避難生活を維持してきたのだろうか。公式な記録はほとんど残っていないが、今回の聞き取りでは、市民自身のリーダーシップとともに、所属する部署や職務範囲を超えて奮闘する市職員の役割が大きかったことが明らかになった。市職員に過剰な期待や役割を求めることには慎重であるべきだが、市民と市職員の共同作業を可能にする意思疎通を日ごろから図っておくことも大切である。

第9章

「住まいの見通し」はなぜ語りづらいのか

西野 淑美

1 理不尽な問い

外の人に問われる「住まい」

東京から来たボランティアの人に、「なんでそんな危ないところに住むんですか」って言われたことがあるんですよ。多分こういう海のそばにいない人は、だったら引っ越せばいいじゃないと思うんじゃないですかね。でも、引っ越せばいいということではないんですよね。

なぜここに住むのか。平常時ならば問われることもない問いだが、釜石市の沿岸部に住むその方に向かって外部の人は思わず口にしてしまった。問われた方は戸惑う。

そもそも配慮に欠けているが、それ以前にどうもピントが外れている。悪気はないのだろう。でもどう答えたらいいものか。

東日本大震災後に岩手県釜石市で聞き取りを続けてきたが、被災地の外からは想像力が及ばないことがたくさんある。被災した方に負荷をかけるこんな噛《か》み合わないやりとりが、無数に起こっているのではないか。自戒の念を込めて思う。

しかし一方で、被災した方々自身も、自分がこれからどこにどのように住みたいかわからない、答えようがない、との思いを持っているのではないかとも感じる。聞き取りで一番の気がかりを尋ねるたびに、多くの人が「これからの住むところ」と答えて表情を曇らせる。どこから語ればいいものか、考えあぐねているように見える。外の人に理解されず、自身も答えが見つからない、二重のもどかしさ。「住まいの見通し」を語ってもらうことは、なぜそんなに難しいのだろうか。

筆者の失敗例から話したい。震災前からお世話になって何度も訪ねていた釜石に、東日本大震災後初めて訪れたのは2011年4月下旬だった。平田《へいた》地区と鵜住居《うのすまい》地区の、市の生活応援センターを訪ねた。平田では旧釜石商業高校の体育館の避難所内に、鵜住居では津波を免れた高台に設置されたコンテナボックスに、それぞれ仮のセンターが開設されていた。平田ではパソコンが支援物資として数日前に届いたばかりで、それまでは職員の方達はすべてを手集計し、手書きでノートに記録をとり続けていたとのことだった。鵜住居では電気の復旧すら4月に入ってからで、固定電話はその時点でまだ復旧していなかった。震災から1か月半が経っても、市の中心部を少し離れれば、情報の入手は明らかに困難な状況だったのである。

そしてそれは、震災後2度目に釜石を訪れた、2011年5月のゴールデンウィーク明けだった。避難先でお話を聞いた方に、筆者は「今後のお住まいの見通しをどう考えていますか」と尋ねた。しかし今考えれば、それは答えようのない、迂闊《うかつ》な質問だったのである。その方は明らかに戸惑っていた。

それでも答えてくれた。自分の家も、近隣一帯の家も、津波で完全に流された。今の状態では元の地域には住めない。元の場所に建物を建てていいのか、悪いのか、自己責任なのか。今後の津波対策はどうなるのか。何か全体の方針が決まらないと見通しは立てられない。だから、今の時点で立てている見通しとは「仮設住宅に入居すること」であり、仮設住宅の期限が来るまでの2年の間に将来を考えるとしか言いようがないのだ、と。

その時の筆者は、自分のピントの外れ方がまだよくわかっていなかった。なぜならその時期、少なくとも被災地の外では、今後の復興計画や高台移転がどうなっていくのかが、大きな話題になっていた。「住民はどのような意向を持っているか」にも関心が高かった。

その感覚の延長上で質問していたのである。だが、やっと電話が復旧するかしないかという現地で避難生活を送る方たちと、その感覚は乖離《かいり》していた。どんな見通しかと言われても、逆に方針を示してくれなければ意向の持ちようもない、というのはもっともである。ちなみに釜石市で「復興まちづくり基本計画」が発表されたのは、半年以上先の２０１１年12月のことであった。

何を基準に考えるのかが見えない

ただ、本質的なことは、情報入手や時期の問題ではなかったとも思う。当時筆者は、今後どこでどのように住みたいのか、各人には何らかの意向があるはずだ、と想定していた。復興計画がどうなっていくか、親族や近隣の人はどう動くのか、また資金のめどは立つのか、いろいろな制約によって、意向が実現するかどうかは左右されるだろう。でも「将来的にはこうしたい」という意向は、制約に先立って、それぞれの心の中にあるのではないか、と漠然と思っていたのである。

でも、震災が揺るがしたのは、もう一段根本的なことだったのかもしれない。我々の普段の生活は、多くの場合、それまでの生活の延長上で営まれる。住んでいる場所、就いている仕事、かけがえのない家族。それらを基盤に、それらを前提条件として、では今後の生活は少し工夫してこう変えていきたい、という「意向」が生まれ、そしてその実現可能性についての「見通し」が生まれる。実現を目指す行為は「希望」へとつながる。しかし津波は、希望どころか、意向を持つための基盤自体を崩してしまったのではないか。

住むところに限定して考えたい。通常家というのは、引っ越しする特段の必要性がなければ、住み続けることが自明となる。自分の土地に建つ持家であれば、なおさらである。さらに、親や先祖からの土地であれば、手放すことには非難の眼さえ向けられる可能性がある。だから多くの場合、「なぜここに住むのか」という疑問自体が、平時は現実味をもっては成立しない。住む場所は容易には自由な選択の対象になりえないからである。むしろ、そこに住んでいるということが行動範囲の基準となり、何かを選択する際の出発点になる。しかし、その大元が揺るがされれば、何を出発点として、何の延長として、これからの生活に意向を持ったらよいのか。ましてや、住まい自体への意向はどう生まれうるのか。途方に暮れるだろう。

若い人なら、「将来はどこに住みたいか」という問いも成立しうる。震災前の釜石市の場合、ある年に15~19歳だった世代が、5年後の20~24歳になると市内在住人数が半減する事態が続いていた(「岩手県人口移動報告年報」より計算)。つまり、釜石育ちの人の少なくとも約半数が、20歳前後で釜石からの地域移動を経験していたと考えられる。その後

30代前半頃までに人数は若干回復し、震災前の筆者らの調査結果では、概ね30歳代までで Uターンは終了する傾向にあった。

逆に言えば、10代終わりから30代にかけての時期以外の地域移動は、震災前の釜石では少なかった。これは釜石に限らない、全国的傾向である。つまり、人生の展望を考える基盤をこれから作っていく若い人は、チャンスを求めて地域移動もするが、家族を持ち、安定した雇用や持家を確保した人は、住む地域を移って一から始めることをむしろ避けるということである。ところが、震災は若い人以外にも、「これまで住んできたところにこれからも住むのか」という問いをつきつけた。

元の地区に戻ったとしても、震災前と同じ家に、同じ近所の人と、同じ風景の中で住むことはかなわない。しかも、自分の土地の安全性に確信が持てない。復興事業の都市計画区域に入るならば、自分の土地なのに自由に家を建てられない。何を基準に考えるのか見えないこの状況下で、「今後の住まいの見通し」を外部の人に問われても、答えようがなくて当然だったと思う。

それでも、この理不尽な問いに、被災した人々は何年もさらされ続けている。それは、復興計画を立てるという「持ち場」にある行政も、また記録を残そうとする我々研究者も、問わざるを得ない問いでもある。この問いをめぐってどんな反応が返されてきたか、そして「住まいの見通し」を語ることがどのように揺れ動いてきたか、たどってみたい。

2 「住まいの見通し」をめぐる言葉の変化

筆者と第10章執筆者の石倉《いしくら》は、本書のもととなった「震災の記憶」プロジェクトの聞き取りに加えて、津波の甚大な被害を受けた、釜石市沿岸部のとある地域――A地区としよう――に震災時に住んでいた方々に、２０１２年夏から毎年聞き取りを行っている。聞き取りでは、あえて「今後の住まいの見通し」を毎回尋ねている。元は同じA地区に住んでいた50世帯近くの方々の語りと、筆者も一部関わったある意識調査の結果と、「震災の記憶」プロジェクトとを総合し、「住まいの見通し」の語られ方の変化を、限られたデータからではあるが、時系列で追ってみる。

なお、本章での釜石市民の言葉は、『震災の記憶オーラル・ヒストリー 第一次稿本』、『「被災住民個別の生活再建判断が生み出す地域移動・地域変容の社会学的縦断調査」報告書』、および筆者の記録に基づく。

震災発生から最初の1年間

釜石市内で最初の仮設住宅が完成したのは4月17日だった。そして、筆者が前述の愚問を発した2011年5月頃の時期は、今後の住まいをめぐって動きが出てきた時期でもあった。市は復興計画の策定に向けて「復興プロジェクト会議」や「復興委員会」を立ち上げ、地区別の「復興まちづくり懇談会」を開催し始めていた。

その後2011年8月10日には市内の全避難所が閉まった。同年10月時点での市内仮設住宅への被災者入居戸数は2829戸（「かまいし復興レポートｖｏｌ．12」より）、同年11月時点でのみなし仮設への入居は440戸、既存公営住宅へは212戸だった（「釜石市復興まちづくり基本計画」より）。震災時に釜石市に居住していた被災世帯を対象とする、2011年夏の第1回「釜石市民の暮らしと復興についての意識調査」（研究代表佐藤岩夫・平山洋介）では、「将来どのような住宅に住みたいですか」という質問に対して、仮設住宅に住んでいた人の実に77パーセントが「一戸建て持家」を第一希望と回答していた。「公的な賃貸住宅」は14パーセントと少ない。前述のように「復興まちづくり基本計画」は未発表で、盛り土、区画整理、集団移転等の計画も、災害復興公営住宅の具体的な建設計画も、発表されていない時期だった。具体的には分からなかったからこそ、問われるならば、一戸建てに住みたいと答えたのかもしれない。

ただし、「将来、どの場所にお住まいになりたいですか」という質問に、「震災前と同じ場所」と答えた人は、仮設住宅に住んでいた人の34パーセントにとどまった。震災前と同じ地区・集落の中で移動したいとした人が22パーセント、釜石市内の別地区に移動したいとした人が27パーセントだった。具体的な計画が未発表でも、元の土地に住むことは難しいと多くの方が感じていたことがわかる。

そして、2011年12月22日、市は「復興まちづくり基本計画」を策定した。同時期に各地区で行われた復興まちづくり懇談会で、A地区については盛り土によるかさ上げを伴う復興事業計画が発表された。実質上、事業が進むまで、地区内に自由には家を建てられないことを意味した。

震災から1年頃の時期を振り返って、やっぱり元の地域に帰りたいという思いが芽生えてきていた、と話す方々がいた。被災してすぐの頃は、A地区の人たちに会えば「いつかはA地区に帰ろう」とは言っていたが、本当にそんな日が来るのか実感がなかった。そして釜石内陸部の仮設住宅に住むうちに、「海岸よりも安全だ、こっちのほうもいい」と考えるようになった。でも、「だんだん日にちがたつと、少しずつ忘れて、やっぱり元の地区に帰りたいなあと」思うようになってきた、と話す。他の方も、震災の直後は、怖くて元のところには戻りたくなかったが、だんだん落ち着いてくると、同じ場所は嫌だけれど、前より安全になるのであれば元の地域に帰ろう、と思うようになった、と語る。二つの思いが混在していたのがわかる。

震災から2年目の時期

2012年夏、第2回の「釜石市民の暮らしと復興についての意識調査」が行われた。すると、前述の1年前の調査から大きな変化が見られた。将来住みたい住宅について、「一戸建て持家」が46パーセントまで減少し、公営住宅・公的賃貸の希望が44パーセントにのぼったのである。「震災前と同じ場所」に住みたいとの回答も17パーセントに減った。

1年前の調査時点では、復興事業の具体像も、どれくらいの事業期間がかかるのかも、わかっていなかった。しかし、この頃の復興まちづくり懇談会資料では、釜石東部地区も鵜住居地区も区画整理事業の完成は2018年までかかる、とされていた。着工開始にはばらつきがあるとしてもしばらくは家を建てられないようだ、やはり元の場所での持家再建は諦めざるを得ない、との認識を、多くの方が持つようになったのではないか。

A地区に住んでいた方々への2012年夏の聞き取りでは、震災から1年半たっても盛り上が進む兆しが見えない中、避難している人たちの考え方が変わってきているとの声が聞かれた。前は、A地区の人に会うと、みんなで戻りたいと話していたけれど、仮設住宅のある釜石の内陸部にこれからも住むとの声がだんだん多くなってきたという。「戻る人がどれぐらいいるのかな」と不安をもらす。元の地域に帰りたい。でも、復興事業にかかる時間を考えると、やはり釜石内陸部の公営住宅がいいのかなと思う、と高齢の方々は語る。「私たちはもう年が待っていません」と。

聞き取りと同時期に、ちょうど市も、今後の住宅再建予定のアンケート調査をしていたが、答えられない、と悩む声を多く聞いた。

例えばこう話す方がいた。津波の来ないところの復興公営住宅に入りたいのが今の気持ちだが、今後気持ちがどう変わるかはわからない。元のA地区が家を建てても安心な状況になれば話は変わる。でも、その時点で土地を売ってしまっていたら帰れない。無理に家を建てないほうがいいのかなと思うが、公営住宅も家賃は取られる。仮設住宅の期限も分からない。こうしたことを一度に全部考えなければならないのに、確定していることが少なくて判断できない。「どれか安心できる材料を言ってほしい」と訴える。

元のところに戻りたいから、市のアンケートには「住宅を再建予定」と一応回答したけれども、本当は見通しが立っているわけではない、「仮設にはまだ住める、どうにかなるだろう」と諦めのような気持ちでいる、と語った方もいた。住むところへの意向を持ちたくても、確実な材料がない中、「先が見えない」「目途が立たない」という言葉を多く聞いた時期だった。

2013年に入ると、行動を起こす人たちも増えてきた。すでに2012年後半あたりから釜石市全体での新設住宅着工数は増えてきていたが、釜石内陸部のみならず、沿岸の浸水した地域でも復興事業の影響を受けない区画では、新しい家が建つようになってきた。2013年4月には災害復興公営住宅の初抽選も行われた。しかし、復興都市計画の事業区域に住まいがあった多くの人は、まだ「待つしかない」状態に置かれていた。2013年2月時点での市内仮設住宅への被災者入居戸数は2671世帯。前述の2011年10月から6パーセントしか減っていないことからも、行動を起こしたくても起こせなかった状況が窺える。

震災から3年目の時期

2012年の夏に聞き取りをした方々には、2013年の夏にもまたお話を伺った。多くの方の状況は、1年前と正直あまり変わっていなかった。A地区の復興事業の行方も、個々の宅地に関しては詳細がほとんど判明していないようであった。だが、定年が近い世代にとっては、ローンを組めるかどうか、時間との戦いである。「家を建てたい、1日でも早く。もう私たちは待てないです」と訴える。

待てずに、他地区に家を建てた方もいた。復興事業を待ってA地区に再建したいという方々も、その時まで耐えられるかどうかと口々にもらす。

一方、復興公営住宅の家賃がこの頃には判明していた。収入に応じて額が変わる設定である。その金額なら家を建てたほうが得だ、という判断も働き盛りの世代からは聞かれた。ただし、資金繰りなど具体的に見通しを立てることは容易ではない。

家族の中で意見が分かれている場合も多々あった。住むところは一世代だけの意向では決められない。元のところに戻りたいが、復興事業があと何年かかるのかわからない。さらに、せっかく待って家を建てても、子どもも孫も津波を見ているから、将来そこには住みたくないのではないか。ならば、再建しても無駄になってしまう――こうした迷いを何人もの方が述べた。

しかし、住むことだけが家の機能ではない。復興公営住宅に入ったら、孫たちが遊びに来たときに泊まる部屋を確保できない、と心配する人がいた。皆が集まれる実家として、小さな家でいいから再建してほしいと子どもたちに言われたという人もいる。人は役割をもつことで、社会的に生きることができる。祖父母としての役割を果たすことは、「実家」としての住宅の意味と結びついている。

さらに、土地が持つ意味がある。元の家の近くに来ると、津波の記憶で具合が悪くなってしまう子どもの話を聞いた。元の家が大好きだったが、その土地にもう一度住むのは無理だとその子自身も感じていた。しかし、「住まないけれど、おうちのあった土地は手放さずに残しておこうか」と言ったら、にっこりうなずき、体調も少し良くなったという。子どもたちも、自分の生まれ育ったところなのに恐い、という板ばさみの思いに潰されそうになっている。だが、家の手掛かりが残ることは、子どもたちの希望にもなりえた。

内陸部に戸建の家を確保したけれども、そこには住民票を動かさない、という方もいた。戸建を買ったのは、親の終《つい》の棲家《すみか》を集合住宅にはしたくない、という気持ちだったそうだ。でも、住民票はあくまで、更地となっている元の土地に置き続けたいという。住宅の意味はかように重層的である。

2013年夏の聞き取りでは、沿岸部のA地区に帰らずに釜石の内陸部に住み続けようと思う、という声が、1年前より強い印象だった。人数の問題ではない。2012年には「判断に迷っている」という声が全体的だったのが、今回は「沿岸部に帰るのは難しい」と語る方については、その気持ちが固まってきているように感じられたのである。それに対して、元のA地区での再建希望を語る方々は、本当にそうするのか気持ちが揺れているように聞こえた。復興公営住宅への入居希望を問う市のアンケートがこの時期に行われていて、判断を迫られていたことも関係するだろう。

ただ、それは住まいへの積極的な意向や見通しが生まれてきた、ということとは異なると思う。釜石の内陸部に住み続けようとの理由は、「元の地域の復興を何年も待てない」「子どもも沿岸より内陸がいいと言うから」「資金の問題で公営住宅に入りたい、それならば場所はA地区でなくてもいい」といった消去法的な声が目立った。多くの方が犠牲になった元の地域に住むことへの躊躇《ちゅうちょ》もポツリとつぶやかれる。

復興事業の計画や復興公営住宅の詳細、住宅資金援助の制度、親や子どもの意見など、条件が徐々に確定して選択肢も定まってくる中で、これからの方向が絞られてきつつはあるのだろう。しかし、それを「見通しが見えてきた」とはまだ呼べないと感じた。次の展望を生み出すような力強さを感じられないからである。

以上が、2013年夏までに筆者らが調査した範囲内で読み取った大まかな変化である。大枠しか描けていないが、様々な条件が明らかになるにつれて、住むところへの考えが揺れ動いてきたことは読み取れよう。ここでは紹介できなかった2014年夏の聞き取りでも、また変化はあった。同じ人の心の中でも、時期によって考えが変わる。同じ人の心の中でも、何層もの思いが重なる。だから「住民の意向」は一定しない。しかし、それは当然なのだと思う。

そのような状況下で、それでも「意向」のアンケートを実施して復興事業を進めなければならない立場にある行政の人たちも、事業の進捗をじっと待つしかない住民も、それぞれの「持ち場」で多大な辛抱をしている。

3　待つことの重さ、目途が見えることの希望

出発点に立つこと

復興事業や公営住宅建設の進捗をただ何年も待つこと、そのストレスははかり知れない。身体を壊さないためにも「先のことは考えないようにしている」と話す方もいる。

2012年の夏に、こんな声を聞いた。

　動きが一日も早く見えてくれば、皆の目途が立つ。でも目途が立たないのが一番やっぱり、不安になります。

盛り土は何メートルと計画が発表されて、具体的な場所が決まって、工事の兆しが見えてくれば、意欲も行動も出てくると思うのに、と訴える。

今回の震災は、何も手をつけるな、自粛してくれという。何もしないで1年半、黙って

いろというのはいちばん苦しい。何かやりたい。

と語った方もいた。市からの浸水区域での建築の自粛要請も背景にある。

2013年の夏は、そうした声が一層強くなったように感じられた。ただ待っているしかない状態では、同じ待つにしても感じる時間が長い。

ここ半年1年じゃ、なんともまだならないというのはわかっている、ただ、長丁場にも限度がある。

一方、待つことの期限が見えたときの希望は大きい。下ばっかり向いて暗いね、と言われていたのが、最近変わってきたね、と声をかけられたと話す方がいた。ローンの問題に目途が立ったからだという。

楽になったというか、重荷がひとつ取れたというか。将来に希望が灯っているような気持ちになってきたので。

ローンを負ったとしても、一歩前進になることもある。二重ローンは子どもが育つのと並行してきついのではと夫婦で何度も話し合い、それでも自力再建を決めた方は、そのほうが先が見えるんじゃないかと思った、と話す。

実際に住まいを得た時の希望はもっと大きい。浸水しなかった地域に恒久住宅を確保した方はこう語った。

住むところが安心できると、次に展望を開くことを考えますね。ものの見方が本当に変わります。自分のうちがあって、仕事があるというのは、ものすごく心を安心させる。

心の置きどころができると今度は地域の問題にも目がいくようになり、自分はまた世の中にかかわれるようになった、早くみんなにも落ち着いてほしい、と話す。

結局、「住まいの見通し」に託して語られていたのは、物としての住宅や住み心地ではなく、震災が揺るがしたものを、つまり将来の生活に対して何らかの意向を持つための基盤や出発点を取り戻すことだったのではないか。次の展望を持つこと自体を取り戻すといってもいい。何を基準にして何を目指したらよいのかわからない、宙吊りの状態が続くことはきつい。だからこそ、住宅にまつわる問題が一歩前進したときに語られる喜びは大きいのだと思う。住宅にまつわる変数が決まり始めれば、他の変数の解が定まりやすくもなる。

そして意向の実現を目指して行動することは、希望につながる。実は、冒頭の「引っ越せばいいということではないんですよね」といった方は、

海の近くに行くのは怖いと私も今も思うんですけど、でも海が悪いわけではない。やっぱり元の地区が好きだと思うので。思いというのはやっぱりみんなあると思うので。

とそのあとに続けた。外部の人間はこれを容易に「愛着」という言葉で括《くく》ってはいけないだろう。元の地区に戻る意向を持つ、という出発点。そこに立つべきかどうか迷いつつ、懸命に闘っているのだと思う。もちろん、新たな場所で生活を築く、という意向も立派な出発点になることは言うまでもない。

こんな言葉も聞いた。

将来的にも自分の子や孫に、ここが小さくても○○家なんだよというのを残してあげたいのが私の気持です。これがまたアパート［集合住宅］暮らしで一生終わって、せっか

く今まで先祖からきた土地がないというのが、流されたままそれっきり何もないというのが一番悔しいですよね。

持家の再建が重要、と言いたいのではない。この方の場合、家の再建という目標を持てたことが、将来への展望を取り戻す出発点になっていると感じたのである。それは希望の芽であり、釜石のこれからを支える力にもなっていくだろう。

「住むところ」というのは、そうした力の源泉になりうるのだと思う。そして、「住まいの見通しが立つ」とは、単に住宅が提供されることや、消去法で選択肢が絞られることを指すのではなく、その選択が出発点として本人に位置づけられ、次の展望を引き出してくれるときに選ばれる言い方なのではないだろうか。

待つだけではない動き

ところで、待つだけではない動きも実は様々に見られる。町の将来を議論して意見を出す方々、まちづくり協議会で活動する方々、虎舞《とらまい》の披露《ひろう》・神社の祭礼の再開・イベント企画などを通して元の住民が集まれる機会を作ろうとする方々、仮設住宅の自治会を支える方々、故郷の復興を支えようとUターンを決断した方々。様々な方々に出会い、お話を聞いた。紙幅の都合に加えて、調査不足も否めず、本章では取り上げていないのだが、釜石市民が復興に対してただ受身でいるとの印象を与えることは本望ではない。

ただし、「何もしないで黙っていろ」と言われているに等しいとの声があったように、一般の人が復興に積極的にかかわる道が限られているのも事実だろう。また、個人としての「心の置きどころ」ができて初めて地域全体のことを考えられる、という先の言葉も、住宅の見通しが立っていない多くの方を思うと重い。地域のために尽くしてきた方が体調を崩していくこともある。

復興事業にはどうしても時間がかかる。地域による進捗の違い、隣近所での再建状況の違いも見えてしまう。そうした状況下で、「住まいの見通し」を問われて答えようのある状況が来るまで、つまり、こうしていきたいという意向が芽生え、次の展望を持てる時が来るまで、多くの人たちが耐え続けている。目に見えにくいその重さを、被災地の外にいる我々もせめて想像できるようでありたい。

なお、本章は住まいの見通しを問われることの非日常性から出発して考えてきた。第10章では、問われる側が直面している選択の困難を具体的に論じている。合わせて読んでいただければ幸いである。

第10章

「住まいの選択」をめぐる困難さ

石倉　義博

1　継続的に話を聞くという試み

他の人たちが何を考えているのか知りたかった。

みんな同じ気持ちだとわかって、安心した。

私は、第9章担当の西野《にしの》を含めた4人のメンバーで、釜石市内の被災区域にあるひとつの町内会会員の方々に、1年ごとにくりかえしお話をうかがっている。この試みは、発災後1年半近くが経過した2012年の夏から開始し、翌年にはお話をうかがう方を増やして2回目のインタビューを行った。また、うかがった話を報告書にまとめるため、春に再度訪問して原稿のチェックをお願いするとともに、半年間の様子を尋ねている。同じ方に継続的にインタビュー調査を行うことにしたのは、復興状況の推移のなかで個々の生活再建に関する意識がどう変化していくのかを長期的に追う必要があると考えたためだ。2014年の夏までに3回のインタビューを行い、第1回、第2回のインタビュー結果を『「被災住民個別の生活再建判断が生み出す地域移動・地域変容の社会学的縦断調査」報告書』としてまとめている。

冒頭の言葉は、2013年夏に前年の報告書を届けた際に、それぞれ別の方から発せられたものだが、これからの生活について住民どうしで腹蔵なく意見を交わすことが難しい状況にあることが、そこからはうかがわれた。そして、その困難さは機会の問題であるだけではなく、心理的な問題であるように思われた。

このような追跡インタビュー調査をはじめる1年前の2011年の8月、われわれは市内の被災世帯全戸調査を行い、入居が完了しつつあった仮設住宅団地、4月には入居がはじまっていた市営住宅や雇用促進住宅等の公共住宅、また浸水域との境界で自宅避難されている方にアンケートを配布して回った。この調査の結果は、「釜石市民の暮らしと復興についての意識調査」としてまとめられている（http://jww.iss.u-tokyo.ac.jp/survey/

fukko-kamaishi/)。

その時期には、仮設住宅と自宅を往復して自宅を修繕する方の姿も散見されるようになっており、そのようなケースは今後増えていくと予想された。仮設住宅居住者だけを調査対象としていたのでは、自宅再建や他地域への転出などで仮設住宅を離れた人たちの情報が抜け落ちていく可能性があるため、われわれはそれぞれの人の生活再建と住居選択のプロセスを継続的に記録にとどめるインタビュー調査をはじめることを決めた。

継続的なインタビュー調査をはじめるにあたっては、対象の網羅性よりも調査の継続性を重視し、ひとつの町内会（以下A地区町内会）を選んで聞き取りを行うこととした。この町内会のエリアには、自宅が残らなかった世帯、被害を受けながらも自宅が残った世帯、自宅に大きな被害のなかった世帯が混在しており、そして、地区内を復興事業計画の境界線が走る可能性があることを住民も知る状況にあった。そのため、住民の置かれた状況は、同じ町内会のなかにあっても非常に多様であった。

また、A地区近辺に仮設住宅を建てる場所が不足していたこともあり、住民は市内内陸部や山側の奥まったエリアの仮設住宅に分散することになったが、町内会役員が中心となって、もとの住民の所在を調査し、町内会報の配布等を積極的に行っていた。そのため、町内会の協力を得て、われわれも市内外に分散した住民の方を訪ねることができた。

A地区町内会では、メンバー間での利害対立を避けるため、町内会自体が復興計画に積極的に関与することはせず、一部の役員が復興協議会のメンバーに名を連ねることはあっても、町内会としての活動は、花見やカラオケ等のイベント、祭りへの参加、清掃活動など、意図的に会員間の親睦に限定していた。その一方で、住民の一部からは「町内会のほうからもみんなで言わなければ」と、町内会がより積極的に計画に関与することを求める声も聞かれた。

ただし、われわれのインタビューは、個々の生活再建に焦点を当てており、まちづくり協議会や町内会の役員であっても、基本的には一住民の立場で話してもらっている。そのため本章での〈持ち場〉とは、一住民の視点での生活や住まいの再建ということになる。A地区の復興過程における住民参加や合意形成のあり方については、改めて考えたい。

2 「まちの将来」と「自分の将来」

A地区には残った家が一定程度あったとはいえ、津波は、そこに住まう人たちにそれまでの生活を一変させるような影響をもたらした。一緒に住んでいた人の命が奪われた方も多く、そうでない方も仕事場の被災、生業の道具の流出、そしてこれまで住んでいた土地に住めなくなったなど、非常に大きな喪失を体験していた。そのようななかで行ったインタビューでは、ほとんどの方が自分の将来の住居のこと、またもともと住んでいた地域の将来計画のことを気に懸けていた。

もちろん、この「まちが将来どうなるのか」と「自分の家をどうするか」という二つの問題は、別々のものではなく、密接につながっている。復興事業計画がどの範囲にまで及ぶのか。防災インフラはどの程度のものになるのか。いつ着工して、いつ完成するのか。子どもたちが通う学校、復興公営住宅の場所や規模、道路・鉄道などの交通網や商店の復旧はどうなるのか。2回のインタビューを終えた時点ではまだ不確定だったそれらの要素は、〝次の〟住まいとして、一戸建てか集合住宅か、持ち家か賃貸か公営か、自宅を再建するとして、いったいどこに、いつ、建てるのか、あるいはそもそも建てることができるのかといった、個々の将来の見通しに大きく影響しており、そのことが生活再建の問題を難しくしていた。

もとの自宅の場所が復興事業の範囲に入るか否かにかかわらず、防災のための公的なインフラ整備が不要だという意見は、インタビューではほとんど聞かれなかった。もとの場所への住宅再建を選んだ方は、より安全に安心して住むことができるよう、将来的には防災設備が従前以上に整備されることが不可欠と話された。周囲の建物がなくなり、「海が見えるようになっている状態が怖い」と話す方、内陸部の復興公営住宅を希望する理由として、自身や家族にどうしても津波や海への不安が残る方がいることを挙げる方もあった。

そして、インタビューのなかで多くの人が口にしていたのは、

復興までに時間がかかると、人がもとの土地に戻れなくなる。

という不安だった。

確かに時間がかかるというのはわかるんだけど。

今の状態を簡単に元どおりに、一晩二晩で、半年一年で、と言えるわけではない。

など、復興事業に時間がかかることはやむを得ないことだと了解されている。しかし、その上で復興の歩みが「遅い」こと、復興の動きが「見えない」ことを指摘される方も多数おり、その傾向は2013年夏の聞き取りではいっそう強まって、「これ以上待てない」と口にされる方も増えてきていた。

その焦燥は単に事業を早く進めてほしいということだけでなく、復興事業にかかわる計画を早く決定し、住民に示してほしいという要望であり、計画や事業の進展が「見える」ようにして、住民が自分たちの生活をどうするか決め、自主的に動けるような条件をできるだけ早く整えてほしいという願望にみえた。まちの将来が見えなければ、もとの場所での再建に踏み切れない、せめて計画だけでも「見える」ようになって、「もとの地域に住める」という実感を得たいということだろう。その際、計画が二転三転したり、決定や着工が遅れたりすることは望まれておらず、とくに高齢の方にとっては、ローンの支払期間や自身の年齢から、そもそも事業が完了するまで「待つ」ことが困難であり、そのことに懸念を示す方も多かった。

しかし「もとの地域に住める」という実感は、自分自身の住まいの展望だけで得られるものではなく、その住まいを取りまく環境への展望にも依存する。「まちがどうなるか」が見えなければ、そのまちに再び自分の住まいを構えるかどうかの見通しも暗くなる。

そもそも「どこに、どのように住むのか」という問いは、今回のように住まいの喪失という特殊な状況がなければそもそも現れない、あるいは現れたとしても、ゆっくりと考えて答えを出せばよいはずのものであった。土地自体は残っていても、まわりに他の家も、そして交通機関、医療機関、商業施設など、それまでの町での生活を支えていたものがなくなった状況は、震災がなければそのままその場所に住み続ける可能性の高かった人に対しても、「その土地を離れる」という選択肢を有力な可能性としてつきつける。別の土地に移るのであれば、「今後まちがどうなるか」という個々人では答えるのが難しい問いを回避できるからだ。事実、市内内陸部の仮設住宅に住まう方は、入居後2年を経て、内陸部の利便性と、A地区との関係がだんだんと疎遠になっていくことを表明するようになってきている。

「まちがどうなるか」という不安は、

周りにどれだけの人がいるのか、はたして戻って来ても買い物をする場所があるのか。

という言葉にもよくあらわれている。また、

夜になるとまちが真っ暗になってしまう。

も、2012年の夏のインタビューではよく聞かれた言葉だ。

自分が住んでいたまちの様子が完全に変わってしまい、その場所で自分の生活を再建す

る姿がイメージできないことが、スーパーマーケット等の商業施設やまちの家並が「ない」こととして表現され、そして「店がない」ことは、まちの復興や住宅再建を妨げる要因として挙げられることになる。しかし、「人が戻らなければ、店も戻ってこない」と話す方もいたように、民間商業施設が地域に復活するためには一定程度の人口が地域に必要だということも理解されている。先の「復興までに時間がかかると、人がもとの土地に戻れなくなる」という言葉において、「もとの土地に戻れなくなる」のは自分自身だけでなく、まわりの住民も含めてのことであり、ある程度の数が帰ってこないとまちとして成りたたないこと、そのような環境に自らが住まうことへの不安が、そこにはあるだろう。

津波のような災害は、住居、家族、収入のバランスを大きく崩し、また地域の生活環境も大きく変えてしまう。地域の復興については、「復興までに時間がかかると、人が土地に戻れなくなる」不安を抱えながら、しかし、安心して住むことのできる環境整備も望まれており、両者の間で揺れる状況にある。

誰かが戻らないとまちは復活しないが、そこでまず自分自身が一歩を踏み出すことも躊《ちゅう》躇《ちょ》してしまう、そのような両すくみ状況へのいらだちも、復興が「遅い」ことへの不満、「一日も早い復興を」という希望の声として現れているようにみえた。

「まちの将来がどうなるか」には、自分がどうするかだけでなく、「他の人はどうするのか」という意向も大きく関わってくる。しかし、本章冒頭で紹介した発言のように、住民間でおたがいにどうするかという話が日常的になされているとはみえない。その意味では住民の分断ともいえる状態があり、それは住民がばらばらの仮設住宅に入居したという空間的なものではなく、むしろ相手の事情がみえるからこそ踏みこめない心理的な分断に感じられた。

われわれのインタビューでは、生活再建についてまわりに相談することがあるかどうかについても尋ねているが、積極的に相談しているという人は稀《まれ》で、親戚や友人であっても、いやむしろ親戚や友人であるからこそ、互いに気兼ねしてなかなか聞けないという状況が垣間見られた。

また、A地区では、修繕してもとの自宅に戻る方や、解体後にもとの土地や別の場所に新築される方が徐々に増えてきた。そのなかには、先に住宅再建を果たした自分たちが、率先してまちの復興に関わるべきだと積極的に活動する方もいる一方で、まだ仮設住宅にいる方たちへの遠慮から、その人たちに「どうするのか」とは聞けないと答える方も複数あった。津波被害や復興事業計画では、どの家にどれだけの被害があったのか、計画の範囲に誰の家が含まれるのかなど、相手の置かれた状況がまわりから見えやすい。そのような相手の状況の見えやすさや、もともとの距離の近さが、相手に今後の意向を尋ねることを躊躇させ、互いを心理的に遠いものにしているようにみえた。

3 「住まいの再建」という選択

インタビューで話をうかがった方の震災前の住まいのタイプは、ほとんどが一戸建ての持ち家であった。住まいの「復旧」を文字通りに考えるのであれば、同様の一戸建てタイプでの再建ということになるのだろうが、しかし、一戸建て住宅の建設には、多くの障害がのしかかっている。資金の調達にかかる障害は当然ながら、それ以外にも、復興計画の範囲に入ってしまい、今までの場所での再建には事業完了までの時間がかかるケースや、換地や新しい土地の取得をしなければならないケースもある。復興事業計画には遅れが出ており、2013年9月に完了予定だった仮換地《かりかんち》指定の着手は同年12月、指定が完了したのは翌2014年の7月末だった。

また、持ち家にせよ、公共住宅を含む賃貸住宅にせよ、住まいはある程度の年数誰かが居住することを前提として建てられる。だから、自分がそこに住み続けることが不確定な場合、または代わりに住む者が期待できない場合には、住まいの再建計画はとたんに見通しの悪いものになってしまう。個人の住宅なら、高齢世帯で「あとどのくらい住めるのかわからない」というケースや、次世代に住まいを引き継げないケースがこれにあたるだろうし、復興公営住宅のような公共住宅であっても、どのくらいの戸数がどのくらいの期間必要かというかたちで、同じ問題が現れてくる。

われわれが第1回、第2回のインタビューを行った期間は、いずれも住宅に関する意向調査を市が実施した時期と重なっており、市の意向調査への意見も聞くことができた。2012年には、アンケートを「出さなければならないんですけど出せないんですよ」など、多くの方から「決められない」あるいは「今の段階ではこう答えるしかない」といった言葉を耳にした。まちの将来、そして自分自身を含む家族の将来の見通しがはっきりしないなかで、「今後の住まい」の意向を尋ねられても答えられない。しかし、意向調査の結果が復興計画に反映されるのならば、自らの〝次の〟住まいに関して何らかの回答をしておかなければならない。それによって、「まだ決められない」なかで何らかの意思決定を迫られるという困難な状況が生まれていた。

それ以外にも、復興公営住宅に一度入居してしまうと、市独自の住宅再建支援制度の一部（住宅再建支援金、かさ上げ等の工事にかかる費用の補助、借入金の利子補助）が利用できなくなるという規定があり（釜石市『住宅再建・復興公営住宅被災者支援ガイドブック　平成25年度版』19ページ）、自力再建の可能性を残している者、あるいは残したい者にとって、復興公営住宅を〝つなぎ〟として使うという選択をし難いものにしていた。

もとの土地にこだわらないなら、すぐに自力再建しなくても、一戸建てタイプの復興公営住宅に入居し、一定期間（5年）後に払い下げを受けて自己所有とすることも制度上可能である。しかしその場合、自力再建であれば使うことのできた補助金が支給対象外となったり、払い下げが可能となる時期には支援制度の申込期限が過ぎていたりするため、最初から支援制度を活用して自力再建を行うより割高になってしまう可能性があることが、パンフレット等を通じて住民に示されていた。

この2つの制約は、とりあえず復興公営住宅に入っておいて、ゆっくりと〝次の〟住宅を考えるといったように、公営住宅で〝待つ〟ことを困難にしている。ゆっくり考えることができるのは、資金や時間に余裕のある者だけであって、生活に余裕のない人ほど、仮設住宅の〝次の〟住まいの選択には、選びうる選択肢も、また選択の機会も少なくなっており、自宅の自力再建の見通しが立たない人は〝待つ〟ことも難しい状況にあった。

さらに、公共住宅は住宅困窮者を対象とするが、一度復興公営住宅に入居した者は、その困窮状況が入居によって解消されるため、別の公共住宅への入居資格を失うことになる。したがって、公営住宅間での転居は原則としてできず、ひとまず先にできた復興公営住宅に入居しておいて、あとで完成した地元の公営住宅に移るといった利用方法も難しい。この原則は「どこの公営に入るか」という選択を、やり直しのきかない、より深刻なものにする。

復興公営住宅の建設を行い、そして将来的には維持費用を負担する自治体の立場からすれば、住宅が「足りない」ことは避けるべきだが、同時に「余る」戸数をできるだけ少なくすることも課題となる。インタビューでは、

公営住宅は一応は間に合うくらいは建てますけれども、2、3年で自力再建で出て行かれると維持費が大変なんですって。

と、そういった行政の事情について一定の理解はされていながらも、

でも、それは私たちに言うことかな、なんて思って。

と行政の事情、復興をめぐるコスト計算に住民が巻き込まれ、自分自身の選択の余地が狭められたり、選択自体が左右されたりすること、また選択を自主的に〝待つ〟ことが許されず、選択を急かされたり、その選択を実行に移すまでに〝待たされ〟たりすることに対

して、ぬぐいがたい違和感を住民は抱いていると感じられた。

復興公営住宅建設計画の策定にあたっては、「意向調査の結果をもとに、地域ごとの建設戸数を決める」とされていたが、それは「自力再建できるかどうかわからない」住民にとって、「もし自力再建ができなかったときに入る場所がないかもしれない」という不安を生む一因となる。その状況下では、将来「入る家がなくなる」事態を回避するため、実際に入るかどうかわからないが「とりあえず希望を出しておく」ことが、〝次の〟選択までの時間をかせぐ合理的な判断となる。

4 〝待つ〟ことと〝待たされる〟こと

復興事業計画などは、多くの場合、事業が完了して、もとの場所あるいは換地先に住まいを再建できるようになるまで、住民が〝待つ〟必要がある。しかし、これは選択を先送りにするための〝待つ〟ではなく、その実行を〝待たされる〟ものであり、選択自体は先に行わなければならない。その点で、全く意味合いの異なるものとなる。そして、〝待たされる〟状況は、とくに高齢の者にとって自力での住宅取得のための条件を悪くしていく。複数世代が同居し、家とローンの継承を期待することができるのであれば、再建を〝待つ〟ための条件を比較的揃えやすい。だが、その場合であっても、将来的にローンを返済できるだけの安定した収入が継承世代に必要となる。

持ち家での住宅再建には、資金の調達以上に、再建した住まいが世代をこえて継承されるかどうかが重要となる。インタビューでは、子ども世代が現在すでに釜石外に住んでいる、あるいは将来的に出て行くだろうから、持ち家での自宅再建はしないと話す方もあった。

もちろん、震災前から釜石には家の継承の問題が存在した。『希望学3　希望をつなぐ』（東大社研・玄田有史・中村尚史編、東京大学出版会、2009年）所収の石倉論文、西野論文で示したように、多くの若者が高校を卒業すると、市外に出て行き、大半はそのまま市外に定着していた。しかし、震災前であれば、子ども世代の他出はほとんどが高校卒業時点、すなわち親世代の多くがまだ仕事を持っている時期に発生していたため、とりあえずは親がローンを返しながら「空の巣」に住み、その後のことは子どもの意向に任せるというかたちで、次世代に経済的な負担を残さず住まいの継承の問題を先送りすることが可能だった。しかし、震災後は仮設住宅の〝次の〟住宅を自力再建する場合、貯蓄からの新たな支出や借り入れが発生するため、住まいを再建するかどうかという選択は、同時に複数世代をまたぐ家の継承の問題と結びつき、多くの方が難しい選択に直面することになる。

小学校中学校に就学中の子どもを持つ世代であれば、家の継承はまだ先のこととして大きな問題とはならず、また親世代の年齢的にも比較的住宅再建資金を調達しやすい。この世代では、住まいを再建する場所を決める大きな要因として、子どもの存在や意向を挙げられる方が多かった。インタビューでは、

学校がもとの地域の方に来るということで、同じ内陸の方のおともだちとかもやっぱり仮設校舎の方に移るとかいうことを聞いてやっぱりこっちに来た方がいいのかな、と。

のように、小学生の子どもの希望で、もとの場所での再建を決めた方や、仮設住宅間の転居を決めた方もいた。

しかし、前の住まいとの「二重ローン」が発生しやすいのもこの世代である。インタビューでは、

二重ローンをまず何とかしてほしい。……じゃないと家建てられないですよ。結局地震保険に入っていた人しか直せないんですよ。

など、複数の方が二重ローンの問題を指摘していた。二重ローンを避けるため一戸建てでの再建を諦めたり、新たな借入金を抑えるため、土地取得費用のかからない元の場所での再建を選ぶなどの対応をとったりした方もいた。

5 住まいの選択の背後で本当に選ばれているもの

インタビューで、われわれは「将来の住まいの見通し」について尋ねてきたが、次第にそのような聞き方自体、どこか間違っているのではないかと考えるようになった。確かに「どこに住みたいか」、「どんな住宅タイプを希望するか」を尋ねれば、「わからない」ことも含めて、何かしら話してもらえる。だが、その〝回答〟や〝意向〟のなかで選択されているのが、ほんとうに住まいのことなのかどうか、確信がもてなくなってきたのだ。

「どのような家に住むか」という問いの背後には、今後、自分が誰と、どこで、どのような生活を送るのかという、複数の別の問いがある。それらの問いにある程度の見通しをつけないと、いくら住宅再建制度が整備されていても、あるいは住むべき住宅が用意されていたとしても、個々人がそこに自分の「住まいの希望」を見いだすことは難しい。だからこそ、住宅の意向調査に「答えられない」と口にされる方がいるのだろう。

言い換えれば、「どのような家を希望するか」という問いが突きつけられることで、将来の生活についての種々の問いについても選択を急ぐよう、住民たちは強いられているのだ。

それらの問いは、震災前であればゆっくりとほどよい時期を〝待って〟決めていくことのできる問題、あるいはある程度〝やり過ごす〟ことのできる選択や、いつの間にかなんとなく〝決まって〟いるようなものだったはずだ。場合によっては、地域移動のように、いつの間にかその時機を逸して選べなくなるような選択もあったにせよ、選択までの期限を切られた状態で、まとめてすぐに決めなければならないものではなかった。

2012年のインタビューでの迷っている状況から、その後の1年で自力再建に踏み出すことのできた方は、インタビューのなかで「ローンの負担は重いけど」と前置きされた上で、

再建を決めたことで、楽になった。

と話された。それは、自宅再建を〝決める〟までに、家族同士で話し合って種々の選択を整理して互いに納得することができたのが大きかったのではないだろうか。

その一方、2012年のインタビュー時点で〝次の〟住まいに迷っていた方は、その後、同居していた息子が釜石を離れたことによって、翌年のインタビューで復興公営住宅に入ることを〝決めた〟と話された。迷う要因となっていた子どもの意向が、他出というかたちで決まった結果、その方にとって「子どもとの同居」という生活上の選択肢は消え、他の選択の余地なく〝次の〟住まいを決めることになった。その場合、〝次の〟住まいを選ぶことはできても、そして意向どおりの場所の復興公営住宅に入居することができても、そこでの生活は、はたしてその方の希望が叶えられたものだといえるだろうか。将来の見通しが立つことと、その見通しに対して、自分が納得して選んだものだという実感が得られることは異なるものなのではないか。

住宅再建支援制度や復興公営住宅建設などの住宅政策では、住民の「意向」を重視し、マッチングの調整を行い、できるだけ希望が叶えられるような努力を行政や専門家は行なっている。しかしその一方、住民の意向やニーズに添うような住宅再建制度の整備という発想は、住民が自分の望む住まいを〝決める〟ことができるという前提に立っているのではないか。しかし、住まいの選択にいたるまでには、これまでみてきたような〝決められない〟状況や、〝決める〟ことを迫られる状況、あるいは〝決めた〟ことに振り回される状況が、多様なかたちで生じている。

2014年夏の3回目のインタビューで、ある方は生活再建の過程を「ひとつずつ何かをあきらめていくこと」だと表現していた。住まいや生活再建のかたちを選ぶ過程には、当人にとって不条理なものや理不尽に感じられるものがつきまとう。本人の意向だけですべてを決められるのではなく、決められた制度の枠をこえることはできず、また周りや全体との調整や合意も必要だからだ。

住まいや生活の再建においては、よほど幸運なことがないかぎり、不条理さや理不尽さを感じず、自分の理想どおりに何ごとかを決めることはできない。だからこそ住民個人にとっては、〝決めた〟ことや〝決める〟手続、その際の諸条件を振り返って、自分自身の決定として受け入れるという、プロセスとしての納得が、困難ではあるが重要になる。また、「意向」や「選択」の結果を受け取る側も、その背後にさまざまな別の選択が折り重なっていること、そこに至るまでにあきらめられた多くの希望があったことを理解し、集合的な意思決定を行なう必要があるのだ。

第11章

点と点、そして点
地域住民の希望

佐藤 由紀

1 「悲しいとかいうのは、あんまり思いませんでした」（藤枝宏《ふじえだひろし》・55歳・写真家）

［1］足の悪い母親のおかげ

2011年3月11日午後2時46分、最初の揺れがきたとき、藤枝さんは大町の自宅にいた。その日は午後3時に近所にある新《しん》華園《かえん》というラーメン屋を紹介する写真を撮影する予定だった。強い揺れが長時間続いたので、「あ、これは仕事どころじゃないな」と感じた。日頃から母親が「長い揺れには注意しろ」と言っていたことも脳裏《のうり》をよぎった。また、当の母親の足が悪く、万が一、津波警報が出てもすぐに移動するのは難しかったことも、藤枝さんの決断を早くさせた。ただ、まさかあんな大きい津波が来るとは思っていなかった。よしんば、津波警報も空振りに終わるかもしれない、という気持ちまであったという。

自宅にいた母と妻を車に乗せ、嫁いだ長女と孫を途中で拾い、高台へ避難した。常日頃、夫婦間では「母を車に乗せたら旧国道（県道242号線）へ逃げよう」と話し合っていた。しかし、子どもたちに緊急の避難場所についてはっきりと明言したことはなかった。高台へ避難後、藤枝さんは中学生の長男のことが気になった。午後3時はちょうど下校時刻だ。誰もいない自宅に戻って、不安に思っているのではないか。そう感じた藤枝さんは、母と妻、長女と孫を高台に置いて、徒歩で自宅に戻った。自宅に長男はいなかった。戻った様子もなかった。「旧国道にいる」と書いた紙を玄関に置いた。時刻はおそらく午後3時20分頃だったろうという。

藤枝さんの自宅は、津波で壊滅的被害を受けたエヌエスオカムラ工場のすぐ裏に建っていた。つまり、海と自宅を隔てるものは、海にあった巨大な防波堤と灰色の壁の向こうにそびえ立つ工場だけだった。そして藤枝さんが自宅へ戻ったちょうどその時、海では巨大な防波堤が壊され、大きくうねる津波が釜石の町へ押し寄せているところだった。

自宅にはスーパーに勤めている次女の車が置いてあった。藤枝さんはその車に乗り、家の目の前の裏通りから甲子川《かっしがわ》（大渡川《おおわたりがわ》）沿いの道に出て高台へ向かった。途中、藤枝さんは甲子川が逆流するさまを写真におさめようと、川沿いに車を停め、川岸にのぼって写真を撮っていた。

増水するところを川岸から撮っていました。このへんの川岸が町のなかで一番高いんです。だからここにいれば津波が来ても大丈夫かな、というか。

ところが、撮影中に津波が川の堤防を越えて向かってくるのが見えた。あわてて車に乗り、大渡橋《おおわたりばし》に続く表通りとの交差点を横切って高台を目指した。

（大渡橋に続く）表通りは海から離れる方向に走る車だけがずらり渋滞していて、表通りと裏通りの交差点に運良く私の車が通り抜けられるぐらいの隙間を、表通りの車が空けてくれていたんです。

バックミラー越しに甲子川から水が押しよせてくるのが見えたという。

母と妻、長女と孫の待つ高台へ戻った藤枝さんは、甲子川が氾濫《はんらん》し、大渡橋に残された人たちの様子を高台から見ていた。が、かつて見たこともない規模の大津波がきた感覚はなかった。

津波が来たのはわかったんですが、まさか町があんなふうになっているとか、自分の家がなくなったりなんてことは全然思わなくて、水が引けば夜には帰れるのかな、と思っていました。

2回目に次女の車で避難をしてから20分ほど経った頃だっただろうか。いっこうに解除されない津波警報をいぶかしみながら、中学生の長男と、スーパーに勤めている次女の安否が気になり、高台から山越えルートをつかって薬師公園《やくしこうえん》へ向かった。藤枝さんは2回目の避難の際、山登り用の靴に履き替えていた。撮影の仕事がなくなったから、という彼にとっては至極当然の選択だった。しかしこの選択が藤枝さんの行動の幅を広げたことは想像に難くない。

幸いなことに、長男も次女ものぞみ病院にいた。「明日、迎えにくるから」と言い残し、また母親たちの待つ高台へ戻った。そしてその夜は、母、妻、長女、孫と共に釜石小学校で何もわからず不安な一夜を過ごした。

地震が起こってからの初動が早かったこと、家族全員が無事であったこと。さまざまな偶然が重なったとはいえ、これは「足の悪い母親のおかげ」と藤枝さんは言う。

私たち夫婦だけだったら、たぶんもうちょっと何もしないでいた時間が長かったかもしれません。

[2]「悲しいとかいうのは、あんまり思いませんでした」

藤枝さんが自宅全壊を知ったのは、震災の翌日だった。釜石小学校で一晩を過ごし、朝日が差し込んでくる頃、自宅近辺を望むと、見えるはずの屋根が見えない。歩いて自宅へ向かった。民家の屋根《やね》瓦《がわら》や屋根そのものがあちらこちらに散在していた。「ちょっとこれは、だめかもしれない」と思いながら、瓦礫《がれき》を乗り越えた。自宅があった場所にたどり着いたが、そこに家はなかった。

悲しいとかいうのは、あんまり思いませんでした。確かに思い出があって、長年暮らしてきた家だったんだけど、釜石全体がみんなそうだからね。自分の家だけではないというのが、逆に支えになったというか。

藤枝さんはそう言う。

寒い釜石小学校で一晩過ごした影響か、母の具合が悪くなった。そこで、震災翌日に母と妻と共にのぞみ病院へ移動した。息子や娘たちは義理の妹の家に預かってもらった。家族バラバラの生活が10日間ほど続いた。しかしその間、自宅があった場所を家族でおとずれ、2時間から3時間ほど「思い出」を拾ったことは、藤枝さんの心に温かい記憶として残っている。

何を拾い、何を捨てるか。最初は、すべて流されてしまったし「もういいや」と思っていた藤枝さんも、日を追うごとに自分が大事だと思うこと、持っていた物の貴重さがわかってきたというのだ。

みんな揃って、3人とか4人で、だーっと行って。……家族が一体になれたというか、貴重なものがわかってきたというか。私は家族で死んだ人もいないからそう言えるのかもしれませんが。

のぞみ病院のインフラ復旧がままならず、病人や高齢者が優先して内陸の病院へ移されることとなった。藤枝さんの母もその対象となった。家族バラバラの生活を解消したいと思っていた藤枝さんは、仮設住宅の申し込みをしていた。しかし、仮設はいつ入れるかわからない。藤枝さんは、空いているアパートを探すため、釜石の町を歩いた。

電話も不通で、とにかく自分の足で探しました。津波の来ないところをと考えまして……。自分の足で歩いて、アパートを探しては、空いている部屋があると近所の人に「このアパートの大家さんはどこですか」と聞いたりしました。

中妻町《なかづまちょう》を歩いていたとき、アパートの空き部屋を大家さんが掃除していた。藤枝さんが声をかけると、「キャンセル待ちで2番目になりますけれども」と言われ、すぐに申し込みをした。3月22日、そのアパートに引っ越しをした。震災後から10日余り、物資や家具等、ないないづくしの状況ではあったが、親戚からの援助もあり、なんとか家族全員での暮らしをスタートした。2ＬＤＫのアパートに母、妻、長女、次女、長男、そして、長女の孫2人の8人、4世代の暮らしが始まった。藤枝さんが震災後、区切りがついたと感じた最初の時期が、このアパートへの引っ越し、つまり、家族との暮らしを再開したことだった。

やっぱり拠点を構えると、もっと前向きになれるような。瓦礫のものを集めてきたり、自分が好きな街の記録に朝から晩まで行けたり。家族をここに置いておくと、安心なんです。

［3］写真集から教えられたこと

かくして藤枝さんの仕事も再開となった。

藤枝さんは2011年8月11日に、『「釜石の記録」東日本大震災　平成大津波2011・3・11』という写真集を出版している。震災5か月後での出版、それは震災直後からの強い決意のもとに行われたのか、たずねてみた。

最初は、写真集とかっていう考えじゃなくて、とにかく記録して、後で自分のホームページなんかに少し載せて、「釜石は、こうだった」と紹介する程度でと思っていました。

ところが、被災後の釜石市の各地区を撮影していた藤枝さんに、地元の人たちが「写真集、お願いします」と声をかけてきた。新聞社の出す写真集に掲載されている釜石は、ほんの一部。だから釜石だけの写真集を、と言われた。再開したホームページのメールアドレス経由でも頼まれた。しかし、被災してお金もない。頼りは義援金だったが、出版の経費にはなかなか届きそうにない。あれこれ逡巡《しゅんじゅん》しそうな状況だったが、藤枝さんは出版に踏み切った。

元来は「おっとりしたタイプ」の藤枝さんが、出版への決意をした理由は「自分の生きてきた場所、自分たちの町」の現状を残してほしいという釜石の人びとの気持ちに心が動かされたこと、そしてもう一つ、「撮った写真がまたパッと消えるんじゃないか」という不安からだった。

> 緊張感はありました。写真、また流されるんじゃないかなという「トラウマ」ほどではないけれども、ちょっとした恐れみたいなのが常に。私、釜石の商店街の写真は本当に飽きるほど撮ったんですよ。これでもか、これでもかというぐらいね。例えば、どこかの商店が閉店する。「閉店する前に撮っておきましょう」というのをやったり。アーケードを解体する。「じゃ、あるうちに撮っておきましょう」とか。ビル解体もそうです。

「このビル、懐かしいビルだから、壊される前に撮りましょう」というのが、何回も何回も撮ってためてあったんだけれども、それがあっという間に津波で流されたりしたんでね。

写真のデータをなぜ複数の方法で保管しなかったのだろう、と悔やんだという。写真集は、言い方を換えれば、写真データ保管のリスク分散になる。万が一藤枝さんの手元にデータがなくなっても、出版社に、読者の手元に「データ」は残る。そう藤枝さんは考え出版を決めた。そして、その写真集の出版が写真家・藤枝宏に思ってもみなかったことを教えてくれた。それは「記録の力」である。

フリーの写真家として活動してきた藤枝さんにとって、写真は「引き算」だった。いかに「いいところ」に焦点を絞り、構図を絞り、タイトに対象と向き合うことができるか、だった。しかし、今回の震災で撮影した写真では、どんな町並みだったのかを残すために「できるだけ情報をいっぱいいれて、周りをいっぱいいれ」た。

自分の住んでた家の基礎が写っているだけでも喜ぶ方がいるんですすよ。「ここに家（うち）があったんだ。よく写真集に残してくれた」って感謝されたりして。

風景写真は癒《いや》しにはなるかもしれないけど、心の支えになったり、元気が出たりするというのはあんまりないかなって。撮ってる自分が言うのも変だけれども、むしろ生活感のある写真が役に立つのかな。生活した跡の写真とか、自分がここに生きてたんだという、それがわかる写真というのは、その人にとってはすごい貴重な、代えがたい写真かなと思うようになってきました。

この写真集の出版が、藤枝さんにとって震災後二つ目の大きな区切りとなった。

[4] 共に、丹念に生きる

人の毎日の営みを記録すること。撮影者自身の「狙い」を捨て、「今」を記録すること。それらが人に生きていく力を与える可能性があること。震災後、藤枝さんはそれらに気がついた。そしてもう一つ、藤枝さんが気づいたこと。それは、家族と共に生きる喜びだ。震災前より狭いところに大勢の人数で住んだから、とその理由を冗談めかして言いながらも、「家族の距離感が縮まり、つながりが強くなった」と藤枝さんは言葉を続けた。

何よりも、いることで元気をもらえるというか。以前はいても、そんなに元気をもらえなかったんだけど、うるさいばっかりで（笑）。いまは傍にいるだけで、ああ、みんな生きててよかったなというのが。それでなくても自分の気持ちがたかぶるというかね。支えられてるなというのが、わかるような気がします。いるだけでね。

記録写真と日常は似ている。記録写真も日常も、誰の視点でもない構図でそこに存在し、そして続いていく。家族はそんな日常の象徴ともいえる。震災という日常の断絶は、藤枝さんに、家族と共に生き、丹念に記録をすることが自分の活動力の源となることを気づかせるきっかけとなった。

2　復旧する生活、戻らない心（佐伯和子（仮名）・80歳）

［1］大きな揺れと冷たい夜

揺れは、突然来た。佐伯さんは自宅で電話をしていた。「地震だ。切って」と相手に言われ、佐伯さんは慌てて電話を切り、近くにあったストーブを消した。しかし、その時はまだ佐伯さんは揺れているのかわからず、立ち上がった。すると突然揺れ出した。すぐに、近所の安部さん（仮名）が高齢の佐伯さんを心配して駆けつけてくれた。安部さんは佐伯さんを津波の避難場所である薬師公園の入口まで送ってくれた。そして妻を置いてきたから、と自宅へ引き返した。

薬師公園は山の上にある。その階段は長い。高齢で足の悪い佐伯さんには一気にのぼれるような階段ではなかった。しかし、佐伯さんが階段をあがり始めたときはすでに大勢の人たちが薬師公園に避難しようとしていた。佐伯さんの後方からは「止まるなー」「休むなー」という複数の声が聞こえてきた。その声に驚き、息を切らしながらのぼったが、最後の数段がのぼれなかった。すると、男性が2人、佐伯さんの両脇を抱えて薬師公園まで連れていってくれた。

公園に避難した後も揺れは続いた。階段を上り、津波が街を襲ったときも、疲れきった佐伯さんはベンチに腰掛けていた。気がつけば避難してきた人たちはみんな、町が見えるほうへ行っていた。「壊滅的だ」「もう釜石はだめだ」という言葉が聞こえ、何か大変なことが起こった、と佐伯さんはベンチにじっと座ったまま感じていた。

大きな揺れがおさまり、辺りは暗く、寒くなっていったが、ずっと薬師公園にいた。真っ暗になった頃、懐中電灯を持った人たちから「子どもと年寄りから順番にのぞみ病院へ行きます」と言われ、移動を開始した。

薬師公園は山の頂上にあり、その山の中腹には観音寺《かんのんじ》というお寺がある。そのお寺の横には、万が一のためにのぞみ病院の5階に通ずる橋のような避難経路がある。そこを通って病院へ入った。取るものも取りあえず薬師公園へ避難したため、ほとんどの人はハンカチすらも持っていなかった。そしてその夜が、長い避難所生活の始まりとなった。

［2］「何もできない」自分

震災翌日の朝、小さな小さなおにぎりがでた。それをとなりの人と半分に分けたので、一口食べたらすぐなくなってしまった。次に、紙コップが配られ、水を配給された。コップに2センチにも満たない水をついでもらい、「ごめんなさいね。もう少し飲みたいでしょうけれども」と配給する人に言われた。そのとき、佐伯さんは改めて非常事態であることを認識し、大きな決心をした。これから配給されるものはすべて食べよう、遠慮していると生きていけないと。

インタビューを受けてくださったときの佐伯さんは、しっかりした言葉をお話されるが、性格は物静かで温厚、そして控えめという印象の方だった。その佐伯さんが、生き抜くためには遠慮をしてはいけない、という決意をしたのだ。

日が進むにつれ、食事の分量は多くなっていった。ひと口に満たないおにぎりから、日に3度の食事配膳となった。住環境も少しずつ改善されていった。最初は2人で1つのマットレスとタオルケットだったが、各人にマットレスと暖かな毛布が配給されるようになった。毛布も1枚から2枚、2枚から3枚と増えていった。

しかし同時に、多くの人たちが亡くなったという情報が耳に飛び込んでくるようになった。亡くなった人たちは同世代の人たちが多く、旧知の友人、いつもの散歩コースですれ違う夫婦、そして挨拶《あいさつ》を交わしていた近所の奥さんがいた。聞きたくないと思っても、避難所では安否情報が嫌でも耳に入ってくる。そのたびに佐伯さんは気落ちし、そっとため息をつき、食事を他の若い人たちへ渡した。

会社勤めの息子と、佐伯さんを薬師公園の入口まで送ってくれた安部さんは無事だった。数日して、息子が佐伯さんに会いに来た。震災の翌日、息子は佐伯さんの自宅をおとずれていた。鍵がかかっておらず、ラジオはつけっぱなし、靴は散乱しているといった状態の玄関を見て、几帳面な母がこんな状態でいなくなるはずはない、と感じ、「これは流された」と思ったそうだ。しかし、後日佐伯さんの置き手紙により病院にいることを知り、なんとか佐伯さんにたどり着いた。

佐伯さんはおそらく嬉しかったであろう息子との再会を、それほど劇的には語らなかった。自分を避難させてくれた安部さんが夫婦共に無事であったことに感謝し、同じ避難所内にいたことに多くの言葉を割いて話していた。そして、全壊を免《まぬが》れ形の残った自宅の存在と、それほど大きな身体的ダメージを受けずに避難できた自分自身を責めた。同室の「被災者」の人たちからサポートをうければうけるほど、佐伯さんの心には「申し訳ない」と感じる気持ちが大きくなり、早く避難所を出たいという気持ちがふくらんでいったという。

佐伯さんは避難所生活への不満は口にしなかった。初めて知り合ったにもかかわらず佐伯さんを気遣ってくれた周囲の人たちや手厚いサポートをしてくれた知人たちに何度も感謝の言葉を述べた。そして感謝すればするほど、自宅のダメージの小ささ、高齢者である「何も出来ない」自分が生きのびた事実に打ちのめされていった。

水道が出た5月、佐伯さんは自宅へ戻った。

［3］復旧する生活、戻らない心

水道が出たといっても、まだガスも電気もきていない。寒く、暗い中での生活が始まった。震災後すぐに消したストーブにまだ灯油が入っていた。それで暖を取り、日中はともかくゴミを拾った。津波で荒れた家の中、庭、周囲にあるゴミを拾い、まとめるだけで日々が過ぎていった。洗濯機を回すこともできなかったため、冷たい水で洗い、絞りきれず水が垂れている服を干した。夜、真っ暗な中、息子を待ち、コンビニで買ってきてくれたおにぎりやお弁当を二人で分け合って食べた。息子と分け合って食べたお弁当はとっくにさめて冷たかったが、この上なくおいしかった。

自宅に戻って20日ほど経った頃、電気がついた。まず、ご飯を研ぎ、息子を待った。湯気の上がる真っ白なご飯が炊きあがったとき、二人で思わず顔を見合わせたという。息子は「あのときのご飯のおいしさは一生忘れない」と言った。7月に入ってようやくガスが通った。その晩はお風呂を沸かして息子を待った。帰ってきた息子は「あれ、ガスついたの」と驚いた。佐伯さんにとって、震災後の大きな節目は、お風呂が沸き、すべての生活を自宅で行えるようになった7月だった。

水が出、電気がきて、ガスがつく。一つひとつインフラが整備されていくたびに、佐伯さんはそのありがたさと喜びを息子とそっと分かち合った。しかし、その喜びと同時に、「申し訳ない」といういたたまれなさを感じた。

薬師公園へ避難し、のぞみ病院で一晩を過ごした朝、生きのびようと決意した自分を責めるかのように、ぽつりとぽつりと「申し訳ない」という言葉を佐伯さんは繰り返した。

［4］今までどうやって生きてきたのか

インフラ復旧後、佐伯さんは日々自宅でほとんどの時間を過ごしている。震災前もほとんどの時間を自宅で過ごしていたから、それほど日々の過ごし方に変化はないはずだ。しかし、震災は佐伯さんの大事な何かを奪い、心にぽっかりと穴を空けた。震災前、笑って見ていたテレビを今はもう見れない。何も思わずつけていたテレビをつける気がしない。もう今はニュースしか見ていないという。テレビをみてもおかしくもなんともないのだ。

震災後も心配し、手をさしのべてくれる人たちに大きな感謝をしつつ、もう元のような自分に戻ることが難しいと、佐伯さんは身を縮めて話す。そして、それは自分が悪い、と自身を責める。

佐伯さんは掃除と散歩が好きだった。毎朝毎夕決まった時間に自宅の周辺を掃除し、お昼になると散歩をした。近所の人たちに声をかけ、声をかけられ、挨拶を交わし、「なんでもないこと」を話した。震災は、そういった佐伯さんの日常を、つながりを奪った。避難所で共に過ごした人たちも、一人、二人と仮設住宅へと入っていき、バラバラになった。あの時お世話になったお礼をみんなに言いたいと、佐伯さんは願っている。けれど、誰がどこへ行ったのか、わからない。わかったとしても、仮設住宅は遠い。佐伯さんの足ですべての仮設住宅を回ることは難しい。一度だけ、どうしてもお礼が言いたいと、タクシーを使ってある仮設住宅群へ行ったことがある。しかし、昼に訪れたこともあり、誰も仮設住宅の外に出ておらず、そのまま自宅へ戻った。

今、佐伯さんが近所を散歩することはない。何もなくなり、誰もいなくなった土地を歩くことは、佐伯さんにとって何より辛い。震災という日常の断絶は、そのまま佐伯さんの人生に断絶をもたらし、日々の生きる喜びを奪った。

3　点と点は線になるか

［1］地域住民の視点

インタビューさせていただいた二人とも、家族が無事であったことは共通していた。また、震災当日やその後の行動について、自分やその家族がどう生き抜いていったかを中心に語られたことも同じだった。しかし、震災が二人に「もたらしたもの」は、大きな異なりがあった。

この異なりは、もしかしたら年齢や性別の違いや職業の有無からもたらされたものかもしれない。しかし私が感じた二人を分けた要因のひとつは、「家族ではない人たちとのつながり」を自然な流れで持つことができたか否か、ということだった。

家族や仕事、地域を歩き撮影することを通じて、半ば当然のように藤枝さんは家族ではない人とつながった。そのことで、震災後の日々の暮らしに「他人」が入りこみ、釜石という地域に暮らす「同志」ができた。同志の言葉が、自分の職業の重みを教えてくれた。佐伯さんは、奥ゆかしいが人なつっこく、日々を人びとの中で生きることの好きな方だった。しかし、同年代の友人が多く亡くなり、近所を散歩することもできなくなったことで、家族以外の誰かとつながることは難しくなった。佐伯さんの耳に入ってくる「他人」の言葉は、テレビやラジオといったメディアが中心となった。釜石という地域で生きる人たちの言葉は、佐伯さんを心配してくれるけれど、佐伯さんにとってはそれが負担となるような言葉がほとんどになってしまった。何の変哲もない、日々を生きる言葉——おそらくそれは佐伯さんにとっては挨拶だったのだろう——が周囲からなくなってしまった。そしてそれが自然に「復旧」することは難しい状況となってしまったのだ。

［2］面にならなくとも、線を引く

震災から2年半が過ぎた頃、もう一度佐伯さんのところへいった。まだ散歩はできないようだった。私はかける言葉が見つからず口ごもっていた。すると、佐伯さんは、最近小学校の登下校時間に自宅の周囲を掃除しているのだ、と話してくれた。その時間に掃除をしていると近所の小学生が大きな声で挨拶をしてくれるのだそうだ。「おはようございます」と。その話をしたとき、佐伯さんは少し微笑んだ。

日々を生きていくための動機は、たぶんなんでもいい。お金や時間も大切だろう。けれどおそらく、生きる喜びの一つは、何の変哲もない、代わり映えのしない、これといった意味のない言葉を、言い換えれば、挨拶を交わす相手がいる、ということなのだ。そしてそれは、できれば家族だけではない、顔は知っているけど、名前は知らないくらいの他人がいい。そういった人とのつながりの種を蒔《ま》くこと。それが、地域に住む人びとが日々を生きる希望をうむことへとつながっていくのではないだろうか。

第12章

「ねおす」から「さんつな」へ

大堀　研

1 「ねおす」と釜石

筆者が初めて柏﨑《かしわざき》未来《みき》さんに出会ったのは、東日本大震災が発生する１年前の２０１０年２月末、北海道でのことであった。自然体験活動を手法としてツーリズムや地域づくりなどの事業を展開するＮＰＯ法人「ねおす」の10周年記念シンポジウムがあり、そのエクスカーション（共同の野外調査、などの意味）として、ねおすの拠点の一つである「黒松内《くろまつない》ぶなの森自然学校」（以下「ぶな森」）で１泊するという企画があった。黒松内は札幌と函館の中間ほどのところにある、人口約３０００人の町である。日本におけるブナの北限の地であり、それを活用したまちづくりを行っている。ねおすは黒松内町《くろまつないちょう》の廃校を、国や町と協働して整備し、1999年から自然学校として運営するようになった。その後、ねおす理事長の高木晴光《たかぎはるみつ》さんは黒松内に移住している。柏崎さんは、そのぶな森の研修生として働いていた。

エクスカーションの晩に、たまたま釜石で調査をしていることを話した。すると柏崎さんが釜石出身であることを教えてくれた。黒松内で釜石出身の人に会えるとは思っていなかったので驚いた。しかも全国的にも知られているNPOであるねおすで働いており、話をきけば、いずれ釜石に帰って活動したいと柏崎さんは言った。是非それを実現させてほしいと思った。それから1年後、予想もしなかった形で柏崎さんは釜石に戻ることになった。

柏崎さんやねおすの釜石での活動の話をする前に、ねおすのことを簡単に紹介しておこう。1992年に、高木さんを中心とする任意団体「北海道自然体験学校NEOS《ネオス》」が結成された。NEOSとは、Nature Experience Outdoor School の頭文字をとったものである。1999年には平仮名の「ねおす」として、北海道で2番目となるNPOの認証を受けた（1番目は倉本聰《くらもとそう》のドラマで知られる富良野市《ふらのし》の「ふらの演劇工房」）。本部は札幌にあるが、先にみたようにNPO法人認証と同じ年の1999年に黒松内で自然学校の運営を開始している。大雪山《たいせつざん》や苫小牧《とまこまい》にも拠点をもっており、大沼《おおぬま》、中頓別《なかとんべつ》、登別《のぼりべつ》、弟子屈《てしかが》などにも関連の深い組織・施設がある。北海道内で幅広く活動を展開している。

活動の主な内容は、エコツアーのコーディネート、自然学校での子どもの受け入れ、それらを通じた地域づくりである。高木さんは、新聞のインタビューに対して「私たちが過去20年間、道内各地で手掛けてきた自然体験活動も、都会の人たちが自然を楽しむだけでなく農山村部と都市部の人たちとの交流促進を通じた地域づくりを狙いとする事業なのです」と答えている（『北海道新聞』2012年11月24日）。高木さんのように、スタッフがそれぞれの拠点の住民となり、地域の人々とともに地域づくりを進めている。

2012年度の事業収支は収入・支出とも1・1億円を超えている。やや古いデータだが、2006年に発表されたNPOの全国調査のデータでは、年間収支規模が500万円未満と回答したNPOが50パーセント以上、1億円以上と答えたNPOは4パーセント程度であった[1]。これをみれば、ねおすが全国的にみても有数のNPOであることが分かる。

そのねおすが、東日本大震災直後に釜石での支援活動を開始した。きっかけはもちろん柏﨑さんの存在だった。理事長の高木さんは次のように書いている。

（支援活動を行った要因の）第一は釜石出身の職員、柏﨑未来の存在であった。発災後、釜石の状況はなかなかTV映像では流れなかった。3月12日の昼頃、初めて釜石市街地に流れ込む濁流が画面に映し出された。同時に刻々と事態が悪化する福島原発事故も伝えていた。出動するか否かしばし逡巡《しゅんじゅん》したが、ねおすというコミュニティ全体が彼女と彼女の郷里を心配している、「通常業務はできない」と直感した。出動以外の選択肢はなくなった。（NPO法人ねおす 2012a、26頁）。

高木さんは、柏﨑さんともう一人の職員とともに3月12日に黒松内を出発、早くも13日に釜石に到着した。

柏﨑さんは、黒松内を出発し釜石に到着するまでのことを次のように語っている。

（12日夜に）函館からフェリーに乗ろうということだったんですけど、ねおすの強みとして、各地に拠点があるので、そのフェリーの予約を函館の大沼のスタッフに連絡して、すぐ青森行きのチケットを取ってくれということで（そのスタッフがチケットをとりに）行って、地元の方なので、鎖を飛び越えて、そのチケットを取って。本当はすぐ乗れないものだったと思うんですけど、いちばんはじめに出るフェリーの、後ろから2番目の車でぎりぎり乗ることができて、いちばん早く行けたんですよね。本当は車で待つだろうということで、並ぶだろうというので早めに（黒松内を）出たんですけど、結構早く行けそうですよと連絡があったので、じゃ、行こうということで。やっぱりすごいなと思いましたね。あちこちで。

（２０１２年２月２日インタビュー）

ねおすが北海道内に構築したネットワークが、とても早い段階で支援活動を開始できた要因となったことが分かる。さらに、エコツーリズムなどを行う団体であったことから、野外活動にも長けていた。今回の被災地のような、一般的には生活が困難な地域でも、生活基盤をつくり、支援を行えるだけのスキルを有していた。ねおすが自然体験活動を事業とする有数のＮＰＯだったからこそ、釜石で早期の、そして長期にわたる支援活動が可能となったのである。

だが、実力のあるねおすであっても、あれだけの災害の現場で支援活動を行うことは容易ではなかったようだ。高木さんは当時のことを、「目の前に広がる悲惨な現状は被災地の真っただ中にいても、いったい何が起こったのか、その現実についてゆけない」（ＮＰＯ法人ねおす　２０１２a、３頁）と表現している。当時ねおすの事務局長で、支援活動の第２陣の一員として３月17日に釜石入りした齋藤学《さいとうまなぶ》さんも、「時間の流れ、各地から次々と提供される物資、避難所のストレス、めまぐるしく変わる状況など、とにかく全く経験したことのない圧倒されるような感覚でした」と語っている。[2] 被災直後の釜石の状況が、相当苛酷なものであったことが伝わってくる。

柏﨑さんのご家族はご無事だったが、実家は津波で流されていた。ねおすは彼女の親戚の家の庭先にテントを構え、支援活動を開始した。柏﨑さんの実家のあった市東北部の鵜《うの》住居《すまい》地区、そこを含む大槌湾《おおつちわん》一帯、鵜住居地区の住民の多くが避難した栗橋《くりはし》地区（釜石市の北西部の地区）が活動地域となった。鵜住居地区は釜石市で最も被害が大きかった地区である。ねおすはまず、北海道から運び込んだ物資の配給、行方不明者の捜索、近隣市町村への不足物資の調達などにとり組んだ。

避難所の子どもたちと遊ぶ活動も、3月中と早い時期に開始している。子どもたちを対象とした活動の狙いについて、柏﨑さんは「（子どもを遊ばせると）親御さんも少し自分の時間もできるし、避難所としても、子どもたちがいないことで落ち着いた時間を送ることができる。子どもたちは楽しく遊んで、体を使って、夜はすぐに寝る。だから、本当にいろんな意味で、子どもの居場所は必要でもあった」と説明してくれた（2012年2月2日インタビュー）。子どもだけではなく、避難所の大人も視野に入れている。幅の広い発想ができた背景には、北海道での長年にわたる活動の蓄積があった。

支援活動を展開するにあたってねおすが心がけたことは、地域と良好な関係をつくることだった。高木さんは次のように言っている。

支援活動は、被災者だけではなく被災者を受け入れる地域とも交流を重ね、外から支援に来た我々が何者であるかをわかってもらい「信用」を得ることが大切である。一方的な支援は長続きしない。（NPO法人ねおす 2012a、3頁）

先にみたように、ねおすは黒松内やその他の北海道内の各拠点で、地域づくりに携わることを活動の柱の一つにしている。長い間、地域との関係づくりを続けてきたねおすのスタッフは、釜石でもそれを重視した。被災者の要望をしっかりとくみ取り、札幌本部を拠点として物資を調達し、被災者に届ける体制をつくりあげた。避難所だけでなく、自宅避難者にも物資を届け、また被災を免れた住民とも関係を構築するなど細やかな活動を行った。ねおすの報告書では、そのような活動の方針を「御用聞き」と表現している（同上書10頁）。また高木さんは「ステップ・バイ・ステップで」という言い方をしていたこともあった（2011年4月3日の取材ノートより）。この言葉にもねおすの支援のきめ細やかさが表れていると思う。それにより、ねおすは着実に地域の信頼を得ていった。鵜住居地区で長年地域づくりに携わってきたある釜石市民は次のように書いている。

（多くの支援団体の中でも―筆者注）印象深いのは、NPO法人ねおすである。（中略）栗林《くりばやし》・橋野《はしの》（それぞれ釜石市内の栗橋地区内の町の名称―筆者注）の自治組織と協調し、札幌・函館・黒松内のグループと連携した活動ぶりには驚かされた。行政や自衛隊の物資支援体制の整備の推移に順応しながら、避難所への支援の内容を変えるなどの対応力は、「すばらしい」の一語につきる。（『復興釜石新聞』2011年8月3日）

柏崎さんの存在も、ねおすが地域に受け入れられた要因の一つとなった。支援開始から約8か月のねおすの活動をまとめた『233days』には、多くの地域住民が声を寄せている。その中には、「片岸《かたぎし》（鵜住居地区の中の地名―筆者注）出身の柏崎〔ママ〕さんがいることを知り親しみを感じました」（NPO法人ねおす 2012a、11頁）、「ねおすの柏崎〔ママ〕さんが釜石の片岸出身だったのも心強かった」（同上書、21頁）など、柏崎さんのことをあげている人が何人かいる。ねおすが活動を展開するにあたって、地元出身の彼女の存在は不可欠だったといえるだろう。

ねおすの支援活動は4月以降も継続された。4月には「青空喫茶」（バザー形式の物資配給＋ボランティアと被災者・住民の交流の場づくり）を開始した。また発災直後の緊急支援的な活動に加え、長期的な視点にたった活動も模索するようになっていく。ボランティアとツーリズムを結びつける動きである。ねおすはすでに3月中に、栗橋地区の集会所を借り受けて独自のボランティアセンターを開設し、北海道などからボランティアを受け入れていた（ねおすの釜石での拠点はその後移動している）。このボランティアの受け入れを、地域の長期的な復興に結びつけることが必要という考えが生まれてきた。

ボランティアの多くは他所からやってきてガレキの片付けなどをして帰るだけだが、せっかくの人の流れをそれだけで終わらせてよいものだろうか。もっと深く釜石を知ってもらい、感じてもらい、ファンになってもらう。そうすることで被災地が忘れられることなく長期にわたって関わってくれる人の輪が生み出されるはずだ。（NPO法人ねおす 2012a、12頁）

こうしてボランティア活動をツーリズムと結びつける実践が始まっていく。そこに、釜石の伊藤《いとう》聡《さとし》さんが加わることになる。

2 「さんつな」の誕生

伊藤さんの話に入る前に、釜石でのツーリズムについて簡単に紹介しよう。1997年に、鵜住居地区の根浜《ねばま》という海岸沿いの集落にある旅館「宝来館《ほうらいかん》」が、農林漁業体験協会（現在の都市農山漁村交流活性化機構）の「農林漁業体験民宿」として登録された。翌1998年には、岩手県庁の出先機関、釜石市役所、釜石の北隣の大槌町《おおつちちょう》役場、地域の農漁業者や宝来館を含む宿泊業者などによって「A&Fグリーン・ツーリズム協議会」が結成され（AはAgriculture（農業）、FはFishery（漁業）の頭文字）、グリーン・ツーリズムのとり組みが本格的に始められた。やがて農家民泊なども開始され、修学旅行も受け入れるようになるなど、着実に発展していた（釜石のグリーン・ツーリズムの詳細については大堀（2009a）を参照）。伊藤さんは2010年頃からグリーン・ツーリズムにかかわるようになる。

伊藤さんは、高校卒業後一時釜石を離れたが、すぐに釜石に戻り、市内でサラリーマンとして働いていた。そのかたわら、2004年に結成された「小さな風」という20～30歳代の若者を中心とした任意団体に参加し、まちづくり活動にも取り組んでいた。「小さな風」は、子ども向けの「あつまれ笑顔」というイベントや、釜石の将来を話し合う「バトルトーク」というイベントの主催などの活動を行っている。2008年1月には、市内に産科医がいなくなったことをうけて「お産フォーラムin釜石」を開催するなど、徐々に活動の幅を広げた（小さな風については大堀（2009b）を参照）。2009年からは、伊藤さんが「小さな風」の会長になった。

震災後は釜石にも若者中心のまちづくりグループやNPOが数多く立ち上がったが、震災前は筆者が知るかぎり「小さな風」しかなかった。伊藤さんも、震災後の変化について次のように言っている。

いままで若い人の声ってぜんぜんなかったですもんね。それがいろんなところから聞こえてくるので。ぜんぜん変わりましたね。劇的に変わってると思う。（2011年12月14日インタビュー）

伊藤さんや「小さな風」のメンバーは、釜石では言わば「例外的」な若者だった。20名前後と決して多かったわけではないメンバーと共に活動を続ける中で、また仕事などを通じて、伊藤さんは釜石市内での人間関係を築いていく。このことは震災後の伊藤さんの活動に大きな意味をもった。先の話となるが、2014年2月1日に、伊藤さん、柏崎さんが結成した「三陸ひとつなぎ自然学校」が東京で「大かまいし会」を開き、活動報告を行っている。その中で柏﨑さんは、伊藤さんのことを「ネットワークがあり地元を知っている、自分が足りないところを持っている」と話している（２０１４年2月1日取材ノートより）。

２０１３年3月から約1年間にわたりこの団体のスタッフを務めた橋本《はしもと》かな子《こ》さんも、伊藤さんが市内のどこにいっても声をかけられることに驚いた、と言っていた（２０１４年2月25日インタビュー）。伊藤さんの釜石市内にもつ人間関係がとても豊富であり、それが震災後の活動にも良い影響を及ぼしていることがうかがえる。

話を元に戻そう。伊藤さんはその後サラリーマンを辞め、短期間市内のＮＰＯに勤務した後、２０１０年からは先に紹介した宝来館の「番頭」となり、グリーン・ツーリズムなどを担当するようになった。震災も宝来館で経験することとなる。

海岸沿いにある宝来館は2階まで津波にのまれた。伊藤さんは裏山に逃れ無事だったが、市内の別の地区にあった自宅は津波で流された。宝来館は当然営業ができなくなり、伊藤さんは自身を含めた全従業員の解雇手続きを行うことになった。それでも伊藤さんは宝来館の再開に向けて手伝いなどを続けた。その中で、鵜住居地区の支援を行うねおすと出会い、関係を深めていく。

5月3日には伊藤さんが中心となり、根浜海岸の清掃ボランティアが行われた。これが伊藤さんとねおすとの最初の本格的な共同作業となった。根浜海岸の松林や宝来館の中に散乱している瓦礫《がれき》を片付けるために、市内外から100人程度のボランティアが集合した。北海道からも、ねおすが募集したボランティアが16名参加した。これらのボランティアのコーディネートを、伊藤さんとねおすが受け持ったのである。伊藤さんは、この日が転機の一つになったと語っている。やや長くなるが、インタビューの記録を引用しよう。

伊藤　5月3日が大きかったですよね。ぜんぜん軽い気持ちでやったんですよ。松林がきたないからきれいにしたいというのと、あとゴールデンウィークだから人が来るんじゃないかと。そもそも、密着取材がＮＨＫとかテレビ岩手が入っていたので、画になるかなぐらいの勢いで。掃除するだけじゃちょっと弱いから、なんか復興の象徴で、ハマナスを植えたらいいんじゃないかとか話をしていて。そのときにはねおすとか、その頃はもういろいろとやり方とか相談していたので、はまなすは北海道だから、ねおす経由でどうにかならないかとかね。そういう話をしたら本当に送ってもらえて、実際に人手も送ってもらえてとか。

（中略）

大堀　たとえば、あれが転機になったということは、あの日をきっかけに行動パターンというか、考え方に何か違いが出てきたという感じがある？

伊藤　というか、周りが変わってきたのかもしれないです。というのは、一応こういう感じでボランティアを集めて清掃をしたという情報を流したら、「じゃあ、うちも何かやらせてくれないか」という問い合わせが増えたんですよ。もちろん、知らない人のは断っていましたけど、知っている人、とくにシーウェイブス（釜石のラグビーチーム——筆者注）絡みとか、ラグビーの大学生とか、来るようになったんですよ。で、受け入れていたんですけれども。だから、あっちから結構来るようになったので、その都度、あっちからどんな人が来る、何人来る、そのときに地元にどんなニーズがあるかというのを、くっつける仕事をしていたんですよ。

（中略）

伊藤　自然にそういうことが始まったんですよ。いま思えば、これがボランティアコーディネートなのかなみたいな感じのを、あとから（思えば）。そのときはぜんぜんそんなことは考えないですよ。普通に、あっちがやりたいというから、地元の人でもこういうのがあればいいなと言っているから、じゃあやろうかとか。こういう物資を配りたいといったら、じゃああそこに持っていけばいいかなとかいうのを、日頃から地元の人と接していているから、自然にできちゃいますよね。

（2011年12月14日インタビュー）

5月3日の活動をきっかけに、伊藤さんは市内外のボランティアを受け入れ、コーディネートする活動にかかわるようになっていく。その伊藤さんを、ねおすは6月に職員として採用した。北海道を中心に全国に広いネットワークをもつねおすと、釜石市内に豊富な人間関係を築いてきた伊藤さんがつながったことで、ボランティア・ツーリズムを実践する体制ができあがった。たとえば6月に、ねおすは以前から関係のあった都留文科《つるぶんか》大学（山梨県）の学生ボランティアを受け入れており、そのコーディネートを伊藤さんも担ったのである。2011年10月までにねおすが受け入れたボランティアは1000人以上（NPO法人ねおす 2012a、16頁）、2011年度全体ではのべ約2500名（NPO法人ねおす 2012b、5頁）にまでのぼったようだ。

7～8月には、ねおすなどが受託していた内閣府「地域社会雇用創造事業」の研修に柏崎さんと伊藤さんも参加した。柏崎さんはボランティアコーディネートの他に、子どもを対象とした活動を継続しており、また地域の女性たちによる郷土料理の会のサポートなども手掛けるようになっていた。研修をきっかけに、それらの事業で起業ができないかと考えるようになる。また伊藤さんも、ボランティアコーディネートでの起業を考えるようになった。二人はねおすでの活動を続けながら起業の準備を進める。そして２０１２年４月、二人はねおすから独立し、任意団体「三陸ひとつなぎ自然学校」、略称「さんつな」をたちあげた。

3 「育ち合う」釜石へ

たちあげ以降のさんつなは、ツーリズムやボランティアコーディネートなど「ひとつなぎ」の領域と、子どもを対象とする「自然学校」の領域の二つを柱とした活動を展開している。具体的には、子どもの居場所づくり、地域の食を伝える活動、漁業復興支援などの活動である。ねおすはといえば、次第にさんつなの支援にまわる形を強めていった。さんつなは、２０１３年５月に一般社団法人となった。

さんつなは上記のような活動以外にも、シンポジウムなどの主催、共催も担っている。台湾実践大学《たいわんじっせんだいがく》による「被災した地域コミュニティによる自立復興」フォーラム（２０１２年８月10日）、経済産業省ソーシャルビジネスノウハウ移転・支援事業シンポジウム「〝被災地における着地型観光と地域づくり〟を考える」（２０１３年２月25日）、「東北環境教育ミーティングin岩手三陸」（2013年11月2～4日）、などである。市外のさまざまな組織と関係が形作られるようになったことが分かる。

さんつなに関わる人も充実してきている。ねおすの事務局長だった齋藤学さんは、その職を辞し、2013年8月から「釜石リージョナルコーディネーター」、通称「釜援隊《かまえんたい》」の第2期生の一員となった。釜援隊とは、釜石市と、復興支援のために立ち上げられた一般社団法人RFCが作り上げた仕組みで、全国から志願者を募り、釜石市の復興支援員として送り込むというものである。隊員は市役所やNPOなどに派遣され、活動をサポートする。齋藤さんはさんつなの専属ではないが、その活動をサポートしている。さんつなに派遣されたのは、釜援隊第1期生の黍原豊《きびはらゆたか》さんである。黍原さんは、岩手県葛巻町《くずまきまち》にある、環境分野ではやはり全国的に有名なNPO法人「岩手子ども環境研究所」の職員として長年働き、2013年4月に釜援隊に加わった。全国有数の環境系NPOの元職員2名が、現在はさんつなに関わっていることになる。さらに、東京のNPO法人「ETIC《エティック》」が被災地に若手人材を派遣する「右腕派遣プログラム」を通じて、これまでに2名の若者が活動に携わった。先に登場した橋本かな子さんは、そのうちの一人である。

成長を続けるさんつなに対する注目度は高い。これまでにもすでに何人かの研究者がとり上げて報告している（保井（2013）、姜（2013）、宇野（2013）など）。では、さんつなが活動を充実させることができた理由はなにか。

一つは、全国的なネットワークを持つねおすと、釜石で人間関係を構築してきた伊藤さんがつながったことがあげられるだろう。それにより、市外からの人の受け入れの質が高まったことは確かなはずだ。だとすれば、ねおすを釜石に連れてくるきっかけとなった柏﨑さんの存在は重要である。彼女がねおすで働いていなければ、ねおすは釜石に来ず、伊藤さんと出会うこともなかった。柏﨑さんのような、外部と内部をつなぐきっかけとなる存在を持つことができるかが、今後の地域にとって大事なことになるのではないか。

それは簡単なことではないかもしれない。制度を作ったり、誰かが望んだりすればそうした人物が現れるわけではない。柏﨑さんの場合も、ねおすの職員となったのは自身の希望によるものである。ひとまずは、地域の出身者の誰がどこで何をしているのかの情報をしっかりと収集することが基本となるだろう。

もう一つは、さんつなの考え方にポイントがあるように思う。「右腕」の橋本さんは、自身の1年間の活動を振り返って次のように語っている。


最初の頃って、外からの人をいかに呼びこむかってところばっかり目がいっていたので、「もっと宿泊場所とか作れば絶対人くるのに」とか、そういう頭しかもってなかったので、すごく感じることが多かったんですけど、こうやって1年いてみて、そこの目線が私の中では後回しになっていて。

それよりも、こうやって、ここで「地域をつくる」という活動に1年間関わってきて、根っこの部分というか、地域の人がいかにこの地域をつくっていくかというのが、地域を思って、どうやって動いていくかというのが根っこの部分にあって、外からそこに人が来るか来ないか、そういうのって後から必要になってくるものなのかな、とか、そういう見方は変わりましたね。

（2014年2月25日インタビュー、傍点筆者）

橋本さんのいう「地域の人が地域をつくる」は、まさに伊藤さん、柏﨑さん、そしてねおすがこれまでの活動で実践してきたことといえるだろう。「自分たちで自分たちの地域をつくる」という考えを「自立」と表現しておこう。橋本さんの発言は、さんつなの、ねおすの「自立」の考え方が、彼女に十分に伝わっていることを表していると思う。その橋本さんは別のインタビューで、さんつなで働くことを決めた理由として「自身も被災していながら立ち上がろうとしていた彼（伊藤さんのこと—筆者注）の想いに、共感できたのもポイントでしたね[3]」と話している。被災したにもかかわらず「自立」しようとするさんつなに、多くの人々が引きつけられ、活動に参加しているのかもしれない。

その「自立」には、他者との関係が含みこまれている。伊藤さんは、最近の新聞インタビューで「（釜石に―筆者注）来てくれる人とともに「育ち合う」のを目指したい」と話した（『朝日新聞』2014年3月20日）。自分たちだけでなく、他者とともに成長し、地域をつくりあげていこうという考え。そして、ツーリズムを行う立場でありながら、外からの人間を「お客」として一方的に敬うのではなく、共に育つ、共に自立を目指す存在としてとらえている。こうした見方がツーリズムのホスト側から発信されることは、これまで多くはなかったように思う。さんつなの活動は、新しいものを生み出す可能性を秘めている。

注

（1）経済産業研究所「平成18年度「NPO法人の活動に関する調査研究（NPO法人調査）」報告書」（平成19年3月）、26-27頁。なお、調査対象は1万2000法人（うち有効発送数1万1459）、回収数2669（調査票回収2550、WEB回収119）、回収率22・2パーセント、有効回収数2636（調査票回収2517、WEB回収119）、有効回収率（有効回収数／有効発送数）23・0パーセントとなっている（同上書3頁）。

（2）三菱商事復興支援財団のインターネットページでのねおすに関する記事。http://www.mitsubishicorpfoundation.org/reconstruction/case/file24.html（２０１４年４月30日アクセス）。

（３）「右腕」を支援する ap bank Fund for Japan のインターネットページ。http://apfj.apbank.jp/haken/interview02.html（２０１４年４月30日アクセス）。

参考文献

宇野重規（２０１３）『民主主義のつくり方』筑摩書房。

ＮＰＯ法人ねおす（２０１２a）『２３３days』。

ＮＰＯ法人ねおす（２０１２b）『ＮＰＯ法人ねおす　２０１１年度事業報告書』。

ＮＰＯ法人ねおす（２０１３）『ＮＰＯ法人ねおす　２０１２年度事業報告書』。

大堀　研（２００９a）「グリーン・ツーリズムが育てるもの」東大社研・玄田有史・中村尚史編『希望学２　希望の再生』東京大学出版会、２６９－２９９頁。

大堀　研（２００９b）「誰が釜石市を「つくる」のか――地域生活応援システムと住民活動」東大社研・玄田有史・中村尚史編『希望学３　希望をつなぐ』東京大学出版会、89－１１８頁。

姜　雪潔（２０１３）「産業復興・地域創造とＮＰＯ――東北発・ソーシャルイノベーションの芽生え」関満博編『震災復興と地域産業２――産業創造に向かう「釜石モデル」』新評論、１９０－２１３頁。

さんりくひとつなぎ自然学校（２０１３）『活動報告書』。

保井美樹（２０１３）「コミュニティ主導による復興まちづくりの可能性――釜石市鵜住居」大西隆・城所哲夫・瀬田史彦編著『東日本大震災　復興まちづくり最前線』学芸出版社、２５６－２７３頁。

III 当事者の視点

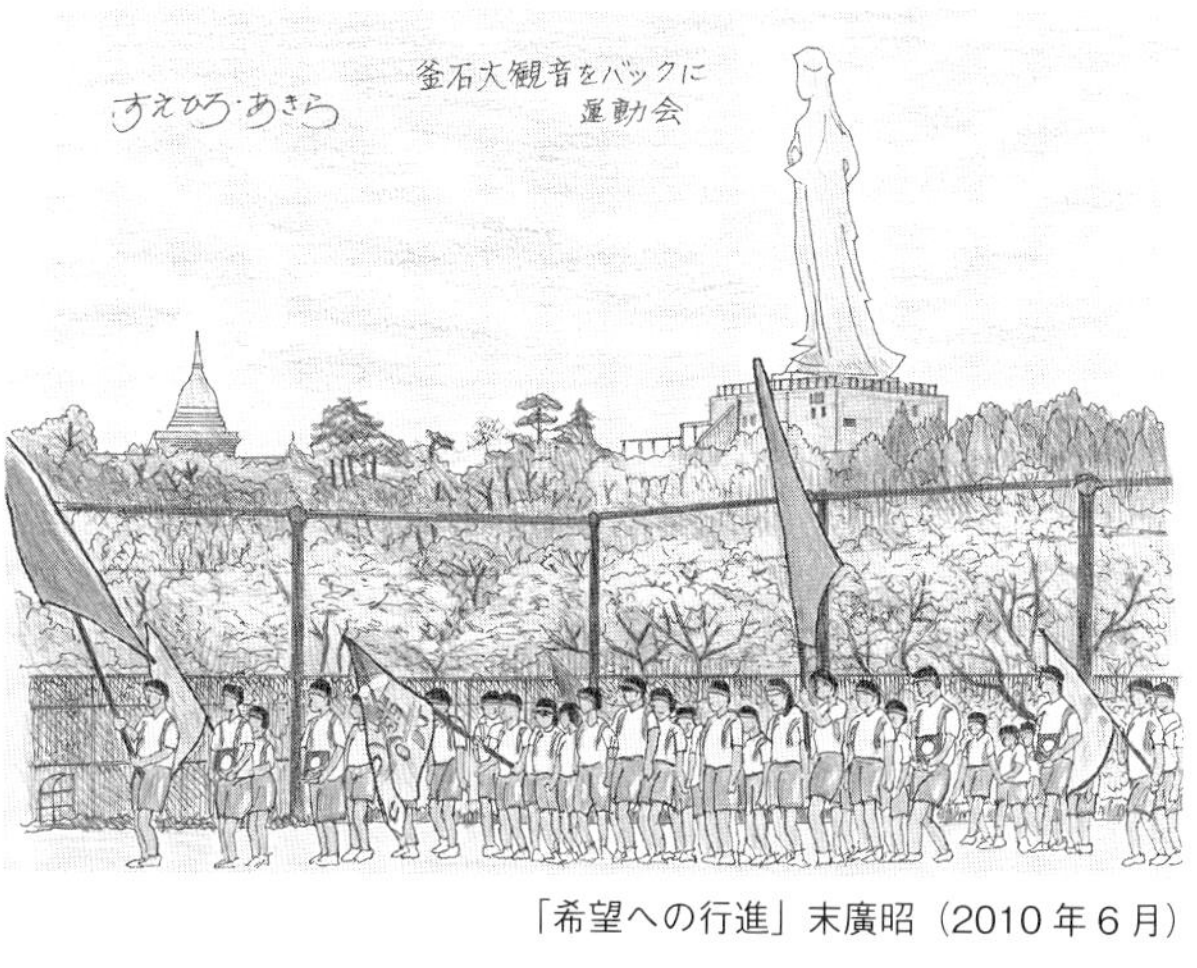

「希望への行進」末廣昭（2010年6月）

第13章

東日本大震災と釜石市

1年間のあゆみ

佐々木 守

1 3月11日

その瞬間から世界が一変しました。

2011年3月11日、それまではいつもどおりに平穏に進んでいました。その日は金曜日で、市議会の開会中であり、仕事後は今度異動となる釜石警察署の課長と二人で送別会をすることにしていました。14時46分、市役所3階にある議場の中にいた私たちは、突然の激しい揺れに恐れをなしました。いつもの地震とは違う、大きくて長い揺れでありました。高い議場の天井は大きく揺れ、いまにも崩壊しそうでありました。議長は直に休会を宣言したのでした。

私は、すぐに2階の防災課の自席に戻り、部下に防災行政無線で避難の呼びかけの放送をするよう命じました。その間も地震は続いており、棚の書類やテレビが落ちそうになっていました。テレビで情報を得ようとしましたが、すぐに停電となりラジオをつけました。電話も使えなくなりました。私は、今後30年以内に99パーセントと来ると言われていた宮城沖地震ではないかと思いました。

当市は震度6弱であり、地震とともに釜石市災害対策本部を設置しました。地震から3分後、気象庁から3メートルの大津波警報が発令されたので基準どおり「避難指示」として防災行政無線でその旨放送し、休み無く続けて放送するよう部下に命じました。その間も余震は続いていました。私は、いつもの地震とは違う大きくて長い揺れにとてつもなく大きな津波が来襲するに違いないと感じていました。とにかくみんながすぐに高台等に避難してもらいたいと願っていました。初動のマニュアルどおり近くにいた職員二人に海岸付近を車で避難の呼びかけをするよう指示しました。また停電の状況を知るため職員一人を500メートルほど離れている東北電力に派遣させました。

市役所2階から外を見ると多くの人が庁舎や高台に避難していました。道路は車で渋滞していました。ふと前庭を見ると自衛隊の車両があり、自衛隊員が数名いました。2か月前からこの日に通信訓練のため駐車場に車を置かせてくれと依頼されていたことを思い出しました。隊員は市役所の入り口付近で避難者の誘導や補助をしていました。刻々と時間が過ぎていきました。防災行政無線のサイレントと避難の呼びかけが休み無く続いていました。

15時14分、ラジオで3メートルの大津波警報が6メートルに変更になったことを知りました。大きな津波が来襲すると感じていたので、防災行政無線での放送をメートルでの呼びかけはせず、「大きな津波が予想されるのですぐに高台に避難してください」との放送に変更させました。

15時21分、津波が来襲しました。2階から海の方を見ていたら、津波が建物と建物の間をものすごい勢いで、すべてを飲み込んでこちらに向かってきました。渋滞の車が人を乗せたまま流されるのが見えました。自衛隊員が市役所の入り口で避難して来た高齢者を助けているのが見えました。どうすることもできない大きい津波でありました。

私と防災行政無線を放送していた部下も、2階では危険と感じ屋上に避難しました。そこには避難して来た住民、市職員、市議会議員など多くの人がいました。市内を見渡すとまるで湖のようでありました。わずかに高いビル、ホテル、工場の上だけが水のうえからでている状況でした。

頭が真っ白になりました。とてつもない津波がきた。大きい被害がでるだろう。みんな避難して助かってくれればいいと心で祈りました。屋上にいる人たちもあまりの出来事に声もでない。呆然としていました。泣いてる人もいました。私はこうしてはいられない。防災課長としてなすべきことをしなくてはならないと肝に銘じました。

私は屋上にはわずかな時間しかいなかったと思います。すぐに2階の防災課に戻り、何かをしなければならないと思いました。まずは情報収集と考えましたが、電話、携帯電話は使えず、県との防災ファクシミリも使えない、停電ですべての機器も使えない、市役所の周り、市内は瓦礫《がれき》の山で移動はできない。衛星携帯電話もありましたが、なかなかつながらない状況でした。市役所も孤立した状況にありました。ただ自席にある防災無線が使えました。市内に8か所ある出張所にも無線があるのですが、津波浸水地域は建物とも流されたのか使えない状況でした。市内内陸部の出張所との連絡だけがわずかにできたのみでありました。

盛岡からの出張帰りの車両から、市内の途中で足止めされ市役所に帰れないとの無線が入りました。市役所に帰らず車両とともども県の合同庁舎に行き、そこで待機するとともに情報収集、県との連絡調整にあたれと指示しました。

ほとんど情報がはいらず市内がどうなっているかまったくわからない状況でありました。ラジオでの情報も「どこの地区が壊滅らしい」とか「死亡者が多数」とかで、釜石の状況を伝えるものではありませんでした。とにかく甚大な被害があることだけは確かでした。

市長の判断を仰ぎ、自衛隊の派遣を県に依頼することとしました。こうしている間も津波は何度も来襲していました。また余震も頻繁《ひんぱん》にありました。そのうち暗くなってきました。庁舎内に300人くらいはいたと思われますが、備蓄しているものがほとんどなく、寒い、食べ物がない、情報が無い、何もできない状況でありました。

自分はこれまで何の防災対策をしてきたんだろうと責任を感じ自己嫌悪に陥っていましたが、なんとかしなければならないとの一念で情報収集などをしておりました。災害本部会議は、真っ暗な市長室のローソクの明かりのもとで何度も開かれましたが、肝心な情報がまったく無い状況でありました。

一晩中、無線やラジオで情報収集や今後の対応を考えていました。

2 最初の3日間

寝ずに翌朝を迎えました。寒かったものの、これが大災害のあとなのかと思うほどの穏やかな朝だったと記憶しています。

市役所に瓦礫を越えて消防署員や消防団員などが来るなどして、だんだんと市内の状況がわかるようになってきました。自衛隊も到着し各地域で救助・救出などを展開していました。市の職員も瓦礫を越えて動けるようになってきました。次々と情報が入ってきて、必要に応じて災害本部会議を開いて対応を決めていきました。優先順位としては、状況の把握はもとより、生存者の救助・救出、避難者の対応、死亡者の収容、関係機関との連携、本部機能の構築などでありました。

そんな中、すぐに支援物資が次々と届くこととなります。姉妹都市の愛知県東海市《とうかいし》からの毛布、遠野市《とおのし》からのおにぎりなどでした。大変ありがたく、備蓄などほとんどしてこなかったことを大いに反省しました。家に取り残されている家族がいる、在宅酸素がなくなっている人が自宅にいる、命にかかわる薬がない人がいる、孤立している集落があるなどの情報も入ってきて、職員などを派遣してどうにか対応していきました。避難所にも多くの住民が避難しており、これ以上死亡者を出してはいけないと思い、市内のスーパーや量販店の協力、支援物資の到着などで、だんだんと食べ物や毛布、飲み物などの配布もできるようになってきました。

福島の原発事故についてはラジオで聴いていました。警察からみんなを庁舎の中に入れ、窓もすべてガムテープなどで目張りをするように指示されたため、恐怖を感じましたが、その後は被災対応で、そのことをあまり考えることはなかったと思います。本当は大変な状況だったんだなと、今さら思っています。

市役所には3日間ずっといることになります。閉じ込められたというのが実体です。市役所は海に近い高台にありましたが、地下の車庫や書庫、分庁舎の1階などが浸水し、また停電もし、周りがすべて被災し瓦礫の中で孤立し、本部機能を発揮できない状況でした。自衛隊や建設協会の懸命の作業によりまちの中心部の道路が啓開され、3月14日に釜石駅の付近の市の観光物産施設シープラザ釜石の中に災害対策本部と市の機能をすべて移すこととしました。市役所周辺が浸水区域にあったこと、シープラザが浸水区域と区域外の境界にあったこと、まちの中心部にあったこと、駐車場があったこと、インフラの復旧が早いと思われたこと、巨大なテントがあったこと、人が集まりやすいことなどによります。

市役所での3日間の詳細な記憶はありません。人から聞くと3日3晩寝ずに、無線などで、いろいろな指示を出していたと言われます。とにかく何かをしていなくては、自分を保てなかったと思いますし、これ以上犠牲者をだしてはいけないとの思いもありました。ずっと同じ背広と靴、不思議と寒くなかったし食欲もありませんでした。訓練で偶然釜石にいて、一緒に市役所に閉じ込められた自衛隊員に1か月後会ったら、「生きていたんですね。あの3日間をみたら課長は死ぬはずだと思った。あなたみたいな公務員はみたことない」と驚かれました。「さすがに3日目の無線の声は少し元気がなかったよ」と、後でみんなに言われました。

3　シープラザ釜石での災害対策本部

3月14日、シープラザ釜石に移動します。災害対策本部を設置したシープラザは市役所の西1キロメートルにあります。震災後初めて市役所から外に出たわけですが、歩いてのその道すがらの光景は信じられないものでした。家は流され、瓦礫はうず高く、車は引っくり返り、これは夢であってほしいと思いました。まるでSF映画の一場面を見ているようでした。これからこれらにどうやって対応していったらいいのだろうと暗澹《あんたん》たる思いに捉われました。しかし、それ以上に被災者のため地域のために全力で取り組むしかないと自分を奮い立たせました。停電が続いていたので、自家発電機を設置しわずかですが電源を確保しました。また、国やNTTなどから衛星電話や無線の提供があり情報通信基盤も徐々に整えられてきました。

災害対策本部からの風景は、浸水区域との風景とはまったく違い、ここは本当に被災地なのかと思うほどでした。ほとんどの職員がシープラザに移動したのですが、市役所庁舎に数名を残しました。被災している庁舎を管理するもの、被災者対応、そして私の部下の防災行政無線を操作する者を市役所に24時間常駐させました。私は、11月までシープラザの本部に24時間常駐しました。防災の担当者として次にまた大きな災害がきたときに、これ以上人的被害を出してはならないと思っていましたし、この被害の状況ではとても休めるどころではありませんでした。何かしていなくてはとてもいられませんでした。

このシープラザでの約8か月はあまりに多くのことがありました。主な項目ごとにまとめたいと思います。

災害対策本部

防災課長の私は、災害対策本部本部運営部副部長であり、全体を総括する立場にあり、全体のまとめ役、推進役でもありました。したがって業務は過酷を極めました。

本部会議は、毎日17時に行いました。当初は合庁で県の本部会議をしてさらに市の本部会議もしていたのですが、4月頃からは市の一本となり、関係機関も入ったなかで、現状把握、対応、対策、課題など情報交換、意見交換、調整、取り決め等行ったところです。月日の経過とともに隔日、週一など回数を減らしております。

本部運営について、市の防災アドバイザーの片田敏孝《かただとしたか》群馬大学教授からの紹介で新潟県三条市《さんじょうし》の職員二人を派遣していただき、先進地のアドバイスを受けております。その後の運営に大いに参考となりました。最も大事なことは、本部会議で決定すること。先延ばしするとどんどん懸案が増えてくるとアドバイスされましたが、まったくそのとおりになってしまいました。また、あまりに多くの対応をしなければならず、本部会議の記録をおろそかにしてしまいました。録音や映像でもいいから残すことが大事だと思っています。さらに、被災直後数日間は計画どおりに本部組織が動けませんでした。また、想定していなかった業務が次から次へと出て来ました。市職員全員で対応を迫られたのです。職員に限りのある市町村は検討しておく必要があると思います。

遺体処理

市内で1000人以上の方がお亡くなりになり、痛恨の極みです。地域防災計画でもこれほどの数の遺体の対応について想定していなかったので、手探り状態でした。自衛隊、警察、消防、海上保安部など、さらには医師会や歯科医師会などと連携し、発見、運搬、安置所、検案、死亡者特定、火葬まで行いました。遺体安置所も廃校となった体育館や民間の倉庫など多いときは5か所以上にもなりました。当初、なかなか死亡者が特定されず、土葬まで検討したのですが、市長が毎日防災行政無線で呼びかけ、市から安置所を回るバスを出して、多くの方の身元が判明したところで、県内、県外の市町村の火葬場などの協力をいただき、消防団や民間の運送業者の協力もあり火葬を執り行うことができました。安置所の設置や検案の取り決め、火葬の他市町村との協力など検討しておく必要があると思います。また遺体運搬に携わった市職員で精神的なダメージを受けた人もいます。警察や自衛隊も同じですが、遺体に関わった人のメンタル面での取り組みも必要と考えます。

遺体捜索

当市ではいまだに150人以上の方が不明となっております。警察や海保に今でも捜索をしてもらっております。海で見つかった方、瓦礫の中で見つかった方、家の中、車の中などで見つかった方などいろいろありました。瓦礫の中からは何か月もたってから見つかる方もありました。本部には住民が毎日訪れ、誰々が見つからないあそこを捜索してくれ、あの場所を重機で掘って探してほしいなど多くの要請がありました。自衛隊や警察、海保と協議し可能な限り対応してきました。重機は市で手配したところです。

安否確認

本部がシープラザに移ってから1階を確認フロアにし、住民からの情報収集、情報伝達、安否表の掲示や確認に来られた方からの問い合わせの対応などを行いました。亡くなっているのか、避難所にいるのか、市外にいるのか、家にいるのか、様々なケースがあり、対応は難しいものでした。また確認者も親子、親戚、学校、会社、保険会社、友人など多様でした。本部に全国から安否確認の電話が連日ひっきりなしにありました。善意のものだけではなく怪しげな問い合わせも多くありました。個人情報との関連もあり、安易に答えるのではなく、探している人の了解を得て回答していました。行政としても平時から安否確認をするための住民のシステムなどを構築しておく必要があります。また個人としても家族や親戚、地域とそのシステムを作っておくことが必要と考えます。

避難所運営

当市では、一番多いときには88か所に人口の4分の1以上の約1万人が避難しておりました。一番寒い時期から暑い時まで学校、体育館、集会所、公民館などに長い人は5か月もおられました。また市の指定避難所とは異なる自然発生的な避難所も設置されました。たとえば地域のほとんどが被災し残った高台の家での避難、料亭などが避難所になっているところもあり、これらの把握も時間を要しました。また地域の人が同じ避難所の場合もありましたが、ほとんどはいろいろな地域の集まりでコミュニテイにも課題がありました。避難所の名簿もなかなかできませんでした。ほとんどの避難所に市の職員や派遣職員を常駐させ管理させるようになり、やっと名簿ができてきた感じでした。平時から避難者名簿の様式や運営のマニュアルなど決めて準備しておく必要があると思います。さらに避難所は劣悪な環境にあります。毛布、たたみ、便所、水、テレビ、間仕切り、ストーブなど必要最低限のものは備蓄しておく必要があります。無線や自家発電機なども必要かもしれません。ストレスもあり多くの要望や苦情もあります。懇切丁寧に対応していくことが必要ですし、保健師などを派遣し、ケアすることも必要になります。また被災者には情報を提供することが大事です。当市では、災害対策本部情報を毎日更新し、避難所に配布しておりました。大きな反省のひとつは、避難所に女性や子ども、高齢者、障害者等の視点がなかったことです。授乳、着替え、トイレ、個室など平時から考えておくべきです。

避難者

避難所にいる避難者は把握できたのですが、最後まで困ったのは、市外や県外の親子、親戚、知人宅等に避難した方でした。本部に電話があり、「釜石では今度こういうサービスが始まるそうですね。私もできますか？ 今日テレビで見ました」こんな電話でやっと避難先がわかる例が多くありました。平時から避難先システムを作っておく必要があると考えます。また今回多かったのは、在宅避難者です。これは、家が津波で被災したが、2階などにどうにか住んでいるといったような方ですが、これが多くありました。これも避難所にいると支援物資や食料の配給があるのに、自分たちには何も無いとの連絡でわかったのです。この在宅避難者の把握にも多くの時間を要しました。

支援物資

全国からまた多くの国からたくさんのご支援をいただきました。本当にありがとうございました。支援物資は3・11の翌日から届きはじめました。シープラザの脇に巨大なテントが従来からあり、ここをメインの受入れ場所としましたが、すぐに狭くなり、廃校となった学校の体育館、民間の倉庫、国からのテントの借用などで対応しました。最初は市の職員で受入れ、搬送などしておりましたが、その後民間の宅配業者に全面委託しました。支援してほしいものは、市のホームページに載せたり、マスコミ等で周知してもらいました。多くて困ったのは古着です。最初は古着でも大歓迎でしたが、新品の支援が増えてくると誰も必要としなくなったのです。廃棄した市町村もあるようですが、当市では古着屋に売却し、それを全国からいただいた義援金に足し、被災者に還元したところです。

燃料確保

被災直後から問題になったのはガソリン、軽油などの燃料確保です。緊急車両の燃料の確保もままならない状況でした。本部会議ではその確保が毎日大きな課題でした。本部に燃料担当班を設置し、その確保と燃料券の配布、開設するスタンドとの折衝など行ったのですが、連日多くの方が燃料を求めて本部に詰め掛けました。防災行政無線で翌日の開設スタンドをお知らせすると、前の晩からならんで渋滞し市の職員を配置して対応していました。また燃料確保のため殺気だっており暴力行為などもありました。もっと国などが前面にでて調整してほしいと思っていました。今後、国などが非常時の供給計画などを平時から策定しておくべきと思っています。

マスコミ

マスコミ対応は大変でした。全国から海外から多くのマスコミが押しかけるとともに本部の電話にも夜遅くまで取材がありました。本部の前に毎日の本部情報を貼り、「これを見てください」としていたのですが、どうしても詳しい内容を聞かれます。本来は市の広聴広報課が担当なのですが、どうしても内容を知っている私のところに来ました。決めた時間での記者会見も試みたのですが、マンパワーや被災者対応などとの関係で当市では難しい面がありました。マスコミも利用すれば優れた点もあります。今、何の支援が必要か。何に困っている。釜石では今日からこの手続きが始まる、こんなことが始まった、などのニュースは、全国からの支援につながり、市民への周知の手段となったところもあります。

厳しかったのは、大震災における市の対応の落度と思われることへの取材で、逃げるわけにもいかず真摯《しんし》に対応したつもりですが、取材のたび自分は倒れるのではないかと何度も思いました。

ボランティア

阪神《はんしん》・淡路《あわじ》大震災からボランティアの機運が盛り上がりました。平成14年（2002年）に当市では大雨災害により土砂崩壊など大きな被害があり、2人の方が亡くなっていました。その時、私は福祉事務所におり避難所運営を担当しておりましたが、土砂上げなどのボランティアがたくさん来るだろうと考え、社会福祉協議会の職員と二人でボランティアセンターを開設し運営したことがありました。したがって今回も多くのボランティアが来ると確信しました。シープラザに移った3月14日にボランティアセンターを開設するよう、前回一緒にボランティアセンターを運営した社協の職員に伝え、場所も本部近くの市の施設を貸しました。本来であれば市の本部の中の組織であるわけで担当の福祉部門の人も入って運営してほしかったのですが、人が足りず社協に丸投げする形となりました。しかし、市の本部以上にほかの災害先進地の社協などの協力もあり、システマチックに運営してくれました。これまでに5万人以上のボランティアが来て活動し、現在でも続いています。本当にありがたいと思っています。課題としては、ボランティアの宿泊施設の提供、多くのＮＰＯやボランティア団体との連携・調整などが挙げられます。

仮設住宅

当市での仮設住宅の取り組みは被災後1週間後には被災者にアンケートを実施しております。担当部署では土地の確保などに苦労しながら、66団地3164戸を建設し、お盆前にすべて入居することができました。子ども、高齢者、障害者などの世帯を勘案した入居基準で点数を決め、点数の高い世帯から希望仮設住宅入居の運びとなったところです。本部には連日市民が押しかけ、「同じ世帯構成なのになんで彼らが入って、私ははずれたのか」とか、「なんで大槌《おおつち》町民は最後の入居なのか」といった苦情や要望が多くありました。希望の地区の仮設住宅に入れなかった世帯も多くありました。支援物資でも思ったのですが、公平とはなんだろうと考えざるを得ませんでした。本当の公平ってありえないのではないかと、今でも思っています。仮設住宅に入居すると新しいコミュニティの問題が発生します。本部として新しいコミュニティづくりに取り組みましたし、高齢者や一人暮らし世帯の見守りなどケアも必要になります。法律では2年の仮設住宅ですが、特例措置で1年1年と延びています。復興住宅がすべて完成するまでにはまだまだ時間がかかるものと思います。今後ともその運営や入居者のケアなどに万全を期す必要があります。

瓦礫処理

瓦礫の量は82万トンと膨大なものでした。街じゅうが瓦礫の山で、一体いつ無くなるのだろうと思うほどでした。3年での処理計画を策定し、全国の自治体や民間企業の協力などあり進めてきたところです。財産としての家の処理や被災した車の処理など、所有者の確認・同意など大変な作業でした。また、原発の影響などで当初は他の受入れも厳しいものがありました。さらに瓦礫といってもさまざまな物があり、分別や処理方法が違う大変さもありました。瓦礫の中には大切な思い出のものや金庫などあり、それを収集しアルバムや写真、金庫などを返却する業務もあったところです。

生活支援・窓口業務

市の窓口業務が再開したのは1か月も経過してからでした。義援金、支援金、罹災証明など被災者は待ちかねて、申請・交付が始まると大混雑しました。被災者はすべてを失っており市の遅い対応が非難されました。また、被災の程度で義援金の金額などが違いますので、その判定に不服の方が多く本部に押しかけてきました。市としては被災者に寄り添い一生懸命努めたつもりですが、なかなか制度や環境がついていかない状況でもありました。緊急時のこれらについて、仕組みや制度の見直しをしていく必要があると考えています。

主なものを挙げましたが、シープラザでの災害対策本部での業務は多忙を極めました。朝から夜まで、電話、防災関係機関、来客、市民、マスコミなど休める時間がありませんでした。ただ被災者のために全力を尽くそうと思って対応しておりました。

しかし、月日の経過とともに課題が減るどころか、どんどん増えていきました。たとえば、避難所から仮設住宅に移動してもらったことで、ある程度ほっとしていると、次々と新しい課題が出てきました。雨漏りがする、蟻《あり》が出る、支援物資がこない、コミュニティの問題など、その問題に追われました。被災者やまちの復旧に併せたフェーズごとの計画を事前に策定しておくことが必要と考えます。また、地域防災計画でも想定していない業務も多くでてきました。思い出の品返却、大臣や国会議員視察、歌手・俳優・タレントなどの有名人の訪問、他自治体からの職員派遣、お風呂のサービス、義援金受付、他市町村からの被災者招待など次から次と出てきました。最初は私のところで処理していたのですがとても間に合わず、その後に専門部署や担当者を決めて進めていったところです。事前に可能な限りの担当部署を決めておく必要があります。シープラザでの私の業務は半年以上になりましたが、当初は暖房も無くさらに自宅などが被災した職員もこの中で寝食を共にしました。自治体の庁舎が使用できないときの代替施設について決め、整備しておくことが必要と考えます。

被災からちょうど1週間後のことで忘れられないことがありました。本部に自衛隊の幹部の方が来訪し、「鵜住居町《うのすまいちょう》の根浜《ねばま》地区の住民が津波で被災したが、地区で唯一残った「宝来館《ほうらいかん》」という宿に避難し、50人くらいが避難生活をしている。危険なので内陸への避難を呼びかけても応じない。市の誰かが行って説得してくれないか」という内容でした。私は根浜地区で生まれ育ち、根浜の実家には父と母が住んでおりましたし、部落の人も、宝来館の女将《おかみ》も知っていたので私が行くこととしました。自衛隊のジープで向かったのですが、市内でも特に被害の大きかった鵜住居地区を見たときの驚きは言葉になりませんでした。根浜地区は大槌湾《おおつちわん》に面した2キロメートルにわたる砂浜のあるきれいな海水浴場を持つ小さな漁村でしたが、砂浜も消滅し、家が一軒もなくまったく無残なものでした。その衝撃は大きいものでした。しかし、宝来館に到着しびっくりしました。避難生活している部落の人たちが明るいのです。逆に私のほうが、「仕事大変だね。体に気をつけて」などと言われる始末でした。私の叔母もいて、そこで初めて私の両親が生きていることを知ったのです。この1週間の寝ずの対応で両親のことを思い出すこともなかったのです。宝来館は2階まで浸水しましたが、3階で生活し、昼は前庭のストーブで暖をとったり、煮炊きをしておりました。リーダーと女将に「危険だから内陸の避難所に避難しよう。県の事業で内陸の温泉にしばらく避難しよう」とお願いしました。女将は泣きながら「今ここでみんなが離れ離れになったらこのコミュニティがなくなる」と拒否しましたが、私から「いつかは絶対ここにみんなが戻るようにするから」と説得したことで了解してもらいました。この地区は、全世帯約70戸がすべて流され、15人の方が津波で亡くなっているのですが、避難生活していた人たちが、なぜあんなに明るかったのか今でも不思議でなりません。

4　大震災前の取り組み

順序が逆になりますが、震災前の取り組みを若干記します。

私は昭和29年（1954年）、釜石市鵜住居町根浜という小さな漁村に生まれ育ちました。ですから昭和35年（1960年）チリ地震津波、昭和43年（1968年）の十勝沖《とかちおき》地震津波を経験するとともに、小さい頃から明治29年（1896年）、昭和8年（1933

年）の大津波についても聞いており、津波の恐ろしさは十分に認識していたものと思っています。

私は大震災の２年前、平成21年（２００９年）４月から防災課長として業務にあたっていました。当市では、阪神・淡路大震災以前には防災業務は総務課行政係が担当でした。私はそこに平成２年（１８９０年）から９年おり、津波防災対策などもやっていたこともありました。その頃も津波警報が多く発令され対応におわれました。発令のたびに避難者が少ないと市の取り組みの批判が何度もマスコミに取り上げられ、全世帯意識調査のアンケートを実施したり、今でも運用している災害初動班の設置、津波避難場所担当者の指定などのほか、避難誘導看板の設置などもやってきました。全国の多くの自治体で防災課や危機管理課の部署が置かれたのは阪神・淡路大震災がきっかけだと思います。当市でも同様でした。

私は以前から津波に関しては、住民に避難する意識をどうもってもらい、いかに行動してもらうかが重要だと考えていました。そのため防災課長となってから、各地区に自主防災組織をつくって訓練を行ったり、小中学生の防災教育の推進、津波避難場所の整備、備蓄や孤立集落対策、職員の通告なしの招集訓練、災害時バイク隊の設置などを進めてきたところです。

しかし今回の大震災の被災状況をみると、何をやってきたのかと責任を感じ、同時に無力感も感じます。防災教育など成果があったものもありますが、1000人以上の方が犠牲になられたことについて、取り組みが甘かったと言わざるを得ません。備えも意識も不十分だった結果だと思います。大きな悔いと反省が残っています。

5 課題と教訓

ここで今回の震災対応の主な課題と教訓について述べてみたいと思います。

避難想定

当市では、県が策定した津波浸水予想・ハザードマップにより住民周知しておりました。これは、明治29年（1896年）、昭和8年（1933年）の大津波と今後予想される宮城沖地震を想定してシミュレーションしたものでした。しかし、大きく予測を超える地区もあり、結果として大きな被害をだしてしまいました。ハザードマップが安心マップになっていたと思われます。市としてもあくまでも予測であるということをもっと周知すべきだったと思っています。また市の指定避難場所も何か所か浸水しております。しかし、完璧な想定はありえないと思います。想定がなければ防災対策もとれないわけですが、自然災害は予測不能であることを前提に行政と市民が想定を共有し、あくまで目安であるとの認識で行動を起こすこととしかないと思います。ただし、被害を想定するということは、益々難しいものがあると思っています。私自身も想定はどうあるべきか、どうすればいいかまったくわからない状況です。

避難行動

地震が発生したらすぐに避難。これを市民に周知してきたところです。津波は早い避難しかありません。あれほどの地震で避難しない人もありましたし、3メートルの大津波ということで4メートル以上の防潮堤があるから大丈夫、世界一の湾口防波堤があるから大丈夫と避難しない人もありました。また、防災行政無線の放送が聞こえなかった。防災行政無線で3メートルと放送したので大丈夫と思ったなどの声もありました。車での避難も原則禁止としていたのですが、多くの人が車で避難、自宅に向かう、会社に向かう、誰かを迎えに行くなどし道路が渋滞する中、多くの人が津波に襲われました。地震がきたら即避難を粘り強く進めるしかありませんが、車避難については一律禁止ではなく、地形や地域、災害弱者などで配慮すべきと考えます。同時に避難道路、避難標識、避難場所の整備など併せて進めていく必要があります。さらに大きな視点で、まちづくりの中で考えていくべき点もあると思います。

初動体制

災害対応は初動が大事です。しかし当市では、非常時用の電源もなく、情報収集手段もほとんどなく、また水や食べ物、毛布なども ほとんどありませんでした。市役所も被災し、防災関係機関や地域ともまったく連絡ができませんでした。備えが不十分で何の危機管理をしていたのか大きな反省をしております。とかく平時は防災関係予算は措置されないことがよくありますが、自治体の使命である住民の生命と財産を守ることからしても、しっかりとした備えが必要と考えています。

情報通信

津波の人的被害を無くすには、住民の避難意識も重要ですが、防災行政無線やテレビ、ラジオ、メールなどで情報を伝えることも大事になります。停電やその被害規模により情報機器を使えないこともあります。行政としても複数の手段を考えるべきですし、住民も複数の手段を準備してほしいと思っています。また、被災後の避難所や被災した自宅に住んでいる住民等への情報提供も大事です。地域のFMラジオなども有効になります。今回は携帯電話がつながったのはちょうど1週間後でした。私もその時初めて家族の安否がわかったくらいでした。

主な課題を列挙しましたが、まだまだ多くの課題がありました。市では、地域防災計画を見直すとともに、備蓄や非常電源、衛星電話、防災行政無線の整備、さらには防災行政無線の放送文の見直しなど早急に進めてきました。また、平成23年（2011年）度に大震災に関する市民アンケートを実施し、災害対策本部に関する検証委員会を立ち上げるなど、震災対応の内容について検証してきました。その後も引き続き委員会を継続し、詳細な検証をしております。これらの課題や教訓により、ふたたび同じ惨事を繰り返さないよう、まちづくり、住民の意識、行政の備えなどに生かし、そして後世に伝えていくことも大事なことであると思います。

6　伝えたいこと

最後に、私が今、伝えたい、災害への備えについて述べてみたいと思います。

①**正常化の偏見**——人間はみんな、自分は災害に遭わないと思っています。災害のニュースを見ても人ごとです。いつでも災害に遭うとの危機意識をもってほしいと思います。完全に安全な国、地域、場所などありません。どこでも災害のリスクがあるという心構えをしておくことが必要と思います。

②**ハードの限界**——堤防、建物、道路などハードには限界があります。一定のハード整備は必要と思いますが、ハードに頼らないソフトの充実も重要と思います。

③**人的被害ゼロに**——日本では毎年、台風、大雨、土砂災害などで多くの死者が出ます。同じ失敗を犯しています。災害では死者を出さないことに全精力を傾けるべきだと思います。たとえば帰宅困難者対策よりも建物が崩壊しない、火災を起こさないことなど死者を出さない防災を目指すべきです。

④**情報に依存しない**——気象庁や市町村の情報も限界があります。またスマートフォンなど電子機器なども緊急時にどうなるかわかりません。自分で状況から判断し、行動する能力も必要と考えます。

⑤**自助、共助、公助**——すべてのことを行政がすることはできません。自分の身は自分で守る。家庭や地域で助け合うことも必要です。

⑥**防災教育の充実**——子どもたちの防災教育の効果は大きいものがありました。これを広

め充実させていけば意識は変わっていくものと思います。また、子どもから親、地域などにも波及させていくことが必要と思います。

⑦**効果ある訓練**——これまでの防災訓練は役に立たなかったと思っています。より実践的、効果的、筋書きのない訓練など実施していく必要があります。また、多くの人が参加できる仕組みをつくっていくべきと思います。

⑧**災害弱者対応**——高齢者、子ども、障害者などのいわゆる災害弱者の対応は大きな課題です。地域などの協力も必要ですが、制度としてまちづくりの中で考えていくことも必要と思います。

⑨**広域での連携**——今の災害救助法では被災した市町村が自らすべてを対応しなければならないようになっています。今回の大災害でそれは不可能なことがわかったと思います。国、県の役割もありますが、普段から交流のある都市や災害態様の違う都市などとの姉妹都市、応援協定などを結ぶなどしてお互いに助け合っていくことが必要と思っています。当市も遠野市を始めとする県内都市、東海市、北九州市《きたきゅうしゅうし》、荒川区《あらかわく》など多くの自治体から素早い支援を受けました。普段から広域での応援体制を決めておくことが必要と思います。

⑩**防災報道**——マスコミは、被災後に報道や検証が多くなります。それはそれで必要です

が、普段からの住民などの防災に対する心構えや備えなどのための防災意識の醸成にはマスコミなどを活用すべきと思っています。テレビなどで平時から毎日CM的に短いメッセージなどを流すワンポイントでの心構えなどを繰り返し流すことも住民の意識の醸成につながるのではないかと思っています。

⑪**記録の大事さ**――災害の記録、被災後の記録は大事です。記録によって検証ができ、次につながるものです。今回の大きな反省は、記録が少ないことです。どんなに激務でも時間がなくても専門の職員を配置するなどして記録することです。メモ、映像、写真、録音など多様な手段で残していく必要があります。

⑫**周知とは**――周知はとても難しい問題です。避難指示を周知した、津波避難場所を周知した、被災後の手続きを周知した、また、市の広報で、ホームページで、説明会で周知したとしますが、行政と住民には乖離《かいり》がありますし、全員が知っていることにはなっていません。この周知について行政も従来の手段や手法を見直すべきですし、住民ももっと情報を得る努力をすべきものと思います。特に命に関わることなどは、知らせたはずだ、聞いていなかった、知らなかったではすまないのです。周知について行政と住民の新たな仕組みづくりと両者の意識改革も必要と思います。

これまで大震災からの状況と課題などを述べてきました。私は防災担当者としては失格ですが、釜石での体験から得られた教訓を、ほかの地域で同じ失敗をしてほしくない、人的被害を無くしてほしいとの思いを、伝えていくことが大事だと思っています。そして災害に対して十分な備えをしてほしいと思っています。

今回の大震災では、世界の多くの国から、日本全国の皆さんから、たくさんの支援を受けました。また自衛隊はじめ多くの機関からも多大な協力をいただきました。当市がどうにか復興が進んでいるのは皆様のおかげであると思っております。今、釜石市は復興に邁進しております。課題も多くありますが、新たな釜石を構築することが皆様への恩返しだと考えております。

私は、復興のキーワードは「自立」にあると考えています。住民、地域、行政、まちの自立を目指すことが必要と思っています。そして「被災地を忘れない」ことが、今一番大事な支援だと思っています。

今後とも皆様のご支援をお願いします。

（2014年4月執筆）

＊　　＊

第14章

鉄の絆の復興支援
北九州市の活動

東　義浩

1　はじめに——2011年3月11日

2011年（平成23年）3月11日の北《きた》九州市《きゅうしゅうし》は、春を間近に感じる穏やかな日差しに包まれていた。開会中の市議会は前半戦を終え、一時的ながらも静寂な時間が流れる中、東日本で大地震が発生し、津波警報が発令されているとの情報が飛び込んできた。あわててテレビのスイッチを入れると、「津波に注意、高台に避難してください」と連呼するアナウンサーの緊迫した声と、地震発生直後とは思えない平穏な三陸地方の港の映像が流れていた。このアンバランスな状況を不思議に感じながら画面を眺めていると、荷揚げ場などの港湾施設の周囲一面が海水に覆われ始め、瞬く間に建物が海に呑み込まれた。テレビ画面に人影は認められず、地震発生からすでに数十分が経過していたことから、多くの住民の避難は完了しているものと楽観的に考えていた。しかし、時間の経過とともに、この震災は関東から東北までの広範囲にわたり、多くの地域に甚大な被害をもたらしたことを知り、楽観的な想像は木っ端微塵《こ ぱ みじん》に吹き飛ばされた。このような状況を目の当たりにして、本市では直ちに市長を本部長とする「東日本大震災支援本部」を設置し、刻々と集まる情報をもとに分析を進めたが、いずれも今後の対応の難しさを如実に語る内容であった。

2 北九州市と釜石市——明治から現在まで

両市のつながり

北九州市から千数百キロと遠く離れた釜石市とのつながりは、一寒村にすぎなかった八幡村《やはたむら》（現在の北九州市八幡東区《やはたひがしく》）に官営製鐵所が設置された明治期まで遡《さかのぼ》る。官営八幡製鐵所《やはたせいてつじょ》の稼働にあたっては、釜石から製鉄の父と呼ばれる大島高任《おおしまたかとう》の子息道太郎《みちたろう》をはじめとする技術者が技術指導のため派遣された。この二つの製鉄所は第二次世界大戦を前に、鉄鋼業の安定的な発展を目指して統合されるものの、戦後は財閥解体のあおりを受けて富《ふ》士《じ》製鐵《せいてつ》㈱と八幡製鐵《やはたせいてつ》㈱に分割された。その後１９７０年（昭和45年）に両社が合併し新日《しんにっ》本製鐵《ぽんせいてつ》㈱が誕生した際に両製鉄所は東西の重要な拠点であったが、鉄冷えによる合理化の波に呑まれ、両所とも溶鉱炉の休止が進むなどの厳しい道のりを歩むこととなった。合理化が一段落した後は、そこに残された遊休地や遊休施設の活用が共通の課題となり、両市とも数多くの企業誘致に取り組んできた。その一環として、１９９７年（平成９年）に北九州市が全国に先駆けて国から「エコタウン」の指定を受け、リサイクル産業の集積を進めていたが、これを参考に釜石市も２００４年（平成16年）に「エコタウン」の指定を受けている。このほかにも近年では、明治日本の産業革命遺産群の世界遺産登録を目指し、両市が足並みを揃《そろ》えて国に働きかけ、２０１３年（平成25年）９月に国から世界遺産候補として推薦されたのは記憶に新しいところである。

似通った市民や職員の気質

北九州市は１９６３年（昭和38年）に、城下町の小倉《こくら》、大陸への玄関口の門司《もじ》、石炭の積出基地の若松《わかまつ》、鉄鋼業を中心とした重工業のまち八幡《やはた》と戸畑《とばた》の旧５市が対等合併して誕生した都市である。鉄鋼業の伸張を背景に人口規模が大きく膨らんだ釜石市と同様に、一旗揚げようと全国から多くの人々が集まったことで、市民の「よそ者」を柔軟に受け入れる気質が育まれた。また、昼夜を問わず操業を続ける鉄鋼業が中心にあり、3交替制の勤務体系を取り入れる企業も多く、市民の生活サイクルが似通った一面もある。

一方、両市の職員は度重なる企業の合理化による影響を最小限にとどめるために、「自分たちが率先して取り組まなければこのまちに未来はない」との気概を持たざるをえず、これが積極的かつ柔軟に先進的事業に取り組む原動力となっている。

このように両市の市民や職員の気質などは鉄鋼業を通して似通っている点が多く、今回の支援活動にあたっても、お国言葉の違いに戸惑うことを除けば、釜石市の環境や生活に馴染みやすく、本市が復興支援の相手先として釜石市を選択したことは、適切な判断だったと考えている。

3 釜石市への支援活動――釜石市への「対口《たいこう》支援」

支援の変遷

北九州市は東日本大震災の発災直後から被災地への支援活動に取り組んできたが、月日の経過とともにその内容は変化している。発災直後から数か月間は、国の要請に基づき複数の被災自治体で生死に直接関わる医療や消防、保健、給水などを担ってきた。しかし、このような要請に基づく支援では本市の主体性が発揮できず、職員を複数の自治体に分散して派遣する可能性が高かった。そこで2008年（平成20年）に発生した中国・四川《しせん》大地震の際の被災地支援にあたり、中国政府が支援自治体と受援自治体を指定した「対口支援」を参考に、釜石市に集中的に職員を派遣することとした。

一方、先駆的な環境・エネルギー施策に取り組む本市ならではの支援として、津波により発生した瓦礫《がれき》の処理について計画段階から参画するとともに、発災直後の停電によりエネルギー確保の重要性を痛感した経験をもとに、復興基本計画に織り込まれたスマートコミュニティ事業の実現に向けて協力を行うこととなった。

このように、本市の特徴を生かしつつ釜石市に集中的に職員を送り込んだ結果、釜石市が必要とする支援にきめ細かく対応可能となったことに加え、遠く離れた釜石市で派遣職員が疎外感を持ち孤立するといったリスクの低減にもつながった。2014年（平成26年）3月末日までに、北九州市の職員400名近くが釜石で活動し、その延べ人数は1万2000人・日に達している。現在も10名の職員が釜石市内で活動中であり、その活動記録の一つとして、以下にこれまでの支援の概要をまとめる。

保健師の活動

釜石市に職員を集中的に派遣し、支援活動に取り組むきっかけとなったのは、保健師の派遣にある。発災翌日の3月12日に国から保健師派遣の要請があり、13日には派遣先を釜石に決定、14日に北九州を出発という段取りで進められた。過去にも阪神や中越《ちゅうえつ》（新潟県）の災害時に保健師の派遣は経験済みであったが、いずれも被災地が落ち着いてからの派遣であり、今回のように現地入りまでのルート確保もままならない状況下での早期の派遣は初めてのことであった。偶然にもNHK北九州放送局の取材班が釜石入りするとの情報を得たため、福岡から秋田まで空路で向かい、秋田空港で取材班に合流、そこからタクシーで6時間かけて釜石入りした。到着後は寺院を含む3か所の避難所を活動の場とし、高齢者や病弱な避難者の健康相談に応じながら、感染症予防対策としての換気や掃除などの指導、ラジオ体操の励行を薦めた。また、避難者だけでなく、釜石市職員へのメンタルケアの必要性を強く感じながら、その活動は後続隊へと引継がれていった。この支援は、保健活動を行う保健師と連絡調整や活動を記録する事務職員を1組として5日～1週間交代で進められた。活動の中で作成する記録は後続隊への引継ぎのために非常に重要で、特に「健康調査名簿」は、日本赤十字社《にほんせきじゅうじしゃ》の医療活動の際に重宝がられた。避難者の仮設住宅への引っ越しが完了した8月以降は、各種健康診断の補助や仮設住宅の訪問活動などが主な業務となったが、交代期間が1か月~1年になった2012年(平成24年)1月からは平田《へいた》地区の生活応援センターに常駐し、派遣が終了した2014年(平成26年)4月まで地域に溶け込んで活動を続けた。

避難所の運営

保健師の活動が続く中、釜石市職員が避難所の運営に追われ通常業務に支障が生じているとの情報を入手し、4月12日に避難所運営のため第1隊16名を釜石市に派遣した。この頃になると震災の影響で寸断された交通網も主要な箇所は復旧を果たし、釜石入りのルートも北九州から羽田までは空路で、東京からはレンタカーでの移動に変化していた。釜石入りした支援隊は、釜石小学校、釜石市民体育館、旧釜石第一中学校、旧釜石商業高等学校、釜石観光センターの5か所の避難所に分かれて配置された。派遣直後は運営マニュアルなどあるはずもなく、「避難所で求められていることを肌で感じて、何をすべきか考えて行動しよう。私たちの行動が今後の活動のマニュアルになる」との隊長の言葉に従い、緊急車両の残した轍《わだち》だらけの校庭の整備や、避難施設の雨漏りの修繕、在宅避難者への物資の配給、食事の炊き出しなどを行った。その後1週間~10日の期間で支援隊は交代し、避難所閉鎖が間近に迫った8月2日までの間、物資の発注・搬入、医師や保健師、栄養士の巡回時の対応、食事の手伝いなどを避難者と寝食をともにしながら進めた。

廃棄物処理

被災地では多くの施設が被災し、一般家庭から排出される一般廃棄物（家庭ごみ）の処理に影響を受けた自治体がある中、釜石市では２０１１年（平成23年）４月から稼働予定であったクリーンセンター（清掃工場）が被害を免れ、家庭ごみの処理に大きな支障は生じなかった。一方、津波により大量に発生した災害廃棄物（瓦礫）の処理は深刻な状況にあった。津波によって発生した瓦礫は建物の解体時に発生する廃棄物に酷似することから、その撤去は被災直後の３月下旬から釜石市内の建設業協会の手で進められていた。しかし集められた瓦礫は大量で、これを限られた期間内に処理するには、人手もノウハウも不足していた。そこで廃棄物処理施設の設置許可などの権限を有し、様々な経験を積んだ本市に協力要請があり、６月10日の「災害廃棄物対策室」の発足に合わせ、２名の職員を派遣した。この２名の支援によって収集、運搬、選別、リサイクル、焼却、最終処分までの一連の業務を委託・監理する仕組みが整備され、瓦礫の処理は予定通り２０１４年（平成26年）３月末までに完了した。

窓口業務

多くの市民が犠牲となった釜石市では、数年分にあたる死亡届の受理やそれに伴う事務手続きが一時期に集中し、市民課職員の気力・体力ともに限界に達しているとの報告を受け、6月下旬から1~2週間交代で窓口業務の支援が始まった。「釜石市職員の負担が軽減できるよう、窓口は私たちで守ろう」を合言葉に、戸籍謄本《こせきとうほん》、印鑑登録、住民異動届に関する手続きなどの業務を担当した。窓口業務の流れはどの自治体も共通であるが、作業用の端末や操作システムが異なることに加え、窓口で直接顔を合わせる市民のお国言葉に戸惑う場面もあり、気苦労の多い活動であった。

また、市民課と同様に業務量が一挙に膨れたのが税務業務であった。釜石市からの要請を受けて、8月末から11月上旬まで、住民税や軽自動車税、固定資産税の証明書の発行、収納業務、納税相談などに従事する職員を派遣した。北九州市における税務業務は取り扱う件数が多く分業化が進んでいるが、釜石では多様な業務を少人数で担当しており、釜石市職員の幅の広さを感じる機会となった。一方、窓口には自動車の課税取り消しのために、錆《さ》びついたナンバープレートを持ち込む市民もいて、その背景を想像すると言葉にならないことも多かった。また、納税義務者が犠牲となり、相続人から証明書を求められるような案件が当然のように舞い込み、被害の甚大さをあらためて思い知らされる活動であった。

選挙事務

2011年（平成23年）4月に予定されていた統一地方選挙は、行政機能が混乱するなどで延期を余儀なくされ、岩手県知事、県会議員、釜石市議会議員の三つの選挙が9月11日に実施されることとなった。発災直後に政令市の選挙管理委員会連合会は国と協議を重ね、被災自治体から選挙事務支援の要請を受ければ積極的に協力することを申し合わせていた。釜石市では復旧・復興業務に人手が割かれ、選挙事務の人員が不足する状況にあったため、投開票事務の準備、期日前投票、投開票事務に従事する職員を派遣した。選挙事務自体は全国共通であるが、多くの被災者が従前の居住地とは異なる場所で暮らしており、また投票所が被災した地区も多く、これまでとは勝手の違う投開票事務となるため、これを円滑に進めることに苦心した。その後、任期満了に伴う釜石市長選挙が11月に実施されることになり、10月下旬に投開票準備のために職員を派遣したが、現職の他に立候補者が無く無投票となり、準備の段階で派遣を終えた。

復興推進本部

夏が終わりを告げる頃には瓦礫の撤去も進み、釜石市ではようやく復興に取り組む機運が高まり、10月1日に復興推進本部を新設したが、本市はこれに合わせて2名の土木職員を派遣した。この時点でも復興の基礎となる「復興基本計画」は策定途上であり、2名の土木職員はこの計画づくりとその後の被災地区別の計画づくりに従事した。派遣直後は復興基本計画への住民意見の集約時期で、頻繁に地区別の説明会が開かれていた。本市の職員もこの説明会に積極的に参加し、地区によっては釜石市職員に代わって説明役を務めるケースもあった。住民の中には職員が着用する作業服に「北九州市」の文字を見つけると、「わざわざ遠いところをありがとう」など感謝の言葉で労《ねぎら》う方もいて、派遣された意義を実感できる瞬間でもあった。

2012年度（平成24年度）は復興元年として位置づけられ、具体的な被災地区別の土地利用計画の策定や設計の時期にあたり、都市計画や区画整理の経験を持つ土木職員と、事業に必要な用地確保のために用地取得業務を経験した職員を新たに派遣した。特に用地取得業務については、釜石市では近年大規模な用地買収を行っておらず経験者が少ない事情もあり、本市職員が中心的な役割を担うこととなった。

さらに2013年度（平成25年度）は、難航する用地取得のスピードを加速するため用地職員の増員を行うとともに、被災者の生活再建に不可欠な復興住宅の建設を進めるために建築職員を派遣した。本市では初めての派遣となる建築職員は、復興住宅の建設（設計・工事監督）にあたるとともに、復興住宅を少しでも早く提供できるよう、民間企業が提案・建設した住宅を買い取る制度の創設などに従事した。

また、2014年度（平成26年度）も10名の職員の派遣を継続しているが、年度ごとに職員が入れ替わる際に事業が滞るリスクを少しでも軽減するため、本市が3年間の期限付き職員を採用し、釜石に長期派遣するといった新たな試みも始めた。

インフラの復旧

釜石市では津波により甚大な被害を受けた施設の復旧を順次進めているが、本市からは漁港と水道の復旧に従事する土木職員をそれぞれに派遣した。釜石市を含む沿岸自治体は水産業が産業の大きな柱の一つであり、その最前線となる漁港の早期復旧が急務であった。今回の地震は広範囲にわたって地盤の沈下を引き起こしており、釜石市でも最大1メートル程度の沈下が認められている。そのため、被災しなかった荷揚げ施設なども満潮時には水面下に没して使用できず、船の係留さえままならない状況にあった。そこで岸壁や防波堤などのかさ上げや防潮堤の復旧を進めるため、2012年（平成24年）1月から土木職員を派遣しており、現在も漁港施設の設計や工事監督などの業務に当たっている
一方、地震や津波により水道の取水施設や配水池、管路に被害が生じ、発災直後は1万8000世帯のうち8000世帯が断水を余儀なくされた。幸いにして主要水源や中央管

理室などは沿岸から離れており影響を受けず、応急措置によって4か月後に断水は解消された。その後の災害査定を経て、本格的な復旧工事に順次取り組む段取りとなったため、2012年（平成24年）8月に土木職員1名を派遣した。この職員はポンプ施設の復旧や老朽管の敷設替のための設計や工事監督、ろ過池や配水池の点検・管理などを担当し、復旧の見込みが立った2013年（平成25年）3月に派遣を終えている。

釜石における活動拠点「釜石デスク」

このように多種多様な支援を円滑に進められた理由の一つとして、2011年（平成23年）8月1日に釜石市役所内に「北九州市・釜石デスク」を設置し、そこを活動拠点としたことが挙げられる。釜石デスクは、設置直後から釜石市役所内の協議に限らず、復興を考える地区別懇談会や市民集会などにも積極的に参加し、そこで収集した情報をもとに両市の間で様々な調整を進めており、このような活動が適切な人員派遣につながったものと考えている。

また、釜石市が復興基本計画に掲げるスマートコミュニティ事業については、北九州市で先行する事業を紹介し、釜石で実行可能な事業について関係者と検討を進めてきた。具体的な成果は今後になるが、2014年（平成26年）2月には「釜石市スマートコミュニティ推進協議会」が立ち上がり、多くの関係者とともに事業化に向けての検討を続けているところである。なお、このように両市が連携して新しいまちづくりを進める姿勢が高く評価され、2011年（平成23年）12月に両市とも国から「環境未来都市」に選定された。

このような活動に取り組む「釜石デスク」は、北九州市民と市議会の後押しにより設置された経緯もあり、釜石市への復興支援に対して北九州市民の理解が深まるよう努めている。例えば北九州の地元新聞に「釜石からの報告」と題して定期的にレポートを掲載するほか、様々なメディアを活用して釜石の復興状況の発信を続けている。

一方、本市からの派遣職員の心身のケアにも気を配っており、月例の近況報告や意見交換、個人面談のほかにも、釜石の珍味を肴《さかな》にして銘酒に舌鼓《したづづみ》を打つ懇親の場や、休日を小旅行で過ごすなどストレス解消にも力を注いでいる。

支援から交流、連携へ

復興支援は釜石市における活動だけでなく、北九州市内でも活発に行われた。救援物資の提供に始まり、数えきれないほどの募金活動、また「ものづくりの絆プロジェクト」と銘打ち、北九州市内で生産される無添加せっけんや食品、衛生機器、設備の提供、さらには生産設備技術者や作業員の派遣、失職した被災者の雇用など多様な支援メニューを用意した。また、本市への一時避難者を官民が協働して物心両面で支援する「絆プロジェクト北九州会議」を２０１１年（平成23年）４月に立ち上げ、避難者への住宅斡旋《あっせん》や物資・見舞金の支給、よろず相談などに努めた。

また、このような支援活動をきっかけに、北九州市のイベントやスポーツ大会に釜石市の関係者を招待するほか、両市で催されるイベントではお互いのまちを紹介し、特産品の販売などにも取り組んだ。このほかにも中学生や高校生の交流も盛んになるなど、支援から始まった交流の輪は着実に市民にも広がっている。

さらに、両市はこのような活動を通じて培われた友好関係を大切にしながら、今後も共に発展することを目指し、２０１３年（平成25年）２月の北九州市市制50周年の記念行事に合わせ「連携協力協定」を締結した。この協定には、①世界遺産登録への連携した取り組み、②釜石市の復興・まちづくりの推進、③防災・危機管理分野における連携した取り組み、④市民交流事業推進のための両市の連携協力を謳っており、今後はこの協定をもとに協力体制を一層強化することになる。

4　おわりに――釜石での1年8か月を振り返って

北九州市に帰任し1年が経過したが、釜石での1年8か月は、つい昨日までの出来事のように鮮明な記憶でありながら、遠い昔の夢物語のようにも感じる不思議な経験であった。思い起こせば3年前、一度も足を踏み入れたことのない釜石への赴任に不安を覚えたが、現地の状況を目の当たりにした瞬間、「被災したまちの復興や被災者の生活再建に向けて何かやらねば」と奮い立ち、それまでの不安が払拭されたことを記憶している。

しかし、実際に釜石で生活を始めると、赴任当初の8月は多少の不便さは残るものの衣食住に困ることはなかったが、市内中心部に明かりは乏しく、静寂な深夜に釜石を襲う地鳴りを伴う地震に対しては、恐怖を覚えたものである。

一方、釜石市は市街地の中心部においても山・海・川が目前に迫り、北九州市とは異なる美しい自然や四季を身近に感じられるだけでなく、珍しい動植物を目にする場面や、美味しい海産物を口にする機会も多く、貴重な経験を数多く積んだ。また、支援活動を通じてこれまで以上に多様な人々と出会い、多くの友人を得られたことに感謝している。

先日、帰任後初めて釜石の夢を見た。夢の中の釜石は、この3月に開業した大型商業施設から魚河岸《うおがし》方面まで、港湾施設を取り巻くように全天候型のモールが続いていた。そこには商業施設や飲食店街、温浴施設などの店舗が立ち並び、多くの家族連れが楽しそうに回遊する姿があった。

しかしながら、現実の釜石はいまだに多くの課題を抱え、市民が望むスピード感からは遠いものの、復興住宅や商業施設、公共施設などの復旧が進み、着実に復興を遂げているように見える。このように本格的な復興は緒に就いたばかりで、これからの道のりも決して平坦ではない。現在も釜石復興支援担当の職務を兼ねる私としては、北九州市の地からではあるが、第二の故郷とも呼べる釜石市が三陸の復興の星として輝き続けるよう協力を続ける。

末尾となるが、今回の震災で不幸にも犠牲となられた方々のご冥福をお祈りするとともに、釜石市民が、さらには被災地全体の住民が、一刻も早く従前の生活を取り戻すことを願いつつ筆を置く。

第15章

釜石と共に生きる製鉄所として、地域支援と事業の復旧に取り組む

新日本製鐵（現新日鐵住金）釜石製鉄所

（編集・解題）中村 尚史

釜石製鉄所では地震と大津波により、港湾設備などが損壊し即時操業停止に追い込まれた。本章では製鉄所による初動対応や地域への生活支援、製鉄設備の復旧に向けた取り組みを、当事者の視点から振り返る。なお以下の文章は、新日本製鐵《しんにっぽんせいてつ》株式会社（当時）の社内報『しんにってつ』２０１１年10月号に掲載された震災復興特集から、同社の了解を得て抜粋したものである。

1 地震発生と安否確認

地震発生後、釜石市内は製鉄所を含めて全域で停電。その約30分後、信号が機能せず交通が麻《ま》痺《ひ》する中で大津波が直撃し、市街地を飲み込んだ。国道２８３号線に押し

寄せた津波から辛くも被害を免れた製鉄所本事務所前の敷地では、所員が道路にロープを投げて車内に取り残された人の救助にあたった。

釜石製鉄所のグループ社員・家族の中からも多数の死亡者・行方不明者を出し、グループ社員の約2割が住居を失った。また、製鉄所では国内向け製品出荷を行う北桟橋《きたさんばし》、電力工場（IPP）用石炭・ビレット（圧延用半製品）受け入れや製品輸出を行う南桟橋《みなみさんばし》など、港湾・物流設備が大津波の直撃で壊滅的な被害を受け、線材工場や電力工場など構内の建屋も一部損傷・冠水した。最初に津波被害を受けた港湾エリアでは、地震発生後、規定に従って水門を閉め、日ごろの訓練どおり港湾作業者全員を市営ビル4階に一時避難させ、さらに港湾設備背後の高台に避難して難を逃れた。[1]

釜石製鉄所では地震発生約2分後に「災害対策本部」を立ち上げ、出張先から急きょ戻った谷田雅志《たにだまさし》所長が陣頭指揮を執った。携帯電話などの通信手段は、本社に第一報を入れた直後に寸断され、21時ごろになってようやく衛星電話1本がつながった。震災当日、出張中の本社で現地との連絡役を担った釜石製鉄所総務部総務グループリーダーの奥野大輔《おくのだいすけ》は、次のように語る。

製鉄所に配備していた1本の衛星電話だけが頼りでした。1日に3回、時間を決めて連

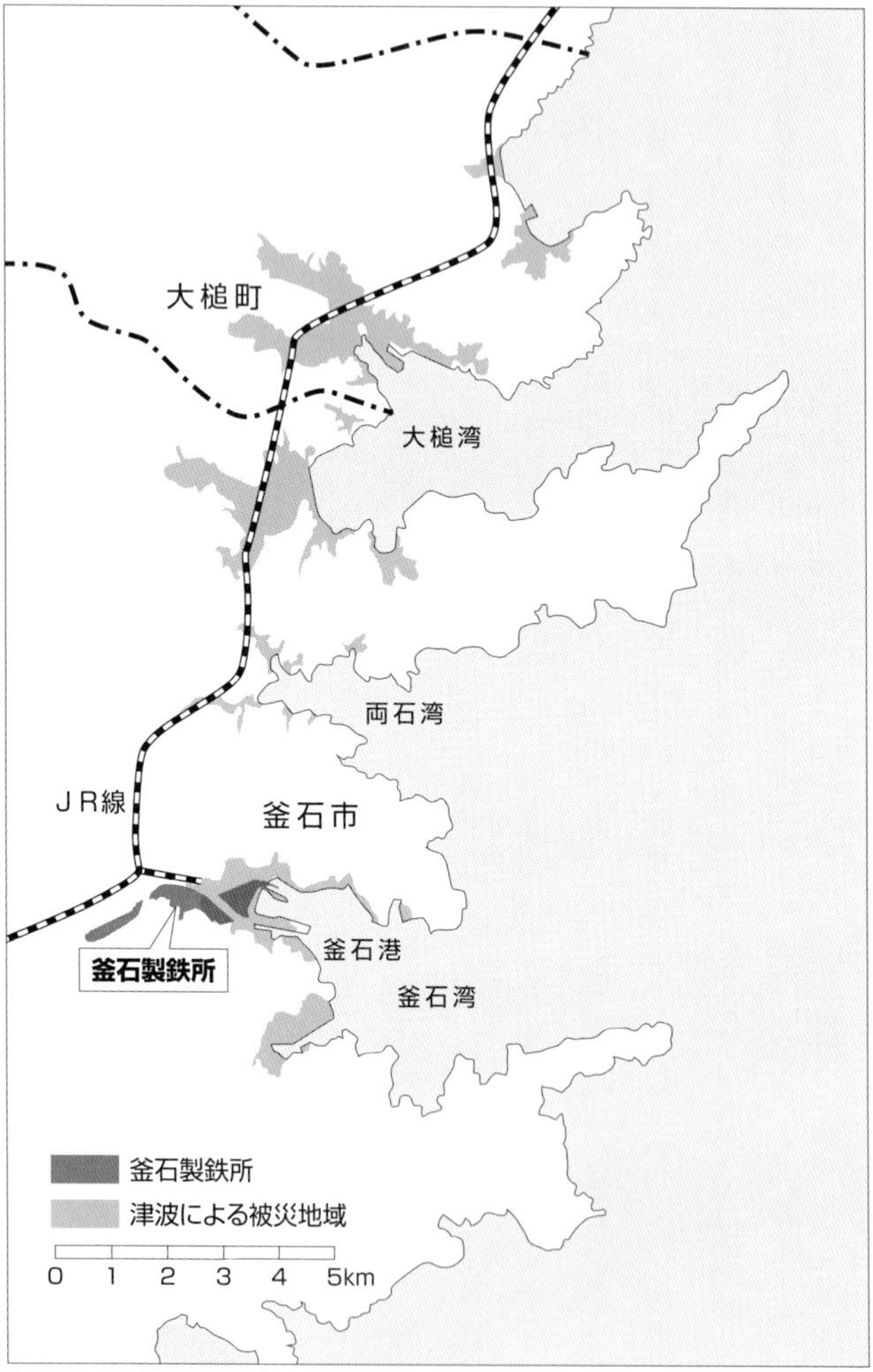

［図 15－1］ 釜石製鉄所と津波浸水域
出所：岩手県ホームページ。

絡を取り合うこととし、まずグループ社員・家族の安否確認を最優先で、現地と対応策を検討・実行しました。

翌早朝の対策会議では、社員とその家族の安否確認を最優先に取り組む方針が明示され、製鉄所グループ社員約1600名とその家族4500名、合計6100名の安否確認が進められた。災害対策本部の中に編成された安否確認班が地域ごとにチームを組み（4名1組）、通信手段が何もない中、名簿から作成した捜索マップをもとに、釜石市や大槌町《おおつちちょう》などの被災場所や避難所を〝足〟で巡り、安否確認に奔走した。

2　現地社員の生活復旧に対する支援

本社では、地震発生の約30分後、進藤孝生《しんどうこうせい》副社長を本部長とする「全社対策統括本部」が設置された。13日に釜石からの支援物資要請（食料・日用品・燃料・発電機など）を受け、緊急支援物資輸送に関する警察署への許可申請を行った後、本社（東京物流センター経由）と各製鉄所から支援物資トラックが順次出発。15日に第1便が到着して以降、継続的に支援物資が輸送された。グループ各社やお客様からの支援物資を含めて、4月上旬までに合計でトラック約60台分の物資が届けられた。現地では、災害対策本部の物資班を中心に、輸送品目・納入日などの一元管理、現場の実情に応じた支給対応が行われた。また、製鉄所の女性所員が炊き出しを行い、社員に手づくりのおにぎりが振舞われたが、震災直後は飲料水にも不自由しながら、鍋でご飯を炊いた。

本社で救援物資輸送に取り組んだ営業総括部物流グループリーダーの檀上治亨《だんじょうはるみち》は、

トラック・燃料の手配や、受け入れ先・発送ルートの調整に苦労しましたが、被災地に一刻も早く支援物資を届けようと各所や協力会社と一体となった対応を行うことができました。

と語る。

一方、被災後製鉄所では、組合・グループ各社と一体となって社員の生活支援に取り組む。安否確認、被災世帯や各避難所への物資供給、構内避難所設置のほか、空き社宅に加えて太平工業《たいへいこうぎょう》㈱に旧社宅の補修工事を依頼し、住居を失った希望者全員（約200世帯分）の社宅を確保した。釜石労働組合組合長の三浦一泰《みうらかずやす》は語る。

〝仲間を大切にする〟との基本方針の下、組合内に復興支援センターを設置し、行方不明者の捜索、瓦礫《がれき》撤去や泥上げ、被災した組合員などに対する連合会の義援金手交、国・県・市への支援要請、組合が結成した「釜石元気づくり委員会」によるメッセージ看板の設置などに、全力で取り組んできました。

3　地域の支援活動

製鉄所では釜石市からの要請を受けて保有施設・用地を提供。構内用地や建屋を瓦礫置き場・遺体安置所、津波被害を受けた行政機関の仮事務所に、松倉《まつくら》グランド（ラグビー場）をへリポート、松倉サッカー場などを被災者向けの仮設住宅（400戸）の用地として開放・提供した。

また行政と連携して、製鉄所に届いた支援物資の避難所への提供、医療機関への燃料（重油、軽油）・物資提供を行うとともに、製鉄所ならではの支援として、線材工場の大浴場を被災者に開放し、市内各避難所から多くの市民が巡回バスで線材工場を訪れ、疲れを癒《いや》した。7月9日まで延べ6000人の市民が利用した。

今回の震災では、多くの社員やＯＢが、各地域の避難所や自治会・消防団などの地域活動で重要な役割を果たした。津波直後、地域のリーダーとして徒歩や自転車で数時間かけて本事務所まで必要な用具類を取りに来た社員や、自主的に行方不明者の捜索・瓦礫撤去に協力した社員もいる。市民からは製鉄所員の青い作業服を見ると安心したという声も聞かれ、所長がグループ社員を慰問した際に、避難所生活者全員への激励挨拶を求められる一幕もあった。壊滅的被害を受けた大槌町で、自宅が全壊しながらも地元の町内会長として避難所支援に奮闘した電力工場マネジャーの佐々木慶一《さざきけいいち》は、

地域支援と製鉄所復旧のどちらを優先すべきか、という葛藤の中で、所長メッセージを拠り所に避難所支援に取り組みました。町内会長であり新日鉄社員である自分に対する地域の皆さんからの〝強い期待〟を感じました。

と語る。

被災後共同生活を送っていたラグビーチーム「釜石シーウェイブス」は、市の物資集配場での運搬作業をはじめ、介護施設で車椅子生活を送る高齢者への支援（停電時の階段移動など）、被災した小学生を対象としたラグビー教室や炊き出し、フランス料理を被災者

に振舞うイベント支援など、日ごろお世話になっている地域の方へのボランティア活動を積極的に行った。

釜石製鉄所の谷田所長は、

所員一人ひとりが、長年地域でさまざまな役割を担い、それが当社に対する地域の信頼につながっていることと、自ら考え現場・現物で行動するなど、当時の社員行動指針に盛り込まれた内容が、復旧活動においても重要な指針となりました。

と語る。

4 製鉄所復旧に向け始動

震災後の混乱の中で、多くの市民の方から「製鉄所が再稼働して初めて復興がスタートする」という期待の声があがった。〝近代製鉄発祥の地〟で、地域と共に生きる製鉄所として、所員一丸となってこの危機を乗り越える挑戦が始まる。

釜石製鉄所では震災から20日を経過した3月31日、谷田所長が所員・グループ社員に向けてメッセージを発信。引き続き被災者の支援・地域の復旧に取り組むとともに、製鉄所の生産再開に向けた復旧作業を本格化することが伝えられた。地域やお客様からの1日も早い製鉄所の操業再開を望む声に後押しされたものだ。製鉄所設備の復旧活動は、まず線材圧延・出荷の早期再開と電力需給のひっ迫する夏場前の電力工場稼働再開を目指した。本社技術総括部、技術開発本部環境・プロセス研究開発センター（ＥＰＣ）、名古屋製鉄所および室蘭《むろらん》製鉄所などからの応援を得ながら進められた。

線材工場が生産再開した4月13日には宗岡正二《むねおかしょうじ》社長が来所し全所員を激励。「新日鐵は釜石製鉄所と共にある」という言葉は、復興支援と生産再開に取り組む所員の気持ちを一つにした。また、組合が結成した「釜石元気づくり委員会」では、組合員から寄せられた復興メッセージの看板を手づくりで作成し、市民の目にもふれる製鉄所前に設置した。

5 〝釜石made〟の高級線材を再び世界に

線材工場では大地震の最中に停電が発生し、線材圧延ラインは鋼材を噛み込んだ状態で停止、オイルセラー（潤滑油溜《じゅんかつゆ》まり）の冠水と加熱炉耐火物の脱落、建屋損傷などの被害が出た。早期立ち上げを念頭に、応急措置としてオイルセラー保護（非常用発電機稼働に

[図15－2] 線材工場

よる地下水の浸水回避）を検討したが、製鉄所の港湾設備や地域インフラの被害状況が明らかになり、短期間での操業再開が困難なことが判明。オイルセラーへの地下水浸水やむなし（非常用発電機稼働による燃料消費を回避）との決断が下された。

この後3月18日の受電再開、31日の所長メッセージ発信を受けて、震災1か月後にあたる4月中旬の操業再開に向け検討を開始。地域や住民が大きな被害を受け混乱する中、操業マンの確保、浸水したオイルセラーの排水処理、資材品・重油の調達など、山積する課題を一つずつ解決していった。線材工場係長として再稼働に取り組んだ佐々木《ささき》順一《じゅんいち》は当時を振り返る。

オイルセラー内の油が混ざった水が川に流出することを防ぐため、バキュームカーを手配して排水処理に取り組みました。無事立ち上げができたことに安堵しました。

線材工場では4月13日、在庫ビレットを使用した2交代操業による圧延を再開。同月下旬には、公共ふ頭を活用した、君津《きみつ》製鉄所からのビレット受け入れ・線材製品の国内海送出荷が再開された。

6 電力工場の再稼働

電力工場では、地震発生約20分後に隣接する川から水が溢れて敷地内が浸水した。直ちに設備の安全停止に向けて、非常用発電機を起動。段階的に温度を下げタービンの熱変形を防ぐ措置を24時間体制で行った（3月15日完了）。建屋・設備に大きな損傷はなかったが、燃料である石炭搬送用パイプ型コンベア全長1800メートルのうち800メートルが流失した。製鉄所の電気設備全般を管理する電力工場マネジャーの三浦祥精《みうらよしあき》は、

震災5日目にようやく東北電力と連絡がつき、18日の受電に向け、停電で真っ暗な中で

[図 15 - 3] 浸水した電力工場

開放検査を実施、設備全般の損傷状況の把握に奔走し、所内のライフライン復旧・操業準備が可能となる態勢づくりを行いました。

と語る。

3月18日の受電復旧後、順次設備の健全性を確認。電力工場の運転再開に向け、本社原料部門や室蘭製鉄所の支援を得て、燃料である石炭を内航貨物船に積み替え、公共ふ頭での石炭揚陸とトラック輸送の態勢を構築。5月7日に公共ふ頭での石炭受け入れを開始し、2か月分の石炭を備蓄した。あわせて石炭灰の処理ルートも確保し、6月20日、試運転により受変電設備、各種エネルギー機器の健全性・安全性を確認、途中トラブルもあったが予定どおり設備の立ち上げを実現した。

7月1日、水蒸気を出しながら運転を再開した電力工場設備は、市民を勇気づける地域振興のシンボルにもなっている。東北電力管内の電力需給ひっ迫状況を背景とした東北電力の要請により、運転再開後はこれまで経験のないフル操業を継続した（岩手県一般家庭電力需要の約4割に相当）。また、2010年10月に開始していた木質チップと石炭によるバイオマス混焼も2011年7月11日に再開した。

7 港湾設備の復旧

地震・津波発生時、港湾設備には約40名のグループ社員が作業に従事していたが、迅速な判断と明確な指示で全員が無事避難した。しかし津波の被害で栈橋《さんばし》部の主要部分が損壊・陥没、全天候バースや石炭輸送用パイプ型コンベア・荷揚装置、圧延用半製品水切り用岸壁クレーンおよび電源設備などの主要設備が損壊・浸水する甚大な被害を受けた。

設備復旧では優先順位を付け、方案の最適化を図りつつ、特に電力の安定供給につながる電力工場向け石炭輸送用パイプ型コンベア・荷揚装置の早期復旧を目指した。本社、E

[図 15 - 4] 港湾設備の被災状況

PC、各製鉄所の設備を中心とするさまざまな部門と迅速な情報共有を図り、同時に関係先に働きかけ早期の設備復旧に取り組んだ。

設備グループリーダーの川畑輝夫《かわばたてるお》は、

技術開発本部を中心に、釜石出身の応援者も含め、各製鉄所から数多くの技術者が結集し、当製鉄所設備部隊と共に設備復旧に取り組みました。関係者間で約1000通ものメールが飛び交いました。適材適所の総合力と苦労をいとわないプロ集団の底力を強く感じました。

と熱く語る。

これらの取り組みと並行して、4月13日に線材工場操業開始後、岩手県と釜石市に要請して公共ふ頭でのビレット荷役と、線材の国内・輸出海送出荷がスタートした。製鉄所の港湾設備も着々と復旧し、7月23日には南桟橋でのビレット分譲受けを再開、製鉄所の動脈を担う石炭輸送用パイプ型コンベア・荷揚装置も復旧し、9月9日に石炭受け入れを開始した。

また、線材輸出を行う南桟橋は2012年3月、線材国内出荷向け全天候バースも同年4月の再稼働を目指して復旧工事が進められ、ほぼ予定どおり完遂した。

8 釜石の注文を守る

震災・津波による釜石線材製品の生産・出荷停止を受け、棒線営業部を中心に、君津・室蘭両製鉄所とグループ会社による線材製品のバックアップ生産・出荷の検討が開始された。線材品種別に製品仕様や圧延能力などを月間単位で検証するとともに、お客様からいただいた注文明細ごとに、保管・梱包・出荷などの対応を含め、他の製鉄所での振り替え生産の可否を一件ずつ確認していった。特に、自らも被災しながらスチールコードを中心に大量のバックアップ対応を行った君津製鉄所では、釜石勤務経験者も多く、〝釜石の注文を守る〃との思いで、震災直後から最優先で代替生産に対応した。

全社の能力バランス検討を行った棒線営業部マネジャーの國安信昭《くにやすのぶあき》は、その取り組みについて語る。

通常月1回作成するバランスシートを、4月上旬までの間に約20回更新し、テレビ会議などで関係者に確認しました。各製鉄所やグループ会社の努力はもちろん、注文条件の変更にも弾力的に対応いただいたお客様のご理解があってこそ実現できたと思います。

こうした全社での取り組みが進む中で、釜石では4月13日に線材圧延が再開し、公共ふ頭を活用したビレット分譲受け入れ、線材製品出荷が行われた。釜石の復旧にあわせながら、7月には君津製鉄所や室蘭製鉄所、グループ会社からの生産の再移管は完了し、釜石の線材生産は、震災前の生産水準まで回復した。

9 今後への教訓——情報共有と平時の備えの大切さ

地震対策統括本部長を務めた進藤副社長は、「今回の震災で、「情報インフラ」と「平時からの備え」の大切さを痛感しました」と語る。震災当日の夜、本社と釜石間は1本の衛星電話がつながっていた。この1本の電話で、被災の状況や安否確認、初動対応、必要な支援物資の内容、その調達・運搬スケジュールなどを、本社・製鉄所間で共有することができた。このおかげで辛く厳しい極限状態の中でも、関係者がある種の「安心感」を持つことができた。

また、緊急時にはさまざまな制約がある中で、連続的に重要な決断を迫られる。進藤は今回の対応を振り返り、次のように語る。

避難訓練の徹底や非常用物資の備蓄はもちろん、普段から考え方を整理し、緊急時における対応策の優先順位、すなわち、①まず社員・家族の命を守り、②社外への被害拡大を防止し、③その上で地域への協力・貢献を行い、④最後に設備の復旧に取り組むこと、これを頭に入れておくことが重要です。

注

（1）釜石製鉄所では、操業用電力のほぼ全量を東北電力から買電している。一方電力工場では、IPP（Independent Power Producer　独立系発電事業者）として発電した電力の全量を東北電力に売電している。

東日本大震災関係年表

年	月日	釜石市	全国
2011	3月11日	**14時46分**　地震発生、釜石の最大震度6弱。災害対策本部設置。 **14時49分**　大津波警報発表後、直ちに沿岸部に避難指示を発令。防災行政無線により繰り返し避難指示放送を実施。 **15時21分**　釜石湾に津波襲来。避難者収容施設を各所に開設。	**14時46分**　三陸沖でマグニチュード（M）9・0の地震発生 **14時49分**　気象庁が北海道から青森県、岩手県、宮城県、福島県、茨城県、千葉県の太平洋沿岸等に大津波警報。 **15時14分**　緊急災害対策本部設置（政府） **15時51分**　相馬検潮所で最大波9・3メートル以上の津波を観測
	12日	内陸部に避難所、遺体安置所を開設。非常用電源の手配（防災行政無線と一部照明設備復旧）。自衛隊、緊急消防援助隊等による捜索作業開始。自衛隊による孤立地域の避難者の内陸部避難所へのヘリ移送。道路の瓦礫撤去作業開始。	東京電力福島第一原子力発電所1号機で水素爆発発生
	13日	無料公衆電話設置（NTT上中島ビル）	
	14日	災害対策本部をシープラザに移設。安否確認所を開設。災害派遣医療チームの拠点診療、避難所巡回診療を開始。ボランティア・センターを郷土資料館に開設。	避難者等約47万人（緊急災害対策本部）。東京電力が初の計画停電を実施。
	15日	遺体安置所を追加設置。大槌町の山火事が片岸から栗林方面へ延焼。内陸部から順次、電気復旧。	
	16日	無料巡回バスの運行開始。日赤救護所を鈴子広場に開設。市内のガソリンの供給が止まる。	

年	月日	釜石市	全国
	17日	避難所数88か所、避難者数、9883人となる（最大）。新仙人峠道路（国道283号線）の通行再開。	被災者生活支援特別対策本部設置
	18日	仮設住宅・みなし仮設住宅の受付開始。住宅相談、生活相談窓口を開設（シープラザ内）。	原子力安全・保安院が福島第一原子力発電所について、INESで「レベル5」と発表。
	19日	応急仮設住宅着工。自衛隊鈴子広場に簡易浴場を設置（すずらんの湯）。	
	21日	防災関係機関情報連絡会開催。『災害対策本部情報』発刊。釜石製鉄所大浴場の供用開始。	
	22日	中小企業経営支援相談窓口を開設。	
	23日	市内保育園再開	東日本大震災や津波で損壊した道路や港湾、工場、住宅などの直接的な被害額が16～25兆円と試算（内閣府）。
	26日	仮設ガソリンスタンド開設	
	27日	内陸部で都市ガス仮供給再開。岩手弁護士会法律相談窓口を開設。	
	28日		被災者等就労支援・雇用創出推進会議発足
	31日	臨時市議会開催	
	4月1日	災害復興プロジェクト推進本部を設置。ガソリンスタンドの通常供給再開。住民票などの発行を再開（教育センター）。	東北地方太平洋沖地震がもたらした災害の呼称が「東日本大震災」に決定
	6日	JR釜石線運転再開	
	7日	震度6弱の余震により市内、再停電。	宮城県が東日本大震災で被災した市街地に、建築基準法に基づく建築制限をかけると発表。
	11日	復興まちづくり基本方針の策定。罹災・被災証明発行開始。生活再建支援相談窓口設置。かまいしさいがいFM開局。釜石港公共埠頭供用再開。	宮城県震災復興基本方針（素案）公表
	13日	新日鐵釜石製鉄所線材工場生産再開	

	14日	市内小中学校新年度授業開始。民有地瓦礫撤去開始。	
	21日	仮設住宅第1号（昭和園グラウンド）入居開始	
	26日		経済産業省の緊急調査により、被災地にある大企業の生産拠点の6割が再稼働したことが判明。
	27日	市議会議員全員協議会開催	
	30日	市内道路全面復旧	
	5月2日		2011年度第1次補正予算成立
	4日	復興まちづくりを考えるワークショップ開催（キックオフ）	月間ボランティア活動者数が最大18万2400人を記録
	9日	第1回災害復興プロジェクト推進本部会議（10／19までに延べ14回開催）	
	12日	第1回復興まちづくり懇談会（5／18までに13地区・12会場で開催）	
	26日	復興まちづくり（基本計画策定）委員会を設置（12／2までに延べ6回開催）	
	6月11日	第1回復興プロジェクト会議（9／21までに延べ6回開催）。復興まちづくり集中ワークショップ開催（～6／13）。『復興釜石新聞』発刊。	
	14日	第2回復興まちづくり懇談会（6／24までに17地区・14会場で開催）	
	20日	第1回復興まちづくり委員会アドバイザー会議（8／17に第2回開催）	
	24日		東日本大震災復興基本法施行（内閣官房）
	25日		復興構想会議「復興への提言」
	29日	復興まちづくり基本計画（骨子）発表	
	7月8日		3～5月の被災3県からの転出超過数が3万人超（総務省）

年	月日	釜石市	全国
	11日	復興まちづくり基本計画骨子策定	
	17日	釜石港内航フィーダー・コンテナ定期航路開設	
	19日	釜石市から自衛隊撤収	
	22日	復興地域会議（栗林地区）	
	25日		2011年度第2次補正予算成立
	26日		岩手県から自衛隊が撤収
	8月1日		宮城県から自衛隊が撤収
	3日	復興地域会議（みなとかまいし地区）	
	4日	復興地域会議（鵜住居地区）、釜石魚市場再開。	
	6日	鵜住居地区・東部地区復興まちづくり懇談会（〜8／7）	
	9日	第1回鵜住居地区防災センターに関する説明会	
	10日	全避難所閉鎖（8／26までに仮設住宅等に入居）	
	11日		岩手県が東日本大震災津波復興計画を策定。福島県が復興ビジョンを策定。
	12日	復興地域会議（唐丹地区）	
	9月14日	仮設住宅運営センター開設	
	23日	合同慰霊祭を開催	東北新幹線が震災前の通常ダイヤに戻る
	27日		液状化による住家被害件数が2万6914件に（国土交通省）
	10月1日	市役所機構改編（地域づくり推進課、子ども課、復興推進本部など新設）。	
	14日	釜石まつり開催（〜10／16）	
	19日		宮城県が震災復興計画を公表

	23日	復興イベント（夢・希望・そして未来へ　たちあがろう釜石）開催	
	11月21日		2011年度第3次補正予算成立
	22日	復興支援地域懇談会開始（〜11／25）	
	30日		復興財源確保法成立
	12月7日		復興特別区域法成立
	22日	釜石市復興まちづくり基本計画の策定	
	26日	第2回鵜住居地区防災センターに関する説明会	福島県から自衛隊が撤収
2012	2月10日		復興庁開庁
	3月11日	釜石市東日本大震災犠牲者追悼式	東日本大震災1周年追悼式等
	22日		避難者等約34万4000人（復興庁）
	29日	第3回鵜住居地区防災センターに関する説明会	
	30日		福島復興再生特別措置法成立
	5月13日	復興まちづくり（地区別復興計画）懇談会開始（〜7／7）	
	6月14日	平田復興公営住宅着工（岩手県内第1号）	
	21日		子ども・被災者支援法成立
	7月9日	被災市街地復興推進地域都市計画の決定	防災集団移転促進事業、事業着手の法定手続きが済んだ地区数が47地区に。
	8月2日	釜石市復興整備計画公表（以後、度々変更）	
	5日	復興まちづくり協議会・地権者連絡会設置（東部、鵜住居地区）	
	10日	東日本大震災市民検証フォーラム開催	
	9月4日		被災地域の原子力被災者・自治体に対する国の取組方針（グランドデザイン）の公表

年	月日	釜石市	全国
	10月1日		全国の自治体からの職員派遣1682人
2013	3月7日		避難者等約31万3000人（復興庁）
	11日	釜石市東日本大震災犠牲者追悼式	東日本大震災2周年追悼式等
	15日	被災市街地復興土地区画整理事業計画の決定	
	31日		防災集団移転促進事業、事業着手の法定手続きが済んだ地区数が273地区に。
	4月19日	地権者連絡会・復興まちづくり協議会開始（〜2014年5月）	
	6月5日		復興推進委員会「『新しい東北』の創造に向けて（中間とりまとめ）」公表
	7月8日		第1回東日本大震災検証委員会開催
	9月17日	復興整備事業設計施工等業務提案者決定	
	10月1日		全国の自治体からの職員派遣2084人
	12日	鵜住居地区防災センターに関する報告会	
	19日		「用地取得加速化プログラム」表明
	11月22日	津波復興拠点整備事業事業計画の認可	
	23日	避難所運営フォーラム（第1回11／23、第2回12／7）	
2014	3月11日	釜石市東日本大震災犠牲者追悼式	東日本大震災3周年追悼式等
	14日		避難者等約26万4000人
	31日		防災集団移転促進事業、事業着手の法定手続きが済んだ地区数が339地区に。福島県の一部地域を除き、災害廃棄物及び津波堆積物の処理が完了。

（作成）佐藤慶一・中村尚史。

（出典）茨城県「震災記録誌」。岩手県「東日本大震災津波の記録」。釜石市「撓まず　屈せず　復旧・復興の歩み」。釜石市「東日本大震災以降の組織改正」。釜石市「東日本大震災からの動き」。釜石新聞社「復興釜石新聞縮刷版」。釜石市「平成23年（2011年）東日本大震災被害状況等について」。宮内庁「東日本大震災関連」。厚生労働省「『日本はひとつ　しごとプロジェクト』によるこれまでの取り組み」。国土交通省「液状化被害状況」。時事通信社「震災支援、自衛隊が全面撤収」。全社協「被災地支援・災害ボランティア情報」。千葉県「記録誌」。内閣府「地域の経済」付表。福島県「東日本大震災記録写真集」。復興庁「全国の避難者等の数」。復興庁「復興の現状と課題」［平成24年8月1日］。復興庁「復興の現状と取組」［平成26年5月30日］。復興庁「復興の状況と最近の取組」。宮城県「震災復興計画・会議」。宮城県「（仮）宮城県東日本大震災検証記録誌（中間報告）」。

あとがき

２０１１年3月の震災後、朝日、読売、毎日新聞の全国紙3紙と日本経済新聞に掲載された東日本大震災の関連記事を「震災」をキーワードに、各紙データベースで検索してみた。２０１１年3～9月の半年間に合計11万６０００件を超えた新聞記事は、次の半年間には6万件になり、以後、4万、3万、2万と漸減していく。２０１４年3～9月になると、全国紙に掲載された震災関連記事は、1万７０００件になった。3年半における東日本大震災関係記事の減少率は85パーセントであり、減少度合いは阪神・淡路大震災後に匹敵する。

もう一つ、被災地の一つである「釜石」をキーワードに同じく検索を行った。すると、震災後半年間の３９００件が、次の半年間には早くも２２００件にまで落ち込み、1年後には１３００件となった。以後、キーワードとしての釜石は、１０００件前後で推移している。

そんな必然ともいえる無関心と忘却の流れに、何とかあらがうことはできないのか。忘れてはならない震災の記憶を、長く人々の心に留めるために今、何を為すべきなのか。社会に生きてきた人々の貴重な努力や営みを未来世代に伝えるのは、学問、なかでも社会科学分野の学問の責任のはずである。震災の記憶オーラル・ヒストリー・プロジェクトでは、こうした問題意識を共有する研究者や地域の人々が集い、釜石における「震災の記憶」を記録しようとしてきた。

＊

東京大学社会科学研究所を中心とする希望学プロジェクト・チームは、２０１１年４月から継続的に被災地である岩手県釜石市を訪れてきた。序章でも述べたとおり、希望学と釜石との関係は震災前の２００６年まで遡る。震災後は、特定の組織や個人に依頼されたわけでなく、あくまでプロジェクト独自の意志と予算により、被災した人々の話に素直に耳を傾け、オーラル・ヒストリーという手法を用いて記録することに努めてきた。

オーラル・ヒストリーとは、関係者の記憶に関する直接の声を、その内容のみならず、語り口まで含めて大切な歴史的資料としてそのまま記録に残すことである。記録のあいだには、並行して計21回の研究報告会を重ね、さらに現地の方々に加わっていただいたワークショップも4回開催した。これらの会合を通して、被災地の情報を共有するとともに、オーラル・ヒストリーの手法や内容に関する精査を積み重ねていった。

貴重な聞き取りからは、震災直後における被災地の新たな現実が浮かび上がってきた。それはマスコミなどではあまり報じられない、釜石と震災に関する「もう一つの記憶」だった。震災後、耳目に触れることの限られていた話を私たちが知り得た背景には、希望学が震災前から釜石市民との率直な交流を深めてきたことが大きかったと思う。

それらの話には、誰かに高く評価されたり、みんなに褒められたりするわけでない人々の声が少なからずあった。彼ら／彼女らは、それぞれのできること、やらなければならないことを、黙々とやり続けようとしてきた人々だった。

なぜ、人々は過酷な状況のなかで、自らの使命や責任を果たし続けることができるのか。その理由を明らかにすることは、東日本大震災からの教訓として、全国各地の防災・減災を検討するのに役立つに違いない。当初私たちは「記憶を記録する」ことに集中し、成果の刊行は全く考えていなかった。しかしプロジェクトが進むにつれ、オーラル・ヒストリーから知り得た事実を、広く発信する必要性を次第に感じるようになった。

2013年7月、希望学メンバーとオーラル・ヒストリーに協力いただいた釜石の関係者が盛岡市に集い、「震災の記憶」盛岡ワークショップを開催した。私たちは震災直後における人々の行動を追跡し、「震災の記憶」について語り合った。濃密な議論のなかで、いくつかの概念に視点を定め、震災前後の人々の行動を明らかにするという、本書のコンセプトが定まった。

＊

本書のキーワードは、タイトルにも込めた〈持ち場〉である。オーラル・ヒストリーのなかで、私たちは持ち場という言葉に、しばしば出会うこととなった。その言葉は、本書のなかでも重要な記憶の局面において頻繁に登場している。

持ち場は、職責として事前に決まっていることもあるが、自発的に受け持つこともあるし、たまたま居合わせたために担当することになった場合もある。津波被害によって人の行き来や情報が完全に遮断されてしまった状況では、それぞれの持ち場は、偶然決まる場合の方がむしろ多い。それは行政上の職務に限らず、企業や町内会、そして避難所などの自主組織でも当てはまる。偶然ではあるが、状況のために否応もなく受け持つことになった持ち場において、人々は何を考え、どのように行動したのか。震災直後の困難な状況や試練の中で、被災地の人々がそれぞれ受け持った持ち場を必死に全うしようとしてきた姿を、私たちは数多く見聞きしてきた。

そんな持ち場を粛々と守り続ける人々にとって共通の前提となっていたのは、震災以前から築かれてきた家族や地域との「信頼関係」であった。具体的な確認作業がいちいち困難な状況のなか、互いをひたすら信頼しあうことなしに、悲しみと混乱を極める持ち場において、みずからの力を最大限発揮することは、到底できなかった。非日常的な空間である震災直後の持ち場は、日常の中で培われてきた信頼によって、支えられてきたのである。

情報もない上に、生死を分けさえするような極限状況では、すべての人を平等に遇するという意味での公平性を達成することは、平常時以上に困難を極めることになる。にもかかわらず、なぜ混乱の中ですら一定の秩序が保たれ、持ち場におけるささやかな安定を維持することができたのか。そこにあったのは、震災直後はとにかく生き延びるという根源的な希望の共有、その後は震災復興という、諦めない意志としての希望の共有だった。そんな極限における「希望の共有」こそが、コミュニティの崩壊をギリギリのところで防ぎ、未来の一歩を踏み出す上で、決定的な役割を果たしたのである。

今後災害のような困難に、どこかの地域が直面したとき、日頃からの信頼構築の努力と極限における希望の共有は、各自が担うこととなる持ち場での役割を果たしていくための礎《いしずえ》となる。震災の記憶のとりまとめをひとまず終えた今、私たちはそう確信している。

＊

本書は、序章と3部15章から構成されている。このうち序章と第Ⅰ部は編者による問題提起と釜石における震災の記憶についての概観であり、第Ⅱ部は希望学プロジェクト・メンバーによる『震災の記憶オーラル・ヒストリー』を素材としたエッセイである。私たちは、全員で手分けをしながら、オーラル・ヒストリーの話者以外も含む、60名を超えるインフォーマントから話を聞いた。その成果を持ち寄り、互いのオーラル・ヒストリーの内容を検討しつつ、最終的には各自の問題意識に即して文章をまとめた。

さらに第Ⅲ部として、被災自治体である釜石市と、その支援にあたった北九州市、そして被災事業所の一つである新日鐵住金釜石製鉄所といった当事者によるエッセイも収めている。震災の現場に立ち合い、修羅場を自ら体感した方々の視線を広く取り入れることで、本書が描く震災の記憶は、より立体的なものとなった。特に災害の全体像を鳥瞰的に捉えようと苦心してきたこれらの視線は、当事者の証言を集めたオーラル・ヒストリーを特定の問題関心で切り取った場合に生じる個別の認識の偏り（バイアス）を修正する上で、重要な気づきをもたらす。そして何より、災害復旧の最前線で、文字通り体を張って任務を果たしてきた当事者の証言は、震災の事実として計り知れない重みを持っている。

＊

２０１１年9月から２０１４年10月に至るまで、震災の記憶オーラル・ヒストリー・プロジェクトでは、多くの方々にお世話になった。本書でオーラル・ヒストリーを活用させていただいた方々、インタビューを実施したものの様々な事情でお話を利用できなかった方々、インタビュー対象者を紹介してくださった方々、ワークショップに参加して貴重なご意見をいただいた方々など、ご協力いただいたすべての方々に心より感謝を申し上げたい。

プロジェクトを進めるにあたって、サントリー文化財団の研究助成「被災地における希望の再生――岩手県釜石市を対象に」（代表者・宇野重規）、日本学術振興会委託研究プロジェクト「すべての人々が生涯を通じて成長可能となるための雇用システム構築」（代表者・玄田有史）、科学研究費補助金・特別推進研究「世代間問題の経済分析――さらなる深化と飛躍」（代表者・高山憲之氏）から助成を得た。あらためて感謝の意を深く表したい。

最後に『震災の記憶オーラル・ヒストリー』の実施に御参加いただき、研究会等でいつも貴重なコメントをくださった佐藤岩夫氏、またその記録作成に献身的な協力をいただいた村瀬あゆみ氏、臨床心理学の立場から、聞き取り時の話し手、聞き手双方のメンタル・ケアについて丁寧なご指導をいただいた倉光修氏、本書の企画および編集に多大なる尽力をいただいた東京大学出版会の大矢宗樹氏に心からお礼を申し上げる。

ありがとうございました。

2014年10月

中村尚史
玄田有史

希望学　全4巻

東大社研
玄田有史
宇野重規 編
1　希望を語る
社会科学の新たな地平へ
A5　三五〇〇円

東大社研
玄田有史
中村尚史 編
2　希望の再生
釜石の歴史と産業が語るもの
A5　三八〇〇円

東大社研
玄田有史
中村尚史 編
3　希望をつなぐ
釜石からみた地域社会の未来
A5　三八〇〇円

東大社研
玄田有史
宇野重規 編
4　希望のはじまり
流動化する世界で
A5　三八〇〇円

東大社研
玄田有史 編
希望学　あしたの向こうに
希望の福井、福井の希望
四六　二〇〇〇円

ここに表示された価格は本体価格です．御購入の際には消費税が加算されますので御了承下さい．

〈持ち場〉の希望学
釜石と震災，もう一つの記憶

2014年12月15日　初　版

［検印廃止］

編　者　東大社研・中村尚史・玄田有史

発行所　一般財団法人　東京大学出版会

代表者　渡辺　浩
153-0041 東京都目黒区駒場 4-5-29
http://www.utp.or.jp/
電話 03-6407-1069　Fax 03-6407-1991
振替 00160-6-59964

印刷所　大日本法令印刷株式会社
製本所　牧製本印刷株式会社

ISBN 978-4-13-033072-5　Printed in Japan

編者・執筆者紹介

編　者

東大社研（とうだいしゃけん）

東京大学社会科学研究所の略称．研究所は，①日本の現実だけでなく諸外国の実情をも正確に把握し比較すること，②社会科学分野における学際的総合研究を行うこと，③理論と実際との結合を考え，学問研究を国民生活の基底まで浸透させること，を目的として，1946 年に設立された．

中村尚史（なかむら・なおふみ）	東京大学社会科学研究所教授／日本経営史，地域経済史
玄田有史（げんだ・ゆうじ）	東京大学社会科学研究所教授／労働経済学

執筆者（掲載順）

中村圭介（なかむら・けいすけ）	東京大学社会科学研究所教授／労使関係論
竹村祥子（たけむら・さちこ）	岩手大学人文社会科学部教授／家族社会学
佐藤慶一（さとう・けいいち）	専修大学ネットワーク情報学部准教授／都市防災論，社会調査論
加瀬和俊（かせ・かずとし）	東京大学社会科学研究所教授／経済史，水産経済
塩沢健一（しおざわ・けんいち）	鳥取大学地域学部地域政策学科准教授／地域政治学
宇野重規（うの・しげき）	東京大学社会科学研究所教授／政治思想史，政治哲学
吉野英岐（よしの・ひでき）	岩手県立大学総合政策学部教授／地域社会学
西野淑美（にしの・よしみ）	東洋大学社会学部准教授／都市社会学，地域社会学
石倉義博（いしくら・よしひろ）	早稲田大学理工学術院社会文化領域教授／社会意識論
佐藤由紀（さとう・ゆき）	玉川大学リベラルアーツ学部准教授／生態心理学，パフォーマンス研究
大堀　研（おおほり・けん）	宮崎大学みやだい COC 推進機構特任助教／地域社会学，環境社会学
佐々木守（ささき・まもる）	釜石市
東　義浩（あずま・よしひろ）	北九州市

口絵・部扉挿画

末廣　昭（すえひろ・あきら）	東京大学社会科学研究所教授，同研究所前所長

索　引

あ　行

か　行

さ　行

た　行

な　行

は　行

ま　行

や　行

ら・わ　行

（資料）「震災の記憶」インタビューへのご協力のお願い

東京大学社会科学研究所希望学プロジェクト

趣旨

震災から半年以上が経ちました．発災当時鮮明だった記憶も，一部には風化がはじまっていることもあるかもしれません．しかし震災後の危機的な状況のなかから，いかに釜石の人々が立ちあがろうとしてきたかは，未来に伝えるべき大切な教訓に思います．

そこで私どもはこのたび，釜石市で被災された方々，さらには釜石と縁のある方々に，震災直後から半年間にわたる行動と思考について語っていただき，それをオーラル・ヒストリー（体験者・当事者へのインタビュー）の手法で記録するというプロジェクトを始めました．この試みは，震災の記憶を末永く後世に伝える意味でも，また震災直後における「希望」のあり方を考える上でも，重要な仕事になると思います．インタビューでは，震災直後の困難に直面し，みなさんが何をお考えになり，どのように行動されたのかを中心にうかがえればと思います．

ご多忙中，甚だ恐縮ですが，ご協力のほどどうかよろしくお願いいたします．

質問項目

1. 震災後１ヶ月間の行動を教えてください．

・震災の発生時にどこで，何をされていましたか．
・被災直後に，どのような気持ちで，いかなる行動をとられましたか．
・被災後１ヶ月間の生活では，何が大変でしたか．またその間，どのような問題が起きましたか．

2. 復興に向けての歩みを教えてください．

・復興に向けて，あなた自身，一区切りついたなと思われる時期や出来事は，これまでにありましたか．もしそのような区切りがあった場合，その時期と出来事を教えてください．

3. 震災前と現在との変化について教えてください．

・あなた自身の考え方や行動に変化が生じたと思いますか．もし変化したと思われる場合，その内容を教えてください．
・震災後に釜石市民（家族，ご近所，職場の人々）の行動に変化が生じたと思いますか．もし変化したと思われる場合，その内容を教えてください．